忘不了的隋朝史

霏婉 著

辽宁人民出版社

图书在版编目（CIP）数据

你不了解的隋朝史 / 霏婉著 . —沈阳：辽宁人民
出版社，2022.8
　ISBN 978-7-205-10431-3

　Ⅰ . ①你… Ⅱ . ①霏… Ⅲ . ①中国历史—隋代—通俗
读物 Ⅳ . ① K241.09

中国版本图书馆 CIP 数据核字（2022）第 069616 号

出版发行：辽宁人民出版社
　　　　　地址：沈阳市和平区十一纬路 25 号　邮编：110003
　　　　　电话：024-23284191（发行部）　024-23284304（办公室）
　　　　　http：//www.lnpph.com.cn
印　　刷：北京长宁印刷有限公司天津分公司
幅面尺寸：170mm×240mm
印　　张：21.5
字　　数：265 千字
出版时间：2022 年 8 月第 1 版
印刷时间：2022 年 8 月第 1 次印刷
责任编辑：赵维宁
封面设计：乐　翁
版式设计：一诺设计
责任校对：冯　莹
书　　号：ISBN 978-7-205-10431-3

定　　价：59.80 元

序言
PREFACE

魏晋南北朝，是中国古代史上一个大分裂的时期。东汉末年开始，国家由统一走向分裂。分裂成了常态，其间有过短暂统一，却如昙花一现，转瞬即逝。

晋皇室南渡建立东晋，偏安一隅。此后中华大地分南、北而治。420年，东晋灭亡后，南方先后存在过刘宋、萧齐、萧梁、南陈四个政权，是为南朝。北方，鲜卑族统治者建立起北魏政权，后分裂为东魏、西魏，又分别被北齐、北周所取代，是为北朝。

北朝，自北魏439年统一北方起，至581年杨坚建立隋朝结束。南朝，自420年刘裕取代东晋起，至589年隋灭陈结束。

大家次第登场，轮番上阵，各自为政，都想成为主宰。南方、北方，汉人、少数民族，都自称是中华正统。中原大地一时烽烟四起、诸侯割据、战事频仍。

大分裂锻造大融合。北人南迁，南人北渡，东西往来，天翻地覆，一片混乱中游牧民族从部落时代跨越到帝国时代。

各民族在混乱中，通婚混血、移风易俗，民族间的差异缩小，南北差异突出。

少数民族汉化，汉人亦少数民族化。

文化在战乱中兼容，制度在变革中调整。机遇与挑战同在，绝望和希望并存。国家在四分五裂中摸索前行，各民族在动乱不止中走向和平。

混乱即将结束，秩序将由谁建立？统一已是大势所趋，将由谁来完成？盛世前的暗夜，将由谁来结束？

目录 Contents

第九章　隋炀帝之死

第十章　隋亡唐兴

第一章

北朝风云

一、鲜卑，一个刷新中国历史的混血民族

北魏、西魏、北周、东魏、北齐，北朝全部是鲜卑族建立的政权。

这是一个在十六国时期建立过多个国家的民族。（前燕、后燕、西燕、南燕、西秦、南凉都是鲜卑族政权。其中西燕因存在时间短，国力不盛，未被列入十六国。）

鲜卑族是一个古老的民族，远祖生活在大兴安岭的森林里。为了寻找更好的生存环境，他们走出森林，来到草原，变成了游牧民族。他们与不同民族居住在一起，形成了不同的部别。

所以，鲜卑族原本就是一个混血的民族。

慕容、宇文、拓跋，这些常见的鲜卑姓氏，都是他们的部别名。

拓跋部居住在阴山南麓的盛乐（今内蒙古自治区和林格尔县），艰难地从野蛮走向文明，从部落联盟时代走向国家时代。

西晋时，鲜卑族的大酋长被册封为代公，后又被册封为代王。

代国，一个弱小到就像不曾存在过的国家。

如果不是因为它被著名的苻坚所灭，如果它的后代没能建立起北魏政权，谁会频频追溯这个民族的历史呢？强大如柔然汗国，也因为没能进入中原地区而常常被遗忘。

淝水之战后，北方重新陷入混乱。

混乱带来的不仅仅是苦难和绝望，新的希望也在痛苦的锤炼中悄然降临。

公元386年，拓跋珪在牛川（今呼和浩特市）召开部落大会，宣布即位代王，年号登国。不久拓跋珪把都城迁回原来的都城盛乐，拓跋珪改称魏王。

十二年后（398年），拓跋珪正式定国号"魏"，迁都平城（今山西省大同市），史称北魏。

这次迁都是伟大的一步，平城位于黄河以北，从盛乐到平城，距离不

远，却从内蒙古草原到了山西地区，生产方式随之产生变化，游牧变得不合时宜，拓跋珪给搬到平城的拓跋各部落建立户口、分配土地，游牧变成了农耕。

部落的部民分土定居，被列为国家编户，不能再随意迁徙。部民成了编户齐民，成了和汉族一样的百姓，定居在这片土地上。（编户齐民，具有独立身份，依据资产多少承担国家的赋税和徭役、兵役。是一种通过户籍管理百姓的制度。）

拥有百姓的北魏，领袖不再是部落酋长。

公元 398 年十二月，拓跋珪正式称帝，改元天兴，拓跋珪是为道武帝。

这位伟大的领袖，使鲜卑族从部落联盟时代，略过封建国家（如西周），快速奔向了帝国时代（如秦、汉）。

汉化，从道武帝建国前就已经开始。皇始元年（396），拓跋珪夺得并州（其地相当于今山西省太原市、大同市和河北省保定一带）时，已经积极招引汉族士族，让崔宏主持立官制、制礼仪、定律法。国号"魏"的使用彰显着道武帝成为神州上国的雄心。称帝后，天兴二年（399），道武帝又设立五经博士和太学。

民族融合的步伐也开始提速。

道武帝把山东六州的汉族民吏和鲜卑慕容部、高句丽等多个民族共计三十六万口，强制迁到平城（今山西省大同市）附近，配给耕牛，计口授田。又强制迁徙了百工计巧十余万口。明元帝（北魏第二任皇帝，拓跋嗣）和太武帝（北魏第三任皇帝，拓跋焘）也曾大规模迁徙各族百姓到平城。

在这样的强制措施下，北方许多民族的部落成员变成了小农。各民族居住在一处，胡风汉俗，相互杂糅，客观上促进了民族融合。

太武帝尊奉孔子，要求鲜卑和汉族贵族子女学习儒家经典。北魏皇帝们通过和亲、封爵位、给官职等措施笼络各民族贵族成员。汉族知识分子被大量任用，北魏政权向着多民族共治的趋势发展。

北魏国力不断增强，太武帝先后灭掉夏（431）、北燕（436）、北凉（439）。

公元 439 年，北魏攻陷北凉都城，陷入战乱一百二十多年的北方重归统一。

十六国结束，南北朝开始。

变革从来都是痛苦的。

太武帝统一北方后，希望编修国史，记录鲜卑族的辉煌历程。

编修国史是汉族的传统，鲜卑等众多北方民族没有这一传统。他们有语言，而无文字，历史只能口耳相传。因此，编修国史的任务只能由汉人士族来完成。

崔浩，出身汉族第一高门清河崔氏，是北魏开国名臣崔宏之子。崔浩历经三朝（道武帝、明元帝、太武帝），他已经把这个不断进步的政权当成了自己的国家。

崔宏，北魏开国名臣，官至天部大人，封白马公。死后获赠司空，谥号"文贞"。北魏建国初期的官制、爵级、朝仪、律令由其裁定。国号也因崔宏上书"虽曰旧邦，受命惟新""夫魏者大名州之上国"而定为"魏"。拓跋珪在听崔宏讲《汉书》时受到启发，将北魏的公主嫁到附属北魏的各国，通过和亲加强相互之间的联系。

崔宏深受信任，权倾朝野，但仍能自我约束，持身守正，谨慎清廉，从不阿谀奉承。

太延五年（439），崔浩奉命编修北魏《国书》。

他用十年时间搜集资料，遵从太武帝"务从实录"的要求，坚持秉笔直书的良史传统，客观真实地记录了拓跋部早期的历史。

客观真实，就不能"为尊者讳"。光彩的历史，得以记录；不光彩的历史，也都变成了文字，赫然记录在《国书》中。

崔浩还耗资三百万钱，将这部《国史》刻在了石碑上。谁都可以去参观刻着鲜卑族历史的碑林。

鲜卑贵族认为这是汉人士族对北魏政权的公然挑衅和侮辱。他们共同呼吁诛杀崔浩和其党羽。

公元 450 年七月，崔浩及其家族，以及与崔氏联姻的其他北方望族，被满门抄斩,牵连者多达三百余人。诸多北方世家大族几乎遭到灭顶之灾,四方为之震动。

这就是北魏第一大案——"国史之狱"。

"国史之狱"是草原文明和农耕文明矛盾的一次爆发,是鲜卑贵族维护自身地位的结果。

北魏建国后,鲜卑贵族仍保留了一些原有的习俗,他们以抢掠作为自己的经济来源,在北方统一的过程中,北魏统治者抢劫财富、掠人为奴。为反抗压迫,各民族不断起来斗争。建国后的几十年间,爆发了多达八十多次的反抗起义,太武帝为解决尖锐的民族矛盾,不断推行汉化。

汉化使汉族大臣获得了更多的权力和更高的地位。鲜卑贵族元老十分不安,对分走他们蛋糕的汉人士族怀有深深的敌意。崔浩这种把北魏当成自己国家的"主人翁"意识,更让鲜卑贵族反感、疑惧。

这一矛盾,在"国史之狱"中爆发。

崔浩死后,太子拓跋晃神秘去世。八个月后,太武帝被谋杀,凶手据说是他的儿子拓跋绍,理由是救他的母亲。

正史中的记载疑点重重,让人不禁怀疑,推行汉化的太武帝和准备继承他衣钵继续推行汉化的太子,到底是因何而亡?

二、北魏冯太后、孝文帝的改革

鲜卑民族的汉化脚步,没有因北魏太武帝去世而停止。

冯太后,北燕皇室后裔,鲜卑化的汉人,具有极高的政治天分。她在文成皇帝拓跋焘后宫,仅用两年时间就完成了从奴婢到皇后的身份转变。文成皇帝死后,冯太后发动宫廷政变,杀死丞相(乙浑),架空皇帝(献文帝拓跋弘),迅速掌握了政权。

被架空的献文帝心灰意冷,把皇位传给了年仅五岁的拓跋宏。拓跋宏是为北魏孝文帝。

北魏承明元年（476），冯太后以太皇太后身份临朝称制，开始了政治和社会的全面改革，史称"太和改制"。

冯太后首先改革吏治，整肃官僚机构，为其他方面改革创设条件。她规定守宰任期按照政绩决定；恢复百官俸禄制。解决汉族官僚们生活拮据的问题。（鲜卑贵族可以通过战争掠夺财富，或者立功获得巨额赏赐。）

俸禄的来源是税收，税收的来源是农民，农民从哪里来？

北方因为累年战乱，出现大量无主荒地，自耕农民稀少。北魏把国家掌握的无主荒地授给农民，农民以夫妻和耕牛头数授田。

这就是均田制。

与均田制相适应的税收制度租调制同时推行，均田制下的受田农民，每年必须向国家缴纳一定数量的租调。（租，指田租，缴纳谷物；调，指户税，缴纳帛或者布。）

按规定，农民种地越多赋税越低。这大大提高了农民的积极性。计口授田，吸引了大量北方民族南迁。

为加强对国家的统治，同豪强地主争夺劳动力，北魏改革基层政权，重建乡官系统，五家立一邻长，五邻立一里长，五里立一党长，即"三长制"。

通过"太和改制"，北魏呈现出升平富庶的局面，史称"太和盛世"。

北魏太和十四年（490）九月，冯太后病逝于平城，终年五十岁。冯太后去世后安葬于永固陵，谥号"文明"，史称"文成文明太后"。孝文帝以国君的规格安葬了自己名义上的祖母，并依照儒家孝礼为冯太后守孝三年。

为什么说是名义上的祖母？北魏为解决皇帝妻族、母族势力过于强大的问题，模仿汉武帝杀钩弋夫人之事，实行"子贵母死"的制度，很长一段时间里太子的亲生母亲都会被赐死。

孝文帝亲政后，继承了冯太后的汉化思想，开始了更大规模的汉化改革。

为摆脱鲜卑贵族势力对改革的掣肘，太和十八年（494），北魏将都城从平城迁到洛阳。

孝文帝为孔子建立单独的庙宇，亲自到圣人故里鲁城（今山东省曲阜市）参拜孔子；改官方语言为汉语，禁止三十岁以下的年轻官员在朝堂上讲鲜卑语；禁止胡服，改穿汉服；改鲜卑旧姓为音或意相近的汉姓；加强对汉族文化的学习；内迁的鲜卑族去世后一律安葬在洛阳附近。（孝文帝在洛阳附近的邙山为自己选定了陵墓的地址，命名为长陵。邙山从孝文帝开始，成为北魏皇帝的墓葬区。）

皇族拓跋氏改姓元姓。鲜卑八大姓氏，丘穆陵氏改姓穆、步六孤氏改姓陆、贺赖氏改姓贺、独孤氏改姓刘、贺楼氏改姓楼、勿忸氏改姓于、纥奚氏改姓嵇、尉迟氏改姓尉。共有一百多个鲜卑族姓改为汉姓。

住在汉族世代居住的土地上，穿着汉服，说着汉话，姓汉姓，尊奉孔子，学汉族文化，连籍贯都变成了洛阳郡洛阳县。

更进一步的融合则要通过婚姻来解决。

孝文帝下令分定族姓，即比照魏晋门阀制度，把鲜卑贵族进行门第等级划分，使鲜卑族也有了门第，有了门第才有"门当户对"，门当户对的贵族间通婚变得更加容易。

孝文帝带头迎娶北方汉族卢氏之女，还命令他的六个弟弟迎娶汉人四大家族的女儿为妻，鲜卑人纷纷效仿。

大量的通婚使得民族融合彻底实现。

易中天先生认为："作为少数民族的鲜卑像盐一样溶化在汉民族的水中。""族姓制度建立以后，士庶之别就取代了胡汉分野。民族界限模糊了，身份认同从族别变成了门第。鲜卑的豪门和汉人的望族共同组成统治阶级，下层则混为一谈。"（《易中天中华史》卷12《南朝，北朝》）

汉化改革的不断扩大和强化，使更多的民族投入到了民族大融合的高潮中，这些民族最终彻底融入了华夏文明之中，使更大区域的统一成为可能，为此后隋唐多民族统一国家的建立打下了基础。

三、西魏，在对峙中走向强大

北魏分裂了。

统一北方后，有志于统一南北的北魏，像罗马帝国那样，分裂为东西两半。

富有智慧、拥有强大执政能力的领袖并不经常出现。太和二十三年（499）北魏孝文帝去世，后继的统治者们无法掌握处于变革中的政局，宫廷政变频发，政治阴谋不断。

在北魏都城南迁到洛阳后，原本位于首都附近的六个军镇地位一落千丈，他们对汉化政权非常仇视。这些原本应驻守在北部边关的六镇将士，在压迫和饥饿的促使下愤然起义，进入中原地区，由此诱发了更大的起义浪潮。北魏在起义和政变中被撕裂成两半，沿着黄河"几"字东侧那一竖。

东面的政权定都邺城（今河北省磁县南），实际控制者是怀朔镇人高欢。

西面的政权定都长安（今陕西省西安市附近），实际控制者是武川镇人宇文泰。

在南北对峙的情况下，北方又出现了东西对峙的局面，南方的萧梁和北方的两个政权三足鼎立。

北魏孝武帝元修（孝文帝之孙），因忍受不了权臣高欢的控制，趁高欢攻打洛阳时仓促出逃，投奔驻守关中的大将宇文泰。北魏永熙三年闰十二月（535年2月），宇文泰毒杀元修，另立元宝炬为帝，改元大统，西魏建立，都城是长安。

高欢攻下了洛阳，皇帝却跑去了关中。北魏永熙三年（534）十月，他在邺城另立元善见（孝文帝曾孙）为傀儡皇帝，元善见是为孝静帝。东魏建立，定都邺城，改元天平。

东魏、西魏在民族融合的道路上走向了完全相反的方向。

东魏的高欢，是鲜卑化的汉人，实行高度鲜卑化的政策。

西魏的宇文泰，是汉化的鲜卑人，实行深度汉化的政策。

两个人都是在六镇起义中进入中原，脱颖而出的武将。

高欢和宇文泰之间的大战，从东魏和西魏立国开始从未间断。

西魏大统三年（537），宇文泰在沙苑大败高欢，史称"沙苑之战"。

大统四年（538），西魏和东魏在洛阳周边大战，史称"河阴之战"，又称"河桥、邙山之战"。鏖战的双方互有胜负。

大统九年（543），西魏和东魏在河桥、邙山地区大战，史称"邙山之战"。东魏军大胜，西魏十万大军损失了一多半。

东魏、西魏刚刚建立时，力量对比并不平衡。

东魏控制着原北魏的腹地，这里有六镇的二十多万精锐之师。据《隋书·食货志》记载，北魏分裂时，作为京畿禁卫军的六坊鲜卑，绝大部分到了邺城。而西魏宇文泰的军队不过是六镇的偏师而已。

东魏兵强马壮，一次次征讨西魏，想要统一北方，相对弱小的西魏经常依靠黄河进行抵抗，每到冬天都要派将士在黄河西岸沿河凿冰，防止东魏趁黄河结冰渡河攻打。

西魏建立时，只能勉强凑出三万人，后来关中又发生饥荒，到"沙苑之战"时，西魏能集结的兵力只有一万。宇文泰通过收编战俘、招募其他民族百姓的办法，到大统八年时才有了十万人马，这十万家底又在"邙山之战"中损失了一多半。

战争需要强大的财力作支撑，古代战争更需要充足的兵源作保证。关中地区当时经济十分落后，而且作为西魏主要兵源的鲜卑人不多。

西魏亟须发展经济、扩充兵源。

大统七年（541），宇文泰在苏绰、卢辩等人帮助下开始改革。改革包括政治、经济、思想、文化各个方面。实行孝文帝时期的均田制，规定了较轻的赋役，促进了西魏经济的发展。

大统十六年（550），宇文泰创立府兵制。

府兵制模仿汉人的周官六军制度，将鲜卑禁旅改为六军，成立府兵统帅部，设立八柱国、十二大将军，建立起以武川镇军官为骨干的府兵系统。

八柱国分别为：宇文泰、元欣、李虎（李渊祖父）、李弼（李密曾祖父）、赵贵、于谨、独孤信（宇文毓和杨坚岳父，李渊外祖父）、侯莫陈崇。除宇文泰和元欣外，其他六柱国各领一军，各督两个大将军。

十二大将军分别为：元赞、元育、元廓（西魏恭帝）、侯莫陈顺、宇文导、达奚武、杨忠（杨坚之父）、王雄、李远、贺兰祥、宇文贵、豆卢宁。

元魏宗室三人不领兵。

每个大将军督两个开府，共为二十四部。

府兵制的创建，使汉族豪强地主武装、均田农民都可以进入府兵体系中，西魏军队中的汉族比重逐渐增加。

为在形式上与鲜卑早期的八部大人部落兵制相似，府兵主将和兵士都改为鲜卑旧姓。

赐鲜卑姓氏表面上是鲜卑化的举措，实际上却为汉族军官进入西魏和后来北周的统治核心形成创造了条件。隋文帝的父亲杨忠被赐姓普六茹氏，唐高祖的祖父李虎被赐姓大野氏。通过赐姓，府兵中的汉人与鲜卑人获得了均等的权力和地位。

府兵制促进了胡汉融合，府兵内部，胡汉不分彼此。

西魏实行军政合一。八柱国、十二大将军即为西魏的军政领导核心，这些家族内部通婚，构成了历史上极为重要的一个军事贵族集团——关陇集团。

关陇是一个地域概念。关即关中，指以今陕西渭河平原为中心的地区；陇即陇右，黄土高原西部，在今甘肃东部一带。

关陇集团是关系紧密的胡汉混合、文武混合的军事贵族集团。北周、隋、唐三个王朝的创建者，都属于这个集团。

宇文泰积极缓和阶级矛盾、民族矛盾，大力提倡汉文化，学习汉族先进制度，争取汉族士族的拥护，糅合鲜卑贵族和汉族地主共同治理西魏。西魏实力日益增强。

西魏由弱变强，东魏却由强转弱。

维护东魏政权的二十万六镇骁勇以鲜卑族为主，支撑东魏政权的主要也是鲜卑贵族。为团结这些鲜卑勋贵，高欢带领东魏走上高度鲜卑化的道路。

在东魏"汉民是鲜卑族的奴隶"。民族矛盾日益激化，鲜卑贵族也日益腐败。

当高欢攻入洛阳时，他一定是踌躇满志的，他从管理一百下属的怀朔镇队主，到出兵邺城大败葛荣，之后推翻尔朱氏集团，掌握北魏政权，光环满身。

但河桥、沙苑、潼关、邙山、玉璧的累年战争，使东魏国力日渐衰落。

时代把接力棒交到了东魏手中，高欢却没能抓住。邙山之战，高欢因将领均无进取之心，没有乘胜追击，失去了灭亡西魏的绝佳机会，也是最后一次机会。

等到玉璧之战，西魏名将韦孝宽仅率数千将士，守城五十多天，高欢久攻不下，军中暴发瘟疫，东魏军竟有七万多人战死、病死，损失惨重，高欢忧愤发病，一病不起，率军撤退。

高欢在回师途中与斛律金唱和《敕勒歌》。他是在怀念六镇的风光，追忆一去不复返的韶华，也是在忧虑东魏的未来。

东魏武定五年（547），东魏权臣高欢去世，终年五十二岁。高欢去世后，长子高澄袭爵，掌握东魏大权，后被膳奴刺杀，高欢次子高洋继续把持朝政。

就在宇文泰创立府兵制这一年（550年），高洋废东魏孝静帝，自立为帝，建立齐国，定都邺城，史称北齐。高洋就是齐文宣帝。

北齐的鲜卑化程度更高，为了争权夺利，鲜卑贵族同汉人士族之间进行了长期的斗争。

汉人士族受到严厉打击，士族的社会地位越来越低，被压迫到了"卖女纳财，买妇输绢，比量父祖，计较锱铢"（《颜氏家训》卷1《治家篇》）的地步。

北齐官员中，十之七八都是鲜卑贵族或者鲜卑化的汉人，汉人地主受到排挤。北齐天保十年（559），汉族官僚杜弼（中书令，长安县伯）等人被杀，一批汉族文臣被行刑，家属被流放，妻子女儿发配为奴，小男孩被阉割。民族矛盾更加激化。

清河三年（564），北齐宣布实行均田制，但是受田农民得到的土地十分有限，而徭役和兵役非常沉重，清河均田的农民有的被迫出卖土地，有的逃亡异乡，有的躲进寺庙。

被压迫的百姓对统治阶级的仇恨越来越深，阶级矛盾激化，关东农民暴动连年不断。北齐皇位更迭频繁，皇室宗亲斗争不断，统治者内部的矛盾也非常突出。北齐的灭亡，只是一个时间问题。是由内部力量来毁灭，还是将被西魏纳入版图？

西魏恭帝三年（556），宇文泰病逝于云阳行宫。

西魏政权的建立和发展，完全是宇文泰一手操办。失去定海神针的西魏，面临巨大的危机。统一北方的重任，西魏还能否完成？

四、鲜卑的英雄，中原的皇帝——北周武帝

北周含仁殿中，皇太后端坐在主位上。

她亲切地给侄儿赐座，她的儿子，北周的皇帝恭谨地侍立在一旁。

一家人闲话家常，母慈子孝，兄友弟恭。这样温馨的场景，在十二年间已经成为日常。

这位皇帝是北周的第三位皇帝，周武帝宇文邕，宇文泰第四子。主位上坐着的是他的生母叱奴太后。坐在他身前的是他的堂兄宇文护。

西魏在宇文泰去世后，变成了北周，宇文泰没能迈出的一步，由他的侄子宇文护帮他完成了。

西魏和北周，实质没有变化，当家人还是姓宇文，之前是实权，现在是全权。

西魏，皇帝姓拓跋，权臣姓宇文。

北周，皇帝姓宇文，权臣还姓宇文。

宇文泰一代枭雄，是鲜卑族的英雄，他的侄子和儿子们都不是等闲之辈。

侄子想做权臣，儿子想做明君。

宇文护，宇文泰兄长宇文颢之子，自幼"方正有志度"，在兄弟中最受父母宠爱。

宇文泰创业过程中，宇文护多次立功，"从太祖擒窦泰，复弘农，破沙

苑，战河桥，并有功"（《周书》卷 11《宇文护传》）。

宇文泰非常喜欢宇文护，在世时常说："我得胡力。"

大家琢磨了很久，都不明白其中含义。直到宇文泰去世，托孤宇文护时，大家才领悟"胡"和"护"谐音，宇文泰说的是"得护力"。他对这个侄子寄予厚望。

宇文泰经常慨叹："此儿志度类我。"（《周书》卷 11《宇文护传》）

西魏恭帝三年（556），宇文泰在西巡过程中突然患病，派人快马加鞭召宇文护前来托孤。宇文护赶到时，宇文泰已经病危。

病榻前，宇文泰对他说："我病成这个样子，料难痊愈。你的堂弟们年纪幼小，寇贼未除，外患未宁，天下之事，只能托付于你。你要努力完成我的志愿。"

宇文护"涕泣奉命"。

宇文泰病逝时不在西魏京城，这无异于皇帝死在了宫外。宇文护秘不发丧，返回长安后才对外发丧，他在大司寇于谨（西魏八柱国之一）支持下迅速稳定政局。

宇文护顺利掌权后做的第一件事，就是逼迫西魏恭帝禅让。西魏灭亡，恭帝被降封为宋国公，不久就被宇文护杀害。

西魏恭帝三年十二月庚子（557 年 2 月 15 日），宇文觉（宇文泰第三子，嫡长子）称周天王，北周建国。宇文觉是为北周孝闵帝。宇文护官拜大司马，封晋国公，食邑一万户。

八柱国之一的赵贵，不服宇文护专政，与独孤信等人策划袭杀宇文护，遭到独孤信拒绝，只得作罢。此事被告发，宇文护动手除掉了所有参与者，包括拒绝参与的独孤信。

宇文觉性情刚毅果决，不甘心做傀儡，密谋诛杀宇文护，夺回大权。宇文护得到消息后，当机立断，废黜宇文觉，不久又毒死了他。

宇文护另立宇文泰长子宇文毓为天王，是为北周明帝（皇后是独孤信长女）。宇文毓看似温文尔雅，实则内心刚毅，他也不甘心被人操控，上台后作风竟和宇文觉一样强硬。

北周武成二年（560），宇文护再次出手，毒死宇文毓，再立宇文泰第四子宇文邕为帝，是为北周武帝。

周武帝同样怀有雄心壮志。不同的是，他多了耐心和谋略，也多了两次失败的教训。连杀三任皇帝，诛杀多位朝廷大臣，宇文护大权在握，周武帝不得不先考虑活下去的问题，再伺机而动。

他不等宇文护争取权力，主动把权力一步一步送到宇文护手中，不停地给宇文护戴高帽。

给宇文护上了一套篡位套餐。

保定元年（561），周武帝给了已经是大冢宰、晋国公的宇文护都督中外诸军事的权力。周武帝命人在宇文护封国晋国，建立皇祖宇文肱的别庙，让宇文护祭祀。

保定三年（563），周武帝下诏褒扬宇文护"智周万物，道济天下"，规定以后诏诰及官方文书不得称呼宇文护的名字。

保定四年（564），大将军、大冢宰、晋国公宇文护率军伐齐，周武帝在太庙庭授以斧钺。

都督中外诸军事，赞拜不名，建立皇祖别庙。周武帝给宇文护上了一套篡位套餐，让宇文护感觉治理国家、对外用兵，周武帝对他十分信任，百般依赖。

周武帝把军事全权交给宇文护处理，而他的关注点在其他领域。

农业上，他"亲耕籍田"，劝课农桑。

文教上，周武帝在大殿亲自讲授《礼记》，组织群臣赋古诗，邀请京城耆老参加。表彰孝子，提倡儒家道德。邀请名儒沈重到长安讲学。

礼制建设上，周武帝拜德高望重、年逾九十的太傅、燕国公于谨为三老，在太学举行隆重的拜谒仪式，向三老咨询治国理政之道，表达了对天下贤德之人的重视和虚心接受长老指教的态度。

拜谒三老是中国古老的传统仪式。《礼记·文王世子》记载："遂设三老五更，群老之席位焉。"早在秦汉以前，国家就设三老一人，皇帝尊养他，向他咨询治理国家的经验，向天下传播尊老敬老的观念。

于谨，鲜卑人，本姓万忸于氏，出自北魏八贵之家。他不仅能带兵打仗，更是西魏、北周多项国策的制定者。他向宇文泰献策，建议他占据关中，恳请在洛阳受群凶逼迫的天子西迁，然后"挟天子而令诸侯，奉王命以讨暴乱"，西魏因此得以建国。于谨功勋卓著，度量过人，为人谦让有礼，是北朝杰出的政治家、战略家。

宇文护不是政治家，他对儒学、礼教、农业的力量一无所知，宇文护认为只要军权在手，就没什么可担心的。而且，周武帝看起来全无害处。

周武帝对宇文护的意见也从不违背，在宇文护伐齐失利时，都没有表现出一点不满。在宫中相见时，周武帝还按弟弟对兄长的礼仪向宇文护行礼，视他为至亲尊长。保定四年（564），宇文护的母亲从齐国回到北周，周武帝竭尽晚辈孝敬之礼。

周武帝用了十二年消除宇文护的戒心，寻找宇文护的破绽，积攒大臣们对宇文护的怨气。

宇文护恐怕都忘了自己是杀了周武帝两个哥哥的人。

宇文护得罪的人越来越多。卫王宇文直（周武帝胞弟）看到宇文护大权在握，原本亲近宇文护。一次宇文直作战失利，宇文护因此免除了他的官职。宇文直怀恨在心，改投兄长周武帝。

伐齐失败，也让宇文护在军中的威望骤减。

天和七年（572）三月，宇文护从同州返回长安。周武帝在文安殿上接见宇文护，他亲自引领着宇文护去含元殿朝见叱奴皇太后。

周武帝说："太后年龄大了，颇好饮酒。我多次劝说，也没有作用。兄长今天来了，就帮我规劝一下吧！"

说着，周武帝从怀中取出抄写好的《酒诰》，对宇文护说："就读这个来劝谏太后吧。"

兄弟二人进入含元殿，太后像往常一样给宇文护赐座，周武帝也和往常一样站在宇文护身后，恭敬有礼。

宇文护按路上商量好的，拿出《酒诰》开始朗读。

如果一切如同往常，《酒诰》读完，他和婶母之间可能会谈论昨天的趣事，今天的饮食，明天的安排。

婶母可能会问他，家中的孩子最近可还用功，侄媳妇何时再进宫。

这样的场景再也不会重现。

周武帝的眼神陡然变得异常狠厉，他突然举起玉珽砸向宇文护的头颅，宇文护跌倒在地，却没有死。周武帝命宦官何泉用御刀砍杀宇文护，何泉惶惧之下，手上失了力气，砍了几次都没伤到宇文护。

如果宇文护不死，被救离含元殿，周武帝母子必死无疑。关键时刻，提前藏匿在宫中的宇文直冲了进来，用刀砍死了宇文护。

周武帝封锁消息，迅速派人到宫外，铲除宇文护党羽。

572 年，周武帝顺利亲政，改元建德。

从 534 年西魏建国开始，这个政权的主导权第一次由皇帝掌握。这次政变用最小的代价完成，没有动用军队，没有引发朝局动荡。

周武帝是一位雄才大略的君主，他执政期间，北周国力不断攀升。

周武帝在 565 年至 578 年间，先后五次发布释放奴婢的诏令，还宣布放免杂户。几十万口奴婢、杂户变成自由民，重返土地。

周武帝亲政前一年北周发生严重的蝗灾，土地荒芜，百姓逃亡，在除掉宇文护后，他颁布诏书"自今正调以外，无妄征发"，减轻了农民的负担。

水利上，周武帝兴建大型水利工程，重新疏通并扩建龙首渠（位于今陕西省大荔县）。

以上措施，极大地促进了农业生产，关中地区逐渐摆脱贫困，成为北周的大粮仓。

周武帝还广开言路，下诏令百官军民上封事，极言得失。

军事上，周武帝继承并发展了宇文泰创建的府兵制，他"改诸军军士并为侍官"，将府兵指挥权从中外都督诸军事府收回，由皇帝掌握。这一措施把军权从军阀手中收归中央，收到皇帝手中，削弱了府兵和主将之间的从属关系。（《周书》卷 5《武帝纪上》）

周武帝还大量招募普通汉人充当府兵扩大兵源，充实军事力量。（《隋书》卷 24《食货志》："募百姓充之，除其县籍。"）

这一政策解决了北周兵源问题，汉人与少数民族之间的制度隔阂也被消除，北周政权的性质也在慢慢改变，北周成为鲜卑人和汉人共同的国家。

周武帝在外交上实行远交近攻的策略，与突厥开展了和平外交。他极力争取与突厥的和亲关系，迎娶了突厥王女阿史那氏。

周武帝在位期间，摆脱鲜卑旧俗。整顿吏治，使北周政治清明，百姓生活安定，国势强盛。周武帝生活俭朴，能够及时关心民间疾苦。推广儒学，控制佛教，释放生产力，改善民生，化解民族矛盾，胡汉分化局面被彻底改变，民族差异减少。

北周武帝，不仅是鲜卑的英雄，还是被汉民族认可的中原皇帝。

五、北周武帝统一北方

这是一幅周武帝经常注视的军事地图，那上面有山川、河流、城市，上面是华夏大地。

统一，是周武帝的政治理想。

当西魏、北周皇帝励精图治，立志统一北方，甚至统一南北的时候。北齐皇帝正忙于建造大量的佛像、寺院、洞窟。

北齐天保年间，北齐文宣帝高洋开始建造晋阳大佛（今称蒙山大佛）。建造佛像时，为了在夜间继续施工，一夜燃油万盆，把二十里外的晋阳古城都照亮了。佛像历时二十四年完工，花费金钱无数。

魏晋南北朝时期，佛教在中国获得了巨大的发展空间，百姓、贵族、皇室笃信佛教的人都非常多。北齐皇室已经发展到了"佞佛"的地步，建造了大量的规模浩大的寺院、佛像。我们都知道"南朝四百八十寺"，大力发展佛教的南朝萧梁，全国佛寺数量其实有二千八百四十六座。

北齐有过之而无不及，到北齐后主时，全国佛寺已多达四万多座，僧尼四百多万，而北齐总人口只有两千万，可以说每四个人就要养一个僧尼，百姓负担极为沉重。

僧尼不交税、不当兵，还需要使用社会财富予以供养。寺庙和僧尼，既不能形成战斗力，也不能发展生产力，既占用社会的劳动力，又消耗国家的财力。佛教在当时已经严重影响了经济的健康发展和国家安全。

当然，这不是北齐独有的现象，佛教在北周同样兴盛。

北周当时有一万多寺院、一百多万僧尼，寺院占据大量土地，拥有大量的依附人口。

同处于北方，北周武帝对佛教采取了和北齐皇帝们截然相反的态度。

周武帝要想统一北方、统一华夏，需要强大的经济作为支持。而且即使不打仗，当时佛教的发展也对国家的发展产生了非常负面的影响。寺院中鱼龙混杂，很多为躲避战乱和徭役的人混迹其间，他们根本不是为了探求真理，修习佛法，普度众生。

佛教有着非常广泛的群众基础，贸然灭佛，有可能会让国家陷入危险的境地。公元446年，北魏太武帝灭佛，捣毁所有佛寺，杀死了很多僧尼，导致国家动荡。但不限制佛教，同样危险。

南朝梁武帝大力发展佛教。国家一样陷入了混乱，他本人也在"侯景之乱"中被饿死宫中。

两种解决方法，两次失败的惨痛教训。周武帝会如何处理这个敏感的社会、经济、哲学问题？

周武帝选择整合儒学、道家、佛教，让大智大慧的佛法融入博大精深的中华文化中。

面对重重阻挠，周武帝组织了两次全国性的大讨论。他让文武百官、道士僧人互相辩论。到第二次讨论时，出席者多达两千余人。儒、佛、道之间的辩论在北周成为常态。

名儒沈重，以儒教观点解释佛道。周武帝又提出三教同源，判定儒教为先、道教次之、佛法为后。

三家互不相让，礼貌的争吵能交流思想，却解决不了利益的纷争，对土地和人口的争夺，让僧侣地主和世俗地主之间互不相让。

北周建德三年（574）五月，周武帝下令全面禁止佛教、道教传播，强令全国僧尼、道士还俗。另外，"礼典所不载者"一并尽除之。

周武帝共令还俗僧尼百万人，废除寺院万余座。大量劳动力回归土地，大量土地重新回到国家手中，使国家实力迅猛提高。

使用公权力干涉宗教信仰是不得已而为之，周武帝更希望团结所有可以团结的力量，胡人、汉人、庶族、士族、沙门、道士。

一个月后，周武帝颁布诏令，设立通道观，挑选最有名望的一百二十名沙门、道士入观为学士，研究佛教、道教如何沟通。

思想的交流，促进了佛教的发展，这有利于佛教融入中华本土文化，并最终成为气象万千的中国佛教。

思想的整合，使人心得以凝聚，周武帝决定统一北方。

建德四年（575）七月，周武帝发布伐齐诏书，御驾亲征，统率十七万大军。进入齐境后，他规定"禁伐树践苗稼，犯者以军法从事"（《周书》卷6《武帝纪下》）。

战争的开场非常顺利，周武帝亲自上阵，率军攻下河阴大城。攻打子城没有攻下，北周战士士气仍然非常高涨。因周武帝突然生病，北周只好班师回朝。

第一次北伐没有成功，但是，周武帝通过第一次北伐探明了北齐的军事虚实。

建德五年（576）十月，周武帝再次下达伐齐诏书，率领七路大军攻齐。周武帝把主攻方向定在平阳，在平阳打垮齐军主力。接着，周军攻破了晋阳。

晋阳宫中的人已经换了，而二十里外的晋阳大佛仍然默默地矗立着。

北齐二首（其一）

唐·李商隐

一笑相倾国便亡，何劳荆棘始堪伤。

小怜玉体横陈夜，已报周师入晋阳。

巧笑知堪敌万几，倾城最在著戎衣。

晋阳已陷休回顾，更请君王猎一围。

女色亡国，曾是一种盛行的论调，因为亡国之君大多好色，他的女人还要被拿出来反复鞭尸。何况这种论调，大多掺杂着香艳的故事，更加拓宽了它兜售的市场。

玉体横陈是一个传播很广的故事。故事内容违背伦理纲常，又有对美色极其具体的描述，使它得以广泛传播，并依靠诗词的力量，被现在的我们所熟知，甚至还成了一个成语。虽然这个故事在正史中没有记载。

史书中的故事没有这么香艳，但是一样离奇。

据《资治通鉴》记载，齐后主是个胆小的人，他不敢和人对视，大臣们入朝奏事，不敢抬头看皇帝，只好讲个大概，"惊走而出"。

齐后主不擅长言辞，不喜欢朝臣士大夫，只有和十分亲近的侍人或宠妃在一起时，才能放松地交谈。

一些奸佞小人就成了炙手可热的人物，女侍中陆令萱（齐后主乳母）、和士开、高阿那肱、穆提婆、韩长鸾等趁机把持朝政，陷害忠良。北齐政治日益腐败。

齐后主十分凶残。他把人扔进装满蝎子的浴缸里，看到人被蝎子蜇咬，听着人被蜇后的惨叫，他感到非常满足，哈哈大笑。

齐后主后宫的官也特别多，宫女五百人全部被封为郡君。他的牛马鸡狗都有官职和爵位。爱马，封为赤彪仪同、逍遥郡君、凌霄郡君。斗鸡的爵号有开府斗鸡、郡君斗鸡等。

王佐之臣和能征善战的将军就没有这样的待遇了。

北齐武平三年（572），北周将军韦孝宽行反间计，利用谶言儿歌，暗喻斛律光有篡位野心，加上陆令萱、祖珽极力挑唆齐后主，丞相斛律光被满门抄斩。

武平四年（573），齐后主因兰陵王高长恭（高欢之孙、高澄第四子）说"家事亲切"，怀疑他把国事当家事，是有篡位之心，鸩杀了兰陵王，曾在邙山大败北周军队的一代名将，就这样死了。

北齐的军队调度不灵，军力涣散，军力日益衰落。

如此残暴昏庸的皇帝，也只有祸国殃民的妖姬才能与之匹配。

北齐的后宫有过三任皇后，冯小怜差点成为第四任，齐后主在得到冯小怜后，"坐则同席，出则并马，愿得生死一处"（《北史》卷14《后妃传下》）。

但这个愿望，齐后主没能实现。

在他与冯小怜饮酒、嬉戏，打猎时，北周的大军已经攻入了北齐。

当他终于决定率军抵抗时，冯小怜娇嗔着说："更杀一围。"于是，他又陪着爱妃去打猎了。（《资治通鉴》卷172）

当他有机会夺回平阳的时候，他让士兵停止攻打，派人去请心爱的冯小怜来观看这有趣的一幕。

观战的时候，冯小怜看到有一部分军队稍稍退却，惊恐不已，大喊："我军败了！"齐后主和冯小怜"奔还"。他们逃走的时候可能还手牵着手。

这两个人真是搭调。

建德六年（577）正月，周军乘胜攻破北齐首都邺城（今河北省临漳县），二月，周军俘虏了逃跑中的北齐后主父子。北齐灭亡。

北魏分裂四十三年后，中国北方再次统一。

统一北方后，周武帝在北齐境内颁行了一系列措施：加大儒学推广力度，赢得汉族士族的支持；大力化解民族矛盾，北齐胡汉分化局面得到彻底改变；积极改善民生，让百姓安居乐业；控制佛教，北齐境内数百万僧尼还俗；释放奴婢、杂户，使得无以计数的私家奴婢、杂户成为正常百姓。

北周境内万象更新，北方的国土和民心都凝聚在周武帝的统治之下。

宇文泰曾这样评价周武帝："成吾志者，必此儿也。"

宇文毓也曾说周武帝："夫人不言，言必有中。"

周武帝以其政治家的高瞻远瞩，赢得了统一战争胜利的第一步，接下来，他要完成更大范围的统一。

北周建德七年（578）六月，周武帝率军北伐突厥，途中因身体不适，折返长安，病逝于回京途中，终年三十六岁。

周武帝虑远谋深，雄图远略，"修富国之政，务强兵之术"（《周书》卷

5《武帝纪上》），志在实现国家的再次统一，北周显然已经具备这样的实力，周武帝本人也具有这样优秀的个人素质。

如果再多给周武帝几年时间，周武帝足以比肩秦皇、汉武。但天不假年，上天没有给他足够的时间。

临终前，周武帝注视着那幅看过无数次的华夏地图，他的眼中是万里河山，是黎庶万民。

周武帝遗诏称："将欲包举六合，混同文轨。"这一伟大政治构想，将留待后来人去实现。

周灭齐时，武帝在邺城，召集北齐僧人并赴殿集，叙废教之意。

僧人慧远抗声反对，以地狱相威胁。

慧远说："陛下今恃王力自在，破灭三宝，是邪见人，阿鼻地狱不简贵贱，陛下何得不怖？"

周武帝说："只要百姓得福，我愿受地狱诸苦。"（《广弘明集》）

周武帝留下的是一片大好江山，一个蒸蒸日上的国家。

谁能像他一样，愿为百姓受地狱诸苦？

谁将继承他的志向，去完成一统华夏的毕生追求？

六、棍棒底下出演员

"死得太晚了！"

当人们感叹周武帝早逝时，他的长子，他的太子，指着他的棺材，大骂："死晚矣！"（《资治通鉴》卷 173）

宇文赟，周武帝的法定继承人，北周武成元年（559）生于同州，建德元年（572）十四岁时被册立为皇太子，周武帝就是在这一年除掉了权臣宇文护。

周武帝对宇文赟寄予厚望，唯恐儿子不能成器，对他十分严厉。

工作上，周武帝要求宇文赟和大臣们一样努力工作，不论隆寒盛暑，都不得休息。

生活上，因为宇文赟爱好饮酒，周武帝要求一滴酒都不能送到东宫。

周武帝还严令太子东宫官署，记录太子言行，每月汇报。

宇文赟如果犯错了，就会被"捶挞"，周武帝经常对宇文赟说："古往今来，太子被废的比比皆是，我其他的儿子难道不能当太子吗？"

周武帝英明神武，但是儿子不是不成器，就是太小，只能无可奈何地选择年龄最长的宇文赟。他想通过严厉的教育，规范太子的言行举止，让他成为合格的储君，将来做个合格的皇帝。

都说棍棒底下出孝子，但历史上棍棒底下出的演员更多。

宇文赟是一个，南朝齐国的萧昭业是一个，隋炀帝也是一个。

宇文赟每天战战兢兢，如履薄冰，装得规规矩矩，温文尔雅。

面具下的宇文赟对周武帝怀恨在心。骂完"死晚矣"，他就钻进了周武帝的后宫，"通乱先帝宫人"。

周武帝去世第二天，宇文赟登基，尊嫡母阿史那氏为皇太后，尊生母李娥姿为帝太后。宇文赟是为周宣帝。

十天后，周宣帝就急着把周武帝丢进陵寝，脱掉孝服，为自己登基庆祝。按礼制，父亲去世，儿子需要守孝二十七个月，皇帝以日易月，需服丧二十七天。周宣帝终于熬到老爸一命归西，哪里能等到二十七天，他急着当家做主，指点江山。

周宣帝放眼朝廷，竟然都是老爸信任的大臣，这些人哪会听他的摆布？他得找几个能听自己话的人。

吏部下大夫郑译被"火线"提升为开府仪同大将军、内史中大夫，委以朝政。

周宣帝做太子时，就和郑译非常亲近。在奉旨征讨吐谷浑时，周宣帝以为天高皇帝远，在军中"颇有失德"，郑译等人参与其中，周武帝得知后，将郑译削职为民。

郑译，就是所谓的佞臣。

佞臣的特点是：反对领导反对的，怀疑领导怀疑的，支持领导支持的。

这正是周宣帝需要的。

为了紧紧抓住到手的权力，周宣帝大肆清除元老重臣。

首先被清除是齐王宇文宪。

宇文宪，宇文泰第五子，周宣帝的叔叔，战功卓著，曾跟随宇文泰、宇文护、周武帝南征北战。平齐之战，他是重要的指挥官，唐、宋两代追封古代名将时，宇文宪都位列其中。

辈分高，能力强，名望大，三十五岁又正值壮年。周宣帝担心他成为宇文护第二，即位当月，就派人勒死了叔叔宇文宪。

处死宇文宪后，周宣帝召集齐王府僚属，让他们编造罪名，诬陷宇文宪。参军李纲，誓死没有屈从的言辞。

周宣帝找不出罪名，又下令杀了上大将军王兴、上开府仪同大将军独孤熊、开府仪同大将军豆卢绍，诬陷他们和宇文宪同谋造反，当时的人都知道王兴等人是冤枉的，说他们这是"伴死"，是陪着宇文宪死的。

大臣们也不能幸免。

周宣帝即位，王轨就知道自己命不久矣。王轨专心国事，不存私计，又秉性耿直，他看出周宣帝不堪重任，北周可能要亡在他的手上，所以多次劝周武帝易储。一次酒后他将着周武帝的胡子说："你这老头不错，可惜儿子太差了。"周武帝深以为然，但是他也没办法。

王轨早就得罪了周宣帝，周宣帝和郑译在军中失德的事，就是他向周武帝汇报的。郑译被免官杖责，周宣帝被大怒的老爸狠狠揍了一顿。

登上帝位第二年，周宣帝派内史杜虔信到徐州诛杀王轨。

周武帝病重时，曾急召宇文孝伯，握着他的手说："以后的事就托付给你了。"

王轨被杀后，周宣帝问宇文孝伯："你知道齐王谋反，为什么不说？"

宇文孝伯回答："臣知齐王忠于社稷，为小人所害，臣的谏言不会被采纳，所以不说。且先帝嘱咐微臣，唯令辅导陛下。现在谏而不从，实负顾托。以此为罪，是所甘心。"

周宣帝非常惭愧，一言不发，随后，将宇文孝伯赐死在家中。

杀了一批功高权重的大臣，周宣帝还外放了一批大臣，让他们远离都城。

宗室大臣中，赵王宇文招、陈王宇文纯、越王宇文盛、代王宇文达、滕王宇文逌赵，都被赶出京城，他们都是宇文泰的儿子。齐王死了，赵、陈、越、代、滕五王被赶出京，北周宗室力量由此衰落。

这么多人或被杀或外放，空出来的位置，周宣帝都用来安排"自己人"。除了安排那些佞臣，周宣帝还把老丈人杨坚从南兖州调回朝廷，连连升迁。

杨坚很快就坐上了首席宰相大前疑的位置，勋位上柱国，还有从父亲杨忠那儿继承来的爵位隋国公，位极人臣。

周宣帝享受着皇权，已经不知道怎么折腾是好了。

国家的庆典，朝堂礼仪，他随心情说改就改。

周宣帝后宫的位分名号，多得都没法详细记录。周宣帝册立了五位皇后，按我国古代一夫一妻多妾制的礼法要求，皇后只能有一位，妃嫔的数量和名号人数虽然历代有所变化，但是也都有严格的要求。唐高宗要册立武昭仪为宸妃就遭到了元老大臣的强烈反对。

周宣帝五位皇后是天元大皇后杨丽华、天大皇后朱满月、天中大皇后陈月仪、天左大皇后尉迟炽繁、天右大皇后元乐尚。

他非常自大，极端自负，自称为天。

为了显示自己的高大形象，也为了和周武帝反着来。他在宫中制作了佛教的佛像、道教的天尊像。

他不为拜佛，也不为尊道，周宣帝坐在法相庄严的佛像和神态和穆的天尊像中间，接受群臣跪拜。

他自认为是高、大、上、天的唯一代表。让姓高的人改姓姜，高祖改称长祖。

为了比皇帝更高，二十一岁的周宣帝传位给年仅七岁的长子宇文阐（原名衍），自己升级为太上皇。当了太上皇还不算，他还自称天元皇帝。（天，上天；元，头、首、始、大之意。）

据《周书》中记载，周宣帝"又吝于财，略无赐与"。

周宣帝还非常暴虐。

周武帝监控他的办法，这回他都用在了大臣身上。周武帝让大臣写"皇太子言行月报"，他秘密派人写大臣们的"起居注"。稍有不称他心意的，就予以处罚。处罚的办法也是和周武帝学的打板子。

周武帝打他是老子管儿子，恨铁不成钢。周宣帝打人是往死里打，公卿大夫都不能幸免，被杀、被贬黜的，多到史官都无法一一记录。

打板子还有最低限额，不能低于一百二十杖，名曰天杖。后来又改为二百四十杖，目的是把人一次性打死。

后宫妃嫔，也有很多被打了板子的，连受宠的妃嫔也不能幸免。

据《北史》记载："于是内外恐惧，人不自安；皆求苟免，莫有固志；重足累息，以逮于终矣。"

周宣帝在大家的期盼下很快就去见了周武帝。

周宣帝当太子的时候，被管着喝不到酒，现在他已经是天了，谁敢管天呢？

各种杂技百戏、歌舞乐队，几乎都不停歇，周宣帝让京城少年穿着女子的衣服，进宫表演歌舞，他和后宫一同观看，以此为乐。

他荒淫无度，周武帝寥寥无几的后宫哪能够他拣选，他四处搜罗美女，要求仪同以上官员的女儿不许嫁人，以便自己挑选，连侄媳妇都被他强行征入后宫，还封为天左大皇后。

他拼命地四处嬉游，喝酒纵欲，不理政事，导致健康迅速恶化。大象二年（580）五月，周宣帝病逝于天德殿，时年二十二岁。

周宣帝留下了一群寡妇和八岁的小皇帝，等着别人来篡夺江山。

疯狂之后，唯有灭亡。

第二章

权臣之路

一、杨隋皇室——弘农杨氏的"假冒牌"

杨坚（541—604），小名那罗延，是隋王朝的开创者，北周正是被杨坚的大隋所取代。

在正史记载中，杨坚出身弘农杨氏。正如李唐皇室自称其祖先是老子李耳经不起推敲一样，杨隋皇室的出身记载同样值得怀疑。

魏晋南北朝时期，是不讲人人平等的，那时人被分为三六九等，社会是讲高低贵贱的，婚配是要门当户对的。

北魏高阳王元雍的王妃卢氏不幸去世，元雍想将崔显的妹妹升为王妃，遭到侄子宣武帝的阻止，理由是：博陵崔氏"地寒望劣"（《魏书·高阳王传》卷 21 上）。

元雍原来娶的是范阳卢氏，现在娶博陵崔氏，这在当时看是降低了标准。

博陵崔氏崔巨伦的妹妹，因身有残疾，准备下嫁给门第稍低的家族，已经出嫁到赵郡李氏的姑姑闻听此事，非常悲伤。

她感叹道："吾兄盛德，不幸早逝，岂令此女屈事卑族！"（《魏书·崔辩附崔巨伦传》卷 56）

这位姑姑把侄女聘给了自己的儿子，侄女又成了儿媳妇。

在文学作品中，"门当户对"观念总是以丑陋嘴脸出镜，持此观点的人也常常做着棒打鸳鸯的勾当。这与当时人的观念完全不同。

《魏书》评价这位姑姑"高明慈笃"，同时记载了当时人的看法："叹其义"。

可见当时的门阀制度壁垒森严。

在注重家世、地望的历史背景下，如若杨坚家族属于弘农杨氏，娶妻必然要在高门望族中选择。

杨坚之妻独孤氏是鲜卑贵族，但据《隋书》记载，杨坚外祖父家山东吕氏"其族盖微",籍籍无名。

杨坚在北周武帝平齐后,曾寻访外祖父一家的下落,未果。

到开皇初年,济南郡发现一个名叫吕永吉的男子,他的姑姑字苦桃,正是杨坚母亲的名字。通过勘验,确定了吕永吉是杨坚舅舅的儿子,杨坚追赠外祖一家官爵,由吕永吉袭爵。吕永吉留在了京师大兴城,大业年间担任上党郡太守,此人"性识庸劣,职务不理"(《隋书·外戚传》卷79)。

寻访到吕永吉后,杨坚得知自己还有一位舅舅吕道贵尚在人世,连忙派人召舅父入京。

舅甥相见,杨坚想起已经过世的母亲和外祖父母,很是难过,潸然泪下。舅舅吕道贵却没有一点悲伤的情绪,对已经贵为天子的外甥连连直呼其名。

吕道贵说:"谁家的种就是谁家的,偷不走。这也太像我苦桃姐了。"(《隋书·外戚传》:"种末定不可偷,大似苦桃姊。")

杨坚因吕道贵言行过于粗鄙,多次触犯忌讳,不许他和朝士来往,只在生活上给他优厚的待遇。

从吕道贵、吕永吉的言行举止来看,杨坚外祖一家,不仅不是名门望族,连寒门庶族都称不上。如果杨坚家族真的属于弘农杨氏,不可能与这样的家族结亲。

弘农杨氏是什么样的家族?

弘农(今陕西省华阴市)是地望。西汉元鼎四年(前113)汉武帝在这里设立了郡,治所在秦函谷关(今河南省灵宝市北)。

杨是氏,源自上古八姓(姜、姬、姚、嬴、姒、妘、妊、妫)之一的姬姓,是春秋时期晋国公族羊舌氏、太傅叔向的后代。历史上杨氏出了很多公侯将相皇后妃子。大将有西汉开国功臣赤泉侯杨喜,东晋龙骧将军杨佺期;丞相有西汉汉昭帝时期安平敬侯、史学家司马迁的女婿杨敞。

西晋武帝司马炎的两任皇后,"少聪慧,善书,姿质美丽,闲于女工"的杨艳,"婉嫕有妇德,美映椒房"的杨芷,都出自弘农杨氏。

被曹操杀掉的杨修也是弘农杨氏家族成员。

东汉杨震及其子杨秉、孙杨赐、曾孙杨彪，祖孙四代都官至太尉，"四世太尉，德业相继"。

杨震号称"关西孔子"，"明经博览，无不穷究"。他的父亲杨宝，是东汉隐士，是成语"结草衔环"中"衔环"典故的主人翁。

杨震以守正不阿、公正清廉著称。少年时隐居不仕，直到五十岁时才到州郡做官，大将军邓骘听说杨震的贤名，举荐他为茂才。经过四次升迁，杨震出任荆州刺史、东莱郡（今山东省莱州市）太守。

杨震往东莱郡赴任，途经昌邑县，昌邑县令是杨震推举的荆州茂才王密。

王密得知自己的举荐人来到昌邑，拜见杨震，并于深夜秘密送给杨震十斤金。

杨震说："故人了解你，你却不了解故人，这是为什么呢？"

王密说："现在是深夜，没有人知道。"

杨震问："天知，神知，我知，子知。何谓无知！"

王密听后惭愧地离开。"四知"典故由此而来。

当时有人劝杨震为子孙多置产业，杨震说："使后世称为清白吏子孙，以此遗之，不亦厚乎！"

《北史》和《隋书》都称杨坚是东汉太尉杨震的十四世孙。《周书》《北史》《隋书》均记载杨隋皇室是弘农华阴人。

杨震属于弘农杨氏并无疑问，但杨震的后裔考证到北魏时，已经难觅踪迹。

杨震的曾祖父叫杨忠，杨坚的父亲也叫杨忠。在中国古代，孩子的名字要避祖先名讳。如果杨震真的是杨坚的先祖，杨坚的祖父在给杨坚父亲起名时，必然要避讳杨震祖先的名讳，否则杨坚的父亲就不可能以忠为名。

杨忠不可能是杨忠的后代，所以，杨坚不可能是杨震的后人。

据陈寅恪先生的考证，杨坚家族可能是山东寒族，其弘农杨氏的身份应出于伪托；而所谓杨元寿留镇武川亦是宇文泰为笼络部下感情而虚构之事。

杨坚家族自称是弘农杨氏，是为了给自己的家族抬高身价，因为姓杨，就碰瓷位高且德行出众的东汉太尉杨震。

这种操作不只存在于皇族。据唐长孺、李文才、魏宏利等学者考证，隋初"四贵"之一的杨雄、武则天的外祖父杨达、杨素的外祖父杨钧均系伪冒的弘农杨氏。

如果杨坚姓李，那他可能也和李唐皇室一样，自称是老子李耳的后人。

如果杨坚叫王坚，那他可能就说自己是太原王氏。

如果杨坚叫崔坚，那史书中的记载可能变成：高祖文皇帝，姓崔氏，讳坚，清河郡东武城县（今山东省武城县）人也。

杨坚碰瓷弘农杨氏，不过是因为他恰好姓杨。这对杨坚家族和弘农杨氏是"双赢"。

杨坚家族有了更好的出身，弘农杨氏出了皇帝，迎来了家族又一个极其辉煌的时期。

"双赢"是结果。

杨坚如果不是杨震的后代，杨坚家族也不属于弘农杨氏，那杨坚是如何进入北周统治阶层，成为外戚，成为权臣，最终取代北周建立大隋王朝的呢？

因为杨坚的家族虽不是名门望族，却也不是普通百姓，他们不是农，不是工，也不是商。杨坚祖上几代人都是政府官员。

据《隋书》记载，杨坚六世祖杨铉是十六国时期后燕（384—407，鲜卑族政权）的北平（今河北省遵化市附近）太守。

杨铉之子杨元寿在南北朝时期任北魏（386—534，鲜卑族政权）武川镇（今内蒙古自治区呼和浩特市西北）司马。

北魏灭燕后，大量燕国居民迁往代北（今山西省大同市北）地区，杨坚家族应该是在这个过程中从北平迁移到武川，此后世居于此。

杨元寿之子杨惠嘏任太原太守，杨惠嘏之子杨烈任平原太守，杨烈之子杨祯任宁远将军，杨祯生杨忠。

杨忠是杨坚的父亲，他跟随宇文泰在关西起义，被赐鲜卑姓普六茹氏，官至柱国、大司空，封隋国公。

因为杨忠，杨家变成普六茹家，成了北周开国功臣家族。

杨坚又将功臣之家升级为外戚加权臣，权臣杨坚最终夺取了政权，完成了统一大任。

二、武川镇，三朝故事的起点

杨隋家族的故事，起点在一个名叫武川的边境军镇。

武川和沃野、怀朔、抚冥、柔玄、怀荒是北魏六大军事重镇，位于今河套西北到河北省张北县一带。

六镇是北魏为拱卫首都平城（今山西省大同市），防范柔然（北方游牧民族所建汗国）南侵所设。因其重要的军事地位，六镇镇将和官吏升迁很快，多由鲜卑等族贵族、中原强宗子弟担任。

公元494年，北魏孝文帝为摆脱代北鲜卑贵族保守思想的影响，加速政权的进一步汉化，将都城从平城迁移至洛阳，开始汉化改革。北魏孝文帝改革，顺应了历史发展的潮流，加速了鲜卑族乃至北方各族的汉化，促进了民族大融合。

国家的进步没有给六镇带来更好的发展，六镇因距新都城洛阳很远，地位一落千丈，从军事重镇变成了边镇。镇将被换成庸劣之辈，由一些被贬黜的官员担任。

一把手仕途无望，一般官吏的晋升自然更加困难，贵族子弟和强宗子弟十分不满。

六镇兵民的处境也愈加凄惨。六镇居民除一些汉族、鲜卑族府户外，大部分是被发配的囚徒和被强制迁徙而来的各族人民，六镇兵民因此被视同罪犯。他们被强迫服役，赖以生存的土地又被鲜卑镇将强占，加上连年旱灾，引发了饥荒。

仕途无望，发财无门，精神上遭到蔑视，还要忍饥挨饿，镇兵们逃亡、闹事，甚至哗变。

北魏孝明帝正光四年（523），柔然入境剽掠，怀荒镇镇民生计艰难，饥饿的镇民"固请"朝廷开仓放粮，遭到镇将于景拒绝。愤怒的镇民冲进镇将府，抓住于景夫妻，折磨、毁辱了一个多月后将他们杀死。

怀荒镇起义后，其他军镇也先后爆发起义，矛头直指北魏朝廷，起义军连败北魏政府军。

一年多后北魏才勉强平定六镇叛乱。起义平定后，北魏将二十多万六镇兵民迁往河北地区，防止他们返回故乡重整旗鼓。

不料，被迁移的六镇兵民在河北地区燃起了新的起义之火。

孝文帝驾崩后，继任的统治者们腐败无能，兵役不断，租调沉重，百姓们痛苦不堪。甚至良民被掠卖为奴婢也不再受法律制裁。水灾、旱灾频发，贫苦的农民或逃亡山林，或剃度出家。

中原地区阶级矛盾早已激化，当愤怒的六镇兵民进入河北地区，他们迅速建立起反魏武装，将北魏政权冲击得七零八落。

边镇军事豪强尔朱荣在平定六镇叛乱过程中崛起，吞并六镇流民，收降高欢、贺拔岳、侯景、宇文泰等为麾下将领，兵势强盛。

尔朱荣被封为车骑将军，仪同三司，并、肆、汾、广、恒、云六州讨虏大都督，成为足以威胁中央政府的地区军阀。

这时的洛阳城内，胡太后与孝明帝母子嫌隙日深，争斗越发激烈。

胡太后谎称充华潘氏所生之女（元姑娘，孝明帝唯一后代）为皇子，毒杀了年仅十九岁的孝明帝，立潘氏之女为帝。

潘氏之女即位当天，胡太后说出了她是女儿的真相，改立三岁的元钊（宗室临洮王元宝晖之子）为皇帝，天下愕然。

孝明帝生前曾秘召尔朱荣入京，意在借尔朱荣兵力威慑胡太后。孝明帝暴殂，尔朱荣借机拥立元子攸（献文帝拓跋弘之孙、彭城王元勰庶出子）为帝，元子攸即孝庄帝。

北魏武泰元年（528），尔朱荣挟持孝庄帝入京，在河阴（今河南省荥阳市）将胡太后和幼主元钊溺死在黄河之中，杀死北魏王公百官两千多人，史称"河阴之变"。

"河阴之变"后，尔朱荣进入洛阳，成为北魏政权的实际掌控者。

此时北魏"盗贼蜂起，封疆日蹙"，各族人民为反抗压迫，纷纷起义，边境数十万人涌入内地，士族豪强势力受到冲击。

永安三年（530），孝庄帝诛杀尔朱荣。非常遗憾的是尔朱荣的被杀使北魏陷入了更加危险的境地。

孝庄帝掌握的军队力量不足，尔朱荣威胁着北魏皇权，也保护着风雨飘摇的北魏政权。

尔朱荣一死，各方势力开始了新一轮的角逐，北魏都城洛阳沦陷，孝庄帝本人则被勒死在晋阳（今山西省太原市）的佛寺之中。尔朱荣的族弟尔朱世隆立元恭为帝，即魏节闵帝。

普泰二年（532），原尔朱荣部将高欢在河北大族的支持下，消灭了潼关以东的尔朱氏势力，杀节闵帝，立元修为帝，即孝武帝。北魏政权落入高欢手中。

孝武帝后来出逃长安，建立西魏（535—556）。

高欢又另立傀儡，建立东魏（534—550）。

北魏被内乱折腾得裂成两半。

六镇起义、尔朱荣被诛杀不仅改变了北魏的国运，也改变了杨忠一家的命运。

杨忠的父亲北魏宁远将军（一说建远将军）杨祯从武川镇被裹挟至河北中山（今河北省定州市）避世而居。

鲜于修礼起义，杨祯"结义徒"征讨，战死沙场。其子杨忠流落山东，杨忠从官员后代变成了流落异乡的年轻人，在山东当地娶了贫苦百姓家的女儿吕苦桃为妻。

南朝萧梁政权见北魏内乱，趁火打劫。北魏正光六年（525），在泰山游览的杨忠被抓到南梁。

长髯飘飘、高大威猛的俘虏杨忠在萧梁被编入军队，一待就是五年。

北魏永安二年（529），萧梁意图通过叛魏降梁的北海王元颢控制北魏，萧梁封元颢为魏王，派东宫直阁将军陈庆之护送元颢返回北魏。

杨忠就在护送元颢的七千兵马中，他随元颢来到洛阳，官拜直阁将军。

元颢昏庸无能，兵败被杀，萧梁大将陈庆之只身逃回南朝，杨忠被尔朱荣俘虏，尔朱度律收留他做了帐下统军。

尔朱荣被孝庄帝诛杀后，尔朱氏起兵复仇，杨忠跟随尔朱兆从并州（今山西省太原市西南）率轻骑兵进入洛阳，尔朱兆就是那个勒死孝庄帝的人。孝庄帝之死使尔朱氏成为众矢之的，杨忠离开有勇无谋的尔朱氏，投靠了同为武川镇人的独孤信。

独孤信，先祖伏留屯是鲜卑的部落大人。从祖父独孤俟尼开始，独孤家族就居住在武川镇。

六镇起义时，独孤信和杨祯一起到了河北中山。河北起义爆发，独孤信被葛荣俘虏，尔朱荣大败葛荣后，任命独孤信为别将。萧梁政权扶持元颢返回洛阳时，独孤信作为前锋在黄河北岸和元颢党羽作战，打败乱军，拜安南将军，封爰德县侯。当时，杨忠在梁军中，独孤信在北魏军中，战后二人得以重聚，杨忠开始追随独孤信南征北战。

北魏建明初年（530），独孤信治理荆州新野和南乡，都取得了很好的声望和政绩。同年独孤信跟随贺拔胜攻破萧梁下溠戍，平定南阳，升迁为武卫将军。

北魏孝武帝元修西迁，逃往长安时，事起仓促，独孤信得到消息单骑追赶，在泸涧追上孝武帝。孝武帝感叹地说："武卫将军能辞别父母，撇下妻子儿女，远来投奔，果然是乱世识贞良！"当即赐给独孤信御马一匹，晋爵浮阳郡公，食邑一千户。

西魏初年，独孤信出任卫大将军、都督三荆州诸军事，兼尚书右仆射、东南道行台、大都督、荆州刺史，招抚荆州百姓。独孤信大败东魏荆州刺史辛纂，战斗中杨忠等人杀死辛纂。独孤信被任命为车骑大将军、仪同三司。

东魏战败后，高敖曹、侯景等将领率军突然赶到。独孤信敌众我寡，率杨忠等部下南下，逃到梁朝，在南梁居住了三年。

在江南，梁武帝萧衍认为杨忠是个难得的奇才，让他担任文德主帅，册封为关外侯。可惜，以德治国的萧衍没能留下独孤信和杨忠。

北魏分裂为东魏和西魏后，独孤信投奔西魏，杨忠随独孤信返回长安。

西魏大统三年（537），梁武帝准许独孤信、杨忠返回北方。梁武帝问独孤信要到哪里去，独孤信回答："事君无二。"梁武帝感其忠义，送了他很多礼物。

独孤信、杨忠回到西魏。宇文泰对他们信任如初，独孤信转任骠骑大将军，加侍中、开府，其使持节、仪同三司、浮阳郡公等如前所封。

独孤信返回西魏时，正值高欢西伐，二人跟随宇文泰奇袭潼关，东魏大将窦泰自杀，高昂退兵。同年八月，又随从宇文泰收复弘农（今河南省灵宝市），攻克沙苑（今陕西省大荔县南）。独孤信改封为河内郡公，食邑增加到两千户。

西魏大统四年（538），独孤信在西魏与东魏的河桥之战中失利，杨忠力退群敌，掩护独孤信军队撤退。

西魏大统九年（543），独孤信和杨忠跟随宇文泰接应东魏降将高慎，在邙山与东魏大军展开大战。

西魏大统十三年（547），西魏东征，独孤信移守河阳防范柔然。

经过一次次战斗，独孤信的官位越来越高，官印也越来越多，为了方便携带这些官印，他刻制了一枚八棱二十六面球体煤精印章（现收藏于陕西历史博物馆）。

杨忠的官位也越来越高。宇文泰、独孤信、杨忠都是武川镇人。杨忠在宇文泰麾下深受信任，他因作战勇猛，屡立战功，不断升迁。宇文泰创立府兵制时，独孤信因军功位列八大柱国，杨忠位列十二大将军。

宇文泰，北周政权的奠基者，他对"武艺绝伦，识量沉深，有将帅之略"的杨忠非常赏识。西魏恭帝初年，赐杨忠鲜卑姓氏普六茹氏。

北周初年，杨忠已位至柱国大将军，赐爵随国公，随国公是隋朝国号的来历。

杨忠从一个落魄青年，以一个汉族将领的身份跻身关陇贵族集团领导核心，他以一人之力为子孙后代的飞黄腾达创造了机会。

三、普六茹坚，在父亲的羽翼下长大

杨坚出生在一座寺庙之中。寺庙位于冯翊，在今陕西省西安市高陵区，寺院的名字叫般若寺。

西魏大统七年（541）六月十三，杨忠已经三十六岁。

孩子出生时杨忠跟随独孤信在外征战，为宇文泰东拼西杀。

据《周书·独孤信传》记载，西魏大统七年，独孤信在外讨伐叛乱，杨忠自西魏初一直跟随独孤信，这次应当也随同前往。

《隋书》中在杨坚出生的记载中没有出现杨忠。如果他在场，按常理推测应当留下记录。

《隋书》中记载了另一个人物，一位尼姑从河东赶来。她说："这个孩子不是普通人，不能养在俗世中。"杨忠把自家房子的一部分改成寺庙，请这位尼姑来当住持，把杨坚交给尼姑抚养。

除此之外，《隋书》也像其他史书一样，为开国之君的出生打造了不同凡响的场景，说他出生时"紫气充庭"，彰显主人公乃是应天命而降生。

同时也描写了杨坚的外貌、外形特征：为人龙颔，额上有五柱入顶，目光外射，有文在手曰"王"。

他的母亲吕苦桃在一次抱杨坚时，"忽见头上角出，遍体鳞起"，惊得把孩子摔在了地上。

尼姑见此情景说："已惊我儿，致令晚得天下。"

这段描述，非常高明，真假参半，又有故事情节，极具渲染力。

何为真？

"目光外射"是真。一个精力充沛的人，双眼必然炯炯有神。

"有文在手曰'王'"也为真，我们摊开手掌，找几条纹路，也有可能像"王"字，这个靠事实基础加想象力。

何为假？

"为人龙颌，额上有五柱入顶"，脑袋上有五根骨头支棱出来，这在医院，怕是要送新生儿科去抢救，如果不是骨头是肉瘤之类的，也需要做进一步检查。

"忽见头上角出，遍体鳞起"更是妥妥的假话，是为证明杨坚是真龙天子编造的故事。

这个故事编得非常巧妙，妙在尼姑说的那句"已惊我儿，致令晚得天下"。后人穿凿附会，说杨坚因为小时候摔的这一下，导致四十岁才登基称帝。

这些都是在杨坚大富大贵、登上皇位之后打造的神话故事。

如果这是神话，杨坚为什么会出生在寺院、由女尼抚养呢？

当时佛教盛行，我们通过诗歌知道"南朝四百八十寺"，事实上北朝的寺庙也非常之多，在这种社会风气下，杨忠一家笃信佛法非常正常。

杨忠常年在外征战，夫妻长期两地分居，怀孕不易。吕氏夫人怀有身孕后，杨忠让吕氏在寺院待产，孩子出生后又养在寺院，是为寻求佛法庇佑。

吕氏出身贫民，从其兄弟子侄的表现来看，吕氏也不会接受过文化方面的教育，而这个游走权门的尼姑，不会是一个普通的出家人。

《佛祖历代通鉴》记载："释尼智迁者，河东蒲坂刘氏女也。少出家，有戒行，长通禅观，时言吉凶成败事，莫不奇验。居般若寺，会文帝生于寺。"

据此记载，尼姑智迁（一说智仙）不是在杨坚出生后赶到寺院，她本来就居住在般若寺。

吕氏临盆之际选择住在般若寺，而不是其他寺院，极大可能是因为智迁的存在。智迁应该是杨忠外出征战之前，为自己没有出生的孩子选定的"启蒙老师"。

智迁给杨坚起了一个小名"那罗延"。那罗延意为金刚力士，乃是佛教中的护法神，手持金刚杵，形象非常威武。

杨坚当时跟随父亲被赐姓普六茹，小时候的杨坚叫普六茹坚，或普六茹那罗延。

据《续高僧传》记载，智迁对普六茹那罗延说："儿当大贵，从东国来，佛法当灭，由儿兴之。"

智迁清楚自己的职责所在，杨忠是一位勇武过人、智谋非凡的将军，他的儿子将来也要当将军，或者更进一步做柱国。所以说"儿当大贵"，不一定是做皇帝，只是让他从小树立目标，建立自信。

"佛法当灭，由儿兴之。"这是智迁身为佛法传播者要实现的理想。

一句话拆开来，智迁重在后半句，对杨坚影响更大的却是前半句。

对杨坚人生产生了重大影响的还有他的婚姻。

西魏大统十年（554），鲜卑贵族、柱国独孤信的第七个女儿出生，取名伽罗。伽罗，是梵语 Tagara 的音译，意为香炉木、沉香木、奇楠香，是个具有佛教色彩的名字。

独孤伽罗出生这一年，杨坚三岁，独孤信做主把这个襁褓中的女婴许配给杨忠的儿子杨坚。

杨坚的老丈人独孤信是出名的美男子。独孤信镇守陇西时，出城打猎，直到天色已晚，城门即将关闭，才策马回城。奔跑中帽子歪了一点，独孤信为了在城门关闭之前入城，就任凭帽子歪着。城中百姓见独孤信微侧着帽子，骑马奔回城中，被他的风姿所吸引，于是引以为风尚，都学着独孤信的样子歪戴帽子。

独孤信少年时候非常喜欢修饰打扮自己，服饰都与众不同，军中称他为"独孤郎"。

独孤信位列西魏八大柱国，靠的不是颜值，而是军功。独孤信和杨忠一起出生入死，多年征战，他们之间的关系早已不是同乡、朋友、战友所能概括的。

独孤伽罗和杨坚爱情故事的起点是父辈间坚固的情谊，他们的故事还要在三年后才开始。西魏法定的结婚年龄是男子满十五岁，女子满十三岁。直到杨坚十七岁那年，他才迎娶了十四岁的独孤伽罗。

有一个官位多到要刻二十六面体印章的准老丈人，杨坚以后的仕途多了一层保障。更何况这位老丈人还将是北周明帝宇文毓的老丈人，大唐开国皇帝李渊的姥爷。

十三岁时，杨坚离开寺院进入太学，因其深沉持重，同学们"虽至亲昵不敢狎也"。

太学是西魏中央学府，用于培养国家后备干部。杨坚在太学接受官方教育，成为第三梯队人才。

西魏太学由宇文泰创建，先生都是当世名儒。杨坚在接受过寺院的佛法教育后，又接受了儒家思想教育。

十四岁时，杨坚因京兆尹薛善举荐出任功曹。

十五岁时，杨坚因父亲的功勋，被授予散骑常侍、车骑大将军、仪同三司之职，封爵成纪县公。

十六岁时，杨坚升迁至骠骑大将军，加开府。

宇文泰见到十六岁的杨坚，感叹地说："这孩子的风骨，不像咱们代北人。"代北人骁勇、粗犷，外向开朗。杨忠就是典型的代北人。

杨忠在跟随宇文泰外出狩猎时，独自与猛兽搏斗，用左手夹住猛兽腰部，右手伸到猛兽口中，拔掉猛兽的舌头。

宇文泰"壮之"，因北方称猛兽为"揜于"，就送了杨忠"揜于"这个小名。杨忠和独孤信一样深受宇文泰的喜爱和信任。

杨坚得益于家庭的帮助，在两年之内升到车骑大将军。

有宇文泰在，有老丈人独孤信在，有父亲杨忠在，有西魏政权在，杨坚的前途一片光明。

但原本仕途顺风顺水的杨坚随后接连遭遇打击。宇文泰、独孤信、杨忠三人相继去世。

宇文泰病逝后，他的侄子宇文护扶宇文觉即位，北周代替西魏。不久后宇文护杀掉了宇文觉，另立宇文觉的异母兄长宇文毓。宇文毓也没能逃过被废被杀的命运。先后杀掉两个堂弟后，宇文护将另一个堂弟宇文邕送上了帝位，即周武帝。

权力争斗产生巨大的政治旋涡。杨坚跟着西魏、北周在旋涡中旋转、跳跃。

宇文觉登基后，独孤信卷入赵贵和权臣宇文护之间的斗争，被逼在家中自尽。

皇帝换成宇文毓后，宇文护对独孤信集团中愿意为其所用的人采取笼络的策略，杨坚被授予右小宫伯的职位，晋封大兴郡公。

右小宫伯，主管皇宫宿卫，是一个升迁很快的职位。右小宫伯的直接领导是天官大冢宰。当时的天官大冢宰正是宇文护。宇文护想通过搞定杨坚这个少壮派，拉拢老一代中的实权人物杨忠。

一次，宇文护请杨坚到家中做客，杨忠知道后，对杨坚说："两姑之间难为妇，汝其勿往！"

意思是夹在两个婆婆中间难当儿媳妇，你还是不要去了。

杨坚夹在一个想当皇帝的权臣和想要实权的皇帝中间，确实很难。他选择接受官职，但同宇文护保持距离。

周武帝即位后，杨坚升迁为左小宫伯。直到保定五年（565）杨坚终于离开京城，出任隋州（今湖北省随州市）刺史，进位大将军。没过多久，杨坚又被召回京城。

宇文护十分忌惮杨忠父子，杨坚在大将军侯伏、侯寿等人的保护下，才免遭加害。

天和三年（568），杨忠因病辞世，杨坚袭爵随国公。

建德二年（573），周武帝聘杨坚长女杨丽华为皇太子妃。

压制杨坚的大山倒了，杨坚又成了皇亲国戚，但历史的大舞台还没轮到他来唱主角。

齐王宇文宪对周武帝说："普六茹坚相貌非常，臣每见之，不觉自失。恐非人下，请早除之。"

周武帝说："我只会让他做到大将军。"

有一天，内史王轨又对周武帝说："皇太子非社稷主，普六茹坚貌有反相。"

周武帝知道自己的太子不成器，也知道杨坚是个人才。但当时杨坚没有谋反的实力和机会，周武帝也没有可以替换太子的人选。

周武帝说："有天命在，能怎么办？能有什么事情呢？"

木秀于林，风必摧之。杨坚继续韬光养晦，把自己的能力深深地隐藏起来，等待属于他的机会。

四、外戚杨坚

外戚杨坚其实不被信任。

周武帝去世后，其子继位，是为周宣帝，杨坚的女儿杨丽华被立为皇后。杨坚也被调回京城，位极人臣。周宣帝外出巡游时，杨坚留守京城，看似备受信任。

自大且吝啬的周宣帝，不想和任何人分享他的权力。之所以调杨坚回京，是因为他宠信的人资历不够，难以服众。杨坚在北周灭北齐、征突厥时都立有战功，父亲曾是西魏宇文泰时期十二大将军之一。杨坚此前一直韬光养晦，表现得与世无争，他的女儿又是周宣帝的皇后。

一个既勋且贵，又是皇亲国戚的老实人，正好符合周宣帝的需要。

自大的人喜欢质疑别人，尤其是权威。

周宣帝喜欢和自己去世的父亲唱反调，周武帝灭佛，他就信佛。周武帝颁布《刑书要制》，他就决定减轻刑罚，彰显自己的仁德。不管目的是什么，减轻刑罚对百姓来说总是好事。

一般来说，修订法律应该先确定领导小组。经调查、研讨，提出哪些法条应该修改，形成提案。提案通过后拟订草案。草案经严格的审议程序通过后，再送交国家权力机关决议，国家权力机关决议通过后再对外公布。这是一个复杂的系统工程。

周宣帝处理得非常简单，他一拍脑门儿，把周武帝时的法律废除了。

没有法律约束，罪犯们欢天喜地地离开牢狱，回到社会，作奸犯科更加肆无忌惮，北周一片混乱。

周宣帝非常生气。他又一拍脑门儿，颁布了一部新的法律《刑经圣制》，比原来的法律还严酷，百姓不堪其苦，怨声载道。

杨坚向周宣帝进谏说："法令滋章，非兴化之道。"自大的人不容置疑，周宣帝不仅不纳谏，还怀疑杨坚意图收买民心。

随着杨坚声望越来越高，周宣帝对他也日益忌惮。

当时，周宣帝后宫有五位皇后、众多妃嫔，拍一百集的宫斗剧应该不成问题。与猜想不同，皇后杨丽华性格柔婉，不妒忌，另外四位皇后及后宫嫔御都对她非常敬爱，后宫被治理得很有秩序。

周宣帝自己出不了政绩，看到后宫如此祥和，他更加生气了。而且他怀疑杨坚在外进谏收买民心，杨丽华在后宫装大度收买人心，这对父女内外勾结，图谋他的皇位。

周宣帝很生气，后果很严重。他对杨丽华说："我一定要把你家灭族！"骂完杨丽华，周宣帝盯着她，等着看她痛哭流涕，跪拜恳求。

杨丽华是周武帝给周宣帝选定的太子妃，正经的正宫皇后，又是勋贵之女，颇以身份自持，她不仅没像周宣帝期待的那样认错服软，还表现得非常镇定，"进止详闲，辞色不挠"。

这世界上居然有人不把天元皇帝放在眼里！他可是天哪！被蔑视、被藐视、被无视的感觉让周宣帝暴跳如雷，当即下旨赐死杨丽华，逼着她自尽。

好在杨家和独孤家都是老臣，在后宫也有人脉。早有人把消息送到了随国公府上，杨丽华的母亲独孤伽罗急忙进宫，跪在周宣帝面前请罪，不停地叩头，把头都磕破了，鲜血直流，才勉强消了周宣帝的怒火，救下了女儿，也救下了杨氏满门老小。

看到匍匐在脚下的随国公夫人，周宣帝的怒气暂时消了，疑心却没有变小。

一次，周宣帝召杨坚入宫，他吩咐左右，一会儿随国公如果神色有变，马上动手杀掉他。

杨坚是被宇文护历练过的选手，多年的韬光养晦，已经喜怒不形于色。进宫后不论周宣帝说什么他都容色自若，逃过了一劫。

杨坚担心早晚会出祸事，他决定离开京城，去外地避避风头。

郑译是周宣帝的宠臣，还是杨坚在太学读书时的老同学，杨坚找到郑译，让他帮自己想个办法调离京城。

杨坚说："我早就想到地方上去了，你是知道的。还请多多费心，帮我留意下有没有机会。"

郑译最擅长见风使舵。郑译看到周宣帝得罪了太多大臣，好多人都盼着周宣帝早死。周宣帝还饮酒纵欲，年纪轻轻已经把身体折腾得非常不好了，说不定哪天就"龙驭宾天"了。郑译也在为自己寻找后路。现在后路自己送上门来，哪有推出去的道理？郑译满口答应，还不忘给杨坚戴高帽。

郑译说："以公德望，天下归心，欲求多福，岂敢忘也。谨即言之。"

接了委托，郑译开始琢磨从哪儿寻找机会。

周宣帝一直想证明自己比老爸周武帝强。法制上搞砸了，他又动起了开疆拓土的心思，周武帝灭齐，他决心灭陈。周宣帝决定把这个伟大的历史使命交给郑译。

郑译说："平定了陈朝，如果没有贵戚重臣，恐怕难以镇抚。臣认为可以让随国公同行，由他担任寿阳总管以督军事。"

周宣帝也想把杨坚弄出京城，他也在等机会、找理由。这下一举两得，把随国公赶走，再把陈朝灭了，太完美了。

旨意很快下达。大象二年（580）五月四日，周宣帝任命大前疑杨坚为扬州总管，南下平陈。

临行前，杨坚突然得了足疾，没能马上出发。杨坚的足疾是真足疾还是假足疾已经不得而知，有可能是真的赶巧，他确实得了足疾；也可能是不想放弃到手的权势；还有一种可能是他从某种渠道了解到周宣帝的身体已经出了很大问题。

周宣帝出去巡游，从来都是随心情，想出去就出去，不管时间，也没人敢管他，谁都不想被打二百四十下板子。大象二年（580）五月九日夜，周宣帝突然来了兴致，带上人奔向天兴宫，准备"嗨"起来。

周宣帝对身体的无度挥霍，终于把他送到了死亡的边缘，周宣帝到天兴宫就生病了，第二天他就返回了宫中。

御医姚僧垣很快做出了判断，皇帝已经病危。

周宣帝宣小御正刘昉和御正中大夫颜之仪进入寝宫，准备面授遗诏。刘昉和颜之仪都是御正大夫，职责是替皇帝起草诏书。唐朝名相张九龄、才女上官婉儿，北宋文学家苏轼都担任过同类职务。

皇帝遗诏的内容一般包括由谁继位、何时继位，继位之人如何服丧，园陵制度如何安排，皇帝年幼的情况下由谁辅政等。

周宣帝的遗诏则不存在安排继承人的问题，因他早早当了太上皇，把皇位传给了周静帝宇文阐，周静帝年仅八岁。

所以，周宣帝遗诏最重要的是解决由谁辅政的问题。

刘昉和颜之仪接到诏令，急忙赶到周宣帝寝殿，二人竖起耳朵，凝神静气，准备听那个重要的名字。史书记载，这个关键的时刻，周宣帝病到无法说话，已经无法留下任何遗言了。

郑译见状，迅速退了出去，另做筹谋。

皇帝年幼，辅政之人一般在以下几类人中挑选：

宗室，如北周宇文护、清朝多尔衮；

太后，如辽朝萧燕燕、宋朝刘娥；

大臣，如三国时期诸葛亮、司马懿；

外戚，如西汉霍光、王莽。

从保证皇位在自己一脉传承来看，太后辅政是最安全的。按照古代出嫁从夫的礼制，女子出嫁后就是夫家的人，死后葬在夫家的墓地，才能享有后代的祭祀。所以即使太后专权，她仍会确保皇位在自己子孙手中，以保证自己死后得到传承不断的祭祀。而太后的子孙就是先帝的子孙，接班人还是自家的后代。

其次是宗室，皇位起码还在同族同姓手中。

再次是由权臣或外戚辅政，因为不是同姓，他们篡位，就会改朝换代。

有时候会由这几种力量组合起来辅政。

不论谁辅政，都没有绝对的安全。司马昭篡魏，王莽篡汉，陈宣帝废黜陈伯宗，胡太后把北魏折腾成两半。当然，也不存在绝对的危险。

现在的北周，皇帝只有八岁，周武帝打好了江山，周宣帝又把有能力的大臣清除得差不多了，谁辅政谁就能拿到这块蒸好的馒馍。

关键时刻，应该出征的杨坚有了足疾，留在了长安。

杨坚是杨皇后的父亲，周静帝外祖父，爵位随国公，勋位上柱国，职位大前疑，有大名于天下。杨坚和刘昉、郑译平素关系很好。刘昉和领内史郑译、御史大夫柳裘、内史大夫杜陵韦謩等共同谋划，迅速拟写了由杨坚辅政的遗诏。

刘昉、郑译匆匆赶到随国公府邸去请杨坚。二人讲明来意后，杨坚惊疑不定。他怀疑周宣帝见自己没有离开京城，派人来试探他。如果他答应了，周宣帝就有理由动手杀掉他。所以杨坚"固辞"，说什么也不接受这个遗诏。

刘昉急了，说："公若为，速为之；不为，昉自为也。"

周宣帝如果没出事，刘昉绝对不敢说这句话，杨坚这才答应。

短短两年，周宣帝已经把北周折腾得气数将近，周武帝在时，这个国家爆发出的生命力还历历在目，现在却笼罩在"天杖"和严刑峻法的乌云之下。杨坚作为跟随周武帝一起平齐的老臣，他感到无奈、惋惜、遗憾。他所坐的位子又让他想有所作为，但是"天杖"之下，"终当族灭尔家"的威胁下，他只能隐忍不言。但是让这个国家更加富强，让这个国家重归统一的种种构想在脑中肆意地生长着。

当杀身之祸迫在眉睫时，他准备外出避祸。当周宣帝病重就快驾崩时，他决定抓住这个机会，矫诏辅政，成为权臣，然后登基称帝，去实践他心中的构想，去实现统一的梦想。

五、控制朝廷，剪除宗室

术士来和曾对杨坚说："公眼如曙星，无所不照，当王有天下。"（《资治通鉴》卷172）

杨坚离"王有天下"只剩最后一步距离。

周宣帝的病情急转直下，五月十一日，他的生命走到了尽头。（关于周宣帝死亡时间有不同记载:《周书》为五月二十五日,《隋书》为五月十一日。)

杨坚辅政的诏书已经写好,这份诏书还需要重要大臣联合署名,才能证明诏书为真,才能发挥作用。

颜之仪(《颜氏家训》作者颜之推兄长)作为御正中大夫,奉周宣帝之命入宫撰写遗诏,遗诏上必须得有他的署名。颜之仪看过遗诏后,断然回绝,拒绝署名。

颜之仪说:"主上仙逝,嗣子冲幼,辅佐重任,宜交给宗室英杰。宗室中赵王年龄最长,与皇帝血缘最近,德行堪当重任。公等备受朝恩,当思尽忠报国,为何把北周神器交到外人手上?之仪有死而已,不能诬罔先帝。"

颜之仪不肯签字,这是个大麻烦。也不能杀了他,那相当于告诉别人,遗诏是假的。

关键时刻杨丽华发挥了重要作用,她命令颜之仪在遗诏上署名。有了皇帝嫡母的命令,颜之仪退了一步,在别人代为署名时保持了缄默。事到如今,他最后的底线也只能是不亲自签名了。(周静帝是天大皇后朱满月所生。)

杨丽华虽然没有政治野心,但皇帝年幼,她担心权力落到别人手中,会对自己和杨家不利,所以站出来支持父亲杨坚。(《隋书·天文志》:"宣帝崩,杨后令其父随公为大丞相,总军国事。")

遗诏问题得以解决,北周的宗室也必须稳住。

杨坚以千金公主(赵王之女)即将和亲突厥的名义,召北周在外驻守的五位王爷回京,把他们调离属地,以防他们就地起兵。《隋书》中对于五王如何回京说法不一,《高祖纪》说五王是被骗回京,《崔彭传》记载五王是被绑架进京。本书遵从《高祖纪》的说法。

处理完这些,五月二十三日,杨坚才给周宣帝发丧。

五月二十六日,周静帝授予杨坚假黄钺、左大丞相,总百官。

杨坚可能由此一飞冲天,也可能很快败亡。

杨坚是外戚,他此时手上没有兵权。北周宗室的力量虽已衰落,但仍不容小觑。外戚也不是只有杨坚一个，相州总管尉迟迥和郧州总管司马消难也是外戚。尉迟迥的孙女是周宣帝的天左大皇后尉迟炽繁，司马消难的孙女是周静帝的皇后，各方势力在朝廷中都有羽翼。

这是个十分微妙的时刻。贸然站队，风险很高。很多大臣对杨坚辅政还持观望态度。

杨坚为快速立威，震慑在朝的官员，获得大臣的支持，策划了"正阳宫事件"。

周宣帝为了保证比皇帝还高的太上皇可以住在皇宫里，享受最好的待遇，周静帝虽已登基，却仍住在正阳宫（东宫）。杨坚决定让皇帝搬家，搬到皇宫去，他住进皇帝现在的房子——正阳宫。

做这件事需要皇宫禁军的支持。

卢贲，涿郡范阳人，出身北方望族。周武帝时，他担任周宣帝东宫僚属，在平齐战争中立功，转任司马上士。司马上士的职责是帮助大司武管理宫廷宿卫军事务。杨坚担任大司武时，卢贲就认为杨坚不是寻常人，"深自推结"。老上级升职，他跟着飞升的机会也来了。

一天，杨坚把文武大臣召集到一起，对他们说："欲求富贵者，当相随来。"大臣们交头接耳，窃窃私语，不知该何去何从。

这时，卢贲带着全副武装的禁卫军挡住了官员们的退路。大臣们只好跟着杨坚，出崇阳门来到东宫门前。在宫门口，杨坚一行被守门的卫士拦住了去路。卢贲向他们说明了杨丞相等人是奉旨前来，卫士仍不肯让开，卢贲"瞋目叱之"。

卢贲是个威武的将军，卫士看他发怒，十分害怕，这才退到了一边。杨坚等人进入正阳宫，皇帝被请去了天台（周宣帝在世时，把自己居住的地方改称为天台）。

正阳宫变成了丞相府，杨坚住进了正阳宫，朝廷已基本被杨坚控制。卢贲也走上了升迁快车道。

接下来，杨坚要解决最大的威胁。

宇文护是以皇帝堂兄的身份辅政，他和皇帝一样姓宇文，即使真的篡位，北周还是宇文家的。

杨坚是外戚，外姓人，他如果当皇帝，就是改朝换代了。宇文家族就会从当朝皇室宗亲，变成前朝皇室。前朝皇室的结局一般都很惨。所以北周宗室才是杨坚辅政的最大阻力。

当时北周宗室还有力量和杨坚对抗的有七人。

周静帝爷爷辈的五人：赵王宇文招、陈王宇文纯、越王宇文盛、代王宇文达、滕王宇文逌，这五王都是宇文泰的儿子。

周静帝叔伯辈的两人：周明帝宇文毓之子毕王宇文贤、周宣帝同胞弟弟汉王宇文赞。

周宣帝对自己的五个叔叔非常忌惮，把他们赶出了京城。杨坚已经把他们调回了长安。

宇文贤和宇文赞当时留在京城。

汉王宇文赞是周武王次子，他不学无术又好色好酒，和他的哥哥周宣帝一样。

周武帝早就看出宇文赞不成器，还不如长子，这才没换掉周宣帝。

杨坚略施小计，就让宇文赞废在了家中。前面提到，周静帝拜杨坚为左大丞相，有左就有右，北周当时以右为尊，右大丞相的位置，杨坚留给了宇文赞。

宇文赞被封为上柱国、右大丞相。看起来右大丞相比左大丞相高，但实权还是在杨坚那儿，因为杨坚的左大丞相"总百官"。宇文赞"尊以虚名，实无所综理"。

杨坚既安抚了北周宗室，又实权在握。宇文赞没领会这层含义，他觉得自己是皇帝的叔叔，又是右大丞相，开始按时去上朝，到了禁中和杨坚"同帐而坐"，对朝政指指点点。

杨坚碍于他右大丞相和皇帝叔叔的名分，不能不理会他，也不能真理会他。他这样碍手碍脚，长久下去不是个办法，得想个办法，把他高高挂起来。

刘昉投其所好，挑选了一些美女，精心打扮了一番，送到宇文赞府上。

宇文赞非常高兴。

刘昉说："大王是先帝之弟，众望所归。孺子幼冲，岂堪大事！现在先帝初崩，人心不稳，不宜贸然行动。大王您先回到王府中去，等事情安定下来，我一定想办法迎立大王为天子，这是万全之计。"

宇文赞活这十几年，能耐全长在吃喝嫖赌上了。刘昉敢说，他也敢信。宇文赞高高兴兴地戴着高帽子，躺在家中等着当天子去了。

其他人就没他这么好对付了。

宇文贤，上柱国、雍州牧、太师，雍州牧是首都所在地最高行政长官。《周书》说宇文贤"性强济，有威略"，是个精明强干，有威信、有谋略的人物。他意识到杨坚会倾覆北周宗社，为防江山改姓，他和被召回京的五王谋划着如何除掉杨坚。不料，被雍州别驾杨雄（弟杨达是武则天外祖父）告发。

杨坚担心一下子处死太多北周宗室，会引发动荡。所以，只处死了宇文贤，没有动五王，还给了他们"入朝不趋，剑履上殿"的待遇。

尊崇都是暂时的，杨坚又策划了一次宴会遇袭事件，这次他亲自出演。

杨坚准备了酒菜，来到赵王府上，请赵王喝酒。杨坚突然拜访，赵王措手不及，他本来和滕王已经约好了在家见面，滕王已经在来的路上了，赵王不能把提着酒菜的左大丞相赶出去，只好尴尬地应付着。《隋书》关于这次宴会由谁发起邀请有不同记载。《高祖纪》："五王阴谋滋甚，高祖赍酒肴以造赵王第，欲观所为。"《赵僭王招传》："赵王伏甲以宴高祖，高祖几危，赖元胄以济，语在胄传。"此处遵从《高祖纪》。

五王深知杨坚迟早会毁掉北周神器，他们入京后经常聚在一起谋划着怎么保住宇文氏的皇位，府中藏有兵器和壮士，以备后用。

杨坚突然拜访，是一个绝佳的机会。杨坚身边只有杨弘、元胄几人站在门外候命。赵王一边用佩刀割水果喂给杨坚吃，一边用余光观察着门外的元胄等人，看有没有机会一击而中。

杨坚表现得非常淡定。元胄觉察到危险，扣刀入内。赵王见元胄进来，问了他的姓名，元胄如实回答了。赵王又问："你以前是在齐王手下吧？真是位壮士呀！"赵王赐酒给元胄，问："我和丞相喝酒能有什么恶意吗？你不用这么猜疑警觉！"

元胄站在杨坚身后，赵王找不到机会下手，又伪装喝多了要吐，站起来要往后院走，元胄恐生变故，扶赵王上座，赵王又站起来，元胄又扶他坐下，如此三次。

赵王只好改变策略，他说自己口渴，命元胄到后厨去取水。如此明显的调虎离山之计，元胄怎么会中计，他一动不动。

这时滕王来到赵王府，杨坚降阶迎接滕王。元胄在杨坚耳边悄悄地说："形势不对，快离开这儿。"

杨坚还是没有领悟，问："他们又没有兵马，能有什么作为？"

元胄说："北周的兵马都是宇文家的，他们要是先发制人，事情就危险了。元胄不怕死，但是不怕死也保护不了丞相您哪！"

杨坚又回到了座位上。

元胄听到屋里有铠甲摩擦的声音，急忙说："相府还有那么多公务要处理，丞相怎么还在这里饮酒？"

元胄扶着杨坚起身，拉起杨坚就往外跑。赵王要追，元胄用身体挡住了房门，赵王挤不出去。杨坚走到王府大门时，元胄追了上来。

赵王悔恨不已，"弹指出血"。

随后，杨坚以赵王宇文招、越王宇文盛意图谋反，想要谋杀他为由，杀了赵王、越王和他们的儿子。

此事非常奇怪。为什么宴会上出现的是赵王和滕王，而被杀的是赵王和越王？

一种可能是杨坚原计划就是先除掉赵王和越王，滕王不在这一批清除计划之内。另一种可能是确实有一个针对杨坚的刺杀计划，主谋是赵王和越王。

剩下的陈王宇文纯、代王宇文达、滕王宇文逌暂时不成气候，杨坚多留了他们一段时间。最终，也以谋反罪处死了剩下的三王和他们的家属。

至此，北周皇室中有政治能量的人都被杨坚剪除。

六、平定三总管叛乱

一段历史的开场、一个王朝的开端往往都是血腥的杀戮。

相州（治所在今河北省临漳县）总管尉迟迥，在杨坚列的死亡名单上。

尉迟迥，字薄居罗，拓跋鲜卑尉迟部人，以部名为姓。父亲尉迟俟兜，娶的是宇文泰姐姐昌乐大长公主，尉迟迥是宇文泰的外甥。尉迟迥妻子是西魏文帝元宝炬之女金明公主。

尉迟迥的孙女尉迟炽繁，本来嫁给了宇文温，因美貌被周宣帝看中，周宣帝杀了宇文温，把她强娶入宫，封为天左大皇后。

这缘分狗血又造孽，但尉迟迥因此成了周宣帝的爷爷丈人。

尉迟迥是北周的亲戚加外戚，与北周休戚相关。

按辈分来看，尉迟迥和杨坚的父亲杨忠是一辈人。尉迟迥是周静帝的太姥爷，杨坚是周静帝的姥爷。

辈分上压人一头，不会被杀。尉迟迥手上有兵权，为相州总管，相州是原北齐都城邺城所在地，相州总管相当于大军区司令。

有兵权、没能力也不会被盯上，可尉迟迥却是位勇将。蜀国公的爵位是靠自己打出来的。尉迟迥仅用数月，就平定了在蜀地自立为帝的梁武陵王萧纪。宇文护伐齐之战，齐军渡河，北周诸军惊散时，他带着麾下反向挡住北齐追兵，保护了北周诸将，全师而还。

有能力，有地盘，有军队，有地位。尉迟迥必反，杨坚也必杀尉迟迥。

杨坚先出手试探，他以周静帝的名义，派尉迟迥的儿子尉迟惇到相州召尉迟迥回京奔丧。尉迟迥如果奉旨回京，就说明他愿意服从杨坚，如果不回京，那杨坚的第二梯队马上就到相州了。

尉迟惇这拨儿打发出去后，杨坚又任命上柱国韦孝宽为相州总管，小司徒叱列长义为相州刺史，准备夺尉迟迥兵权。

韦孝宽，姓韦，名宽，字孝宽。汉族，京兆杜陵（今陕西省西安市）

人。韦孝宽不仅能征惯战，而且谋略过人，是当时杰出的军事家、战略家，立下战功无数。

玉璧之战，韦孝宽率数千将士坚守玉璧城，旷日持久的消耗战，让高欢率领的东魏军伤亡惨重，高欢无奈退兵，忧愤而亡。玉璧之战是我国古代战争史必讲的战役。

杨坚用军事家、战略家去打一个将军，胜券在握。

韦孝宽当时已经七十二岁，他用脚指头都能想到去相州宣读委任状的结果，尉迟迥一定会把他的脑袋砍下来。韦孝宽走两步退一步，拖延着往相州走。年纪大了，怕颠簸，走得慢，大家也是要理解的。

韦孝宽不着急，尉迟迥急了，打仗他打不过韦孝宽，所以他现在不能起兵，尉迟迥等着韦孝宽快点到相州，好早点把他弄死。

尉迟迥派贺兰贵到朝歌（今河南省淇县北）去催促韦孝宽，韦孝宽走到朝歌一看，哎哟！蜀国公的人等在这里了。

韦孝宽和贺兰贵，在亲切友好的气氛中互相进行了试探，得出了对方来者不善的结论，表面达成了快速赶往相州的共识。谈话结束后，贺兰贵在韦孝宽慈爱目光的注视下离开了朝歌。

心急的尉迟迥暴露了他的野心，谁会派人去催促收他兵权的人快点来？

将军擅长上阵杀敌，战略家擅长揣摩人心。

拼耐心的时候到了，韦孝宽走得更慢了。韦孝宽以蜗牛速度前进的同时，还派人以买药为由，到相州去打探虚实。

尉迟迥急了，又派了一个人去接韦孝宽，这次派的是韦孝宽的侄子魏郡太守韦艺。韦艺和他伯父不是一条心，他还等着当尉迟家的开国功臣呢！在伯父面带慈祥笑容的时候，韦艺一句实话也没说。当伯父要把他斩首时，韦艺马上出卖了老板尉迟迥，把相州的情况和盘托出：尉迟迥已经集结好兵马，准备起兵，就等着韦孝宽一到，杀他祭旗呢！

韦孝宽赶紧派人给朝廷送信，他带人往回跑，之前走不动路，怕颠簸，还传言生病的老将军，此时跑得风驰电掣。

逃跑也是需要智慧的，不是一味跑得快就行，韦孝宽每到一个驿站，就把所有的马都征用了，一匹也不留。他还吩咐驿站的人，蜀国公的人随后就到，你们准备酒菜，做好接待工作，态度要好，酒菜要丰盛。

韦孝宽叔侄一走，尉迟迥知道消息已经泄露，急命梁士康率几百骑兵追杀韦孝宽。

路上的驿站都没有马匹，几百骑兵没有马匹可以更换，连着跑下来，就是人挺着不吃饭，马也受不了了。驿站里还准备好了美酒佳肴，驿站的工作人员还热情地招呼他们。

梁士康带着几百骑兵停下来大吃大喝，韦孝宽平安脱险。

杨坚收到韦孝宽送回来的消息，又派了一个使者去相州，说自己忠于北周，没想篡位。杨坚还让这个使者暗中联络尉迟迥的副手。

尉迟迥没有韦孝宽有智慧，但他也是人中翘楚，很快发现了使者的问题，尉迟迥把杨坚的使者和自己的副手都杀了。

大象二年（580）六月十日，尉迟迥在相州扯起造反大旗。七月二十五日，郧州总管司马消难起兵。八月七日，益州总管王谦起兵。这就是"三总管之难"。

司马消难和王谦又是为什么起兵？

周静帝拜他的父亲周宣帝所赐，娘多，姥爷多，还小小年纪就娶了媳妇。周宣帝把皇位传给他，当了皇帝就得有皇后，周宣帝马上给他安排了一个，皇后名叫司马令姬，一家新的外戚随之诞生。司马令姬的父亲正是郧州总管司马消难。

司马消难，字道融，河南温县人。他原来是北齐的北豫州刺史，因为受齐文宣帝高洋猜忌，投降北周。司马消难到北周后和杨忠结拜为异姓兄弟，从这层关系论杨坚见到司马消难要叫司马叔叔。从周静帝这边再捋一捋，杨坚是太后的父亲，司马消难是皇后的父亲，司马消难得叫杨坚叔叔。（司马消难出生时间史书中没有记载。）

国大于家，杨坚是太国丈，司马消难是新国丈，权臣凭什么杨坚做得，司马消难做不得？要是杨坚改朝换代，他这个皇帝老丈人，就从当朝的变成前朝的了！地位没有了不说，还可能被牵连，有性命之忧。既然北周不行了，要改朝换代，换成司马氏的天下不是更好？如果是尉迟迥得了天下，自己就是从龙功臣。这笔账怎么算都划得来。

王谦，字敕万，太保王雄之子。王雄是北周的烈士，宇文护伐齐时，他曾大破北齐大将斛律光，却在追击斛律光时，被斛律光的残箭射死。北周因战功追认他为太保、同华等二十州诸军事、同华刺史，谥号为"忠"，其子王谦继承庸国公爵位。

王谦因为是烈士后代，朝廷对他特加殊宠。王谦在讨伐吐谷浑的战役中力战有功，跟随周武帝东征时再立战功，进为上柱国、益州总管。

这是个凑热闹的主儿。《隋书》评价王谦"性恭谨，无他才能"。他和北周皇室也没有亲戚关系。大概是益州这块刘备当年的龙兴之地给了他起兵的勇气。

杨坚五月底当上大丞相，六月、七月、八月，每月反一个大军区司令。

相州，治所在今河北省临漳县。

郧州，治所在今湖北省安陆市。

益州，治所在今四川省成都市。

三大军区对京都长安形成了合围之势。

这次起义声势十分浩大，相州辖区相、卫、黎、毛、洺、贝、赵、冀、瀛、沧（分别属于今河南、河北）十州全部跟随起义。青州总管尉迟勤（尉迟迥之侄）所统青、胶、光、莒（均属今山东）诸州宣布听候差遣。荥州（今河南省荥阳市）刺史邵国公宇文冑（北周宗室）、申州（今河南省信阳市）刺史李惠、东楚州（今江苏省宿迁市）刺史费也利进、东潼州（今安徽省泗县）刺史曹孝达都据州响应。

尉迟迥起兵后相继攻下了建州（治今山西省高平市南）、潞州（治今山西省长治市北）、巨鹿（今河北省巨鹿县附近）、曹州（治今山东省曹县北）、亳州（治今安徽省亳州市）、永州（今湖南省永州市）等地。

汴州（今河南省开封市）、恒州（治今河北省正定县南）、沂州（今山东省临沂市东南）也处在尉迟迥的包围或攻击之下。

尉迟迥一起兵，立刻派使者联络其他各大军区司令，这些人很多是和他一起在战场上浴血奋战过的昔日战友。"三总管之难"处理不好，危险的不只是杨坚，而是整个北周。

统一的北方面临再度分裂的危险。

李穆，并州（治今山西省太原市）总管，字显庆，陇西成纪（今甘肃省秦安县）人。李穆曾追随宇文泰消灭侯莫陈悦，迎接孝武帝元修迁都。邙山之战时，李穆营救宇文泰脱离险境，是宇文泰的救命恩人。累拜上柱国、太傅、并州总管，爵位申国公。

李穆位兼将相，是位举足轻重的人物。他镇守的并州也非常重要。尉迟迥要攻打长安的杨坚，就得从李穆眼皮子底下路过。

尉迟迥邀请李穆共图大事，杨坚劝说李穆支持朝廷。李穆认为北周气数已尽，他需要做出抉择，这个决定将决定整个家族的兴衰荣辱，他必须深思熟虑。

杨坚也派出了使者，是李穆的儿子李浑和说客柳裘。柳裘晓之以理，李浑动之以情，李穆最后选择支持杨坚。一批北周元老跟随李穆也都选择支持杨坚，为杨坚赢得了政治上的优势。

北周内部打仗，南面的陈朝想得渔翁之利，北边的突厥更是虎视眈眈，还有西梁想着趁机复国。

杨坚连忙打发千金公主出发，完成与突厥和亲的计划，突厥可汗娶了新媳妇，暂时不会和北周撕破脸。

西梁派使者到北周打探消息，被杨坚吓唬了一顿，他们想想北周不好惹，也消停了。

针对陈朝，杨坚以攻为守，主动出击，陈朝没能讨到便宜。

外部的问题也解决了。

军事上，杨坚以韦孝宽为行军元帅，郕国公梁士彦、乐安郡公元谐、化政郡公宇文忻、濮阳郡公宇文述（宇文化及之父）、武乡郡公崔弘度、清河郡公杨素、陇西郡公李询等皆为行军总管，讨伐尉迟迥；以柱国王谊为行军元帅，讨伐司马消难；以蒋国公梁睿为行军元帅，率步骑二十万，讨伐王谦。

杨坚仅用六十八天，就平定了尉迟迥叛乱，尉迟迥兵败自杀。司马消难和王谦随后也被平定，司马消难逃到陈朝，王谦被杀。

"三总管之难"被迅速平定。

大定元年（581），杨坚颁布诏令："已前赐姓，皆复其旧。"

在宇文泰时期改为鲜卑姓氏的汉人文武大臣恢复了汉姓。杨坚表明汉室正统的身份，团结汉族望族，开始为南北统一做准备。

第三章

南朝的实验

一、贵族政治的回光返照——东晋门阀

为重新建立南北统一的帝国，这片辽阔国土上的人们，努力了近四百年。

北方做了两种尝试：一种是东魏、北齐汉人胡化的实验，失败，被灭国；另一种是以胡人汉化为主的民族大融合实验，北魏、西魏、北周三朝统治者前后相继，国家在动乱中前进。草原民族新鲜血液的注入，让汉族文化获得了新生，得到了发展。

南方也在尝试，但南方的尝试是被束缚的、被捆绑的，束缚南朝发展的是世家大族，捆绑他们的是门阀政治。

这种束缚来源于一次改变中国历史命运的大迁移。

西晋政权建立后，内乱不断，北族南迁，政权不稳，危机重重。为寻退路，西晋选择在江南建立后方基地，封琅琊王司马睿为安东将军，都督扬州诸军事，让他偕同北方名士王导等人共同南下，进驻建邺，组建西晋预备流亡政府。

西晋灭吴后，视江南豪族士大夫为"亡国之余"。南方世家大族，视接受东吴投降的司马伷为灭国仇人，司马睿是司马伷之子，所以也是仇人。

当司马睿等人到达江南后，东吴旧地的江南地方名流对他们置之不理。

南渡的西晋士族官僚，也同样被瞧不起。举家南迁的士族拿着金银、背着家谱、带着书籍，却无法携带、搬运土地。

他们到了江南，为了生存就得同当地士族争夺土地资源，使用人力就会和江南士族争夺人力资源，子弟入朝为官就会和当地士族争夺政治资源，南迁的北方大族，因名望高，多居显位，驾驭吴人，对当地士族地位造成了威胁。

如此一来，必然发生矛盾，而且是尖锐的矛盾。为抵制北方士族，代表南方世族利益的周玘、周勰父子谋划叛乱。

　　叛乱因告密未能成功，但足以警醒司马睿等人。当地士族盘根错节，自己在此无根无基，稍有差池就会灰飞烟灭。司马睿等人要想站稳脚跟，必须尽力化解矛盾，拉拢南方士族。

　　与此同时，南方士族因受到了北方少数民族政权的威胁，又受到流民起义打击，为保利益，萌生了接受司马睿的意愿。

　　司马睿授予南方士族官职，保障他们的利益。王导等北方士族通过与江南士族之间联姻，构建了千丝万缕的一荣俱荣、一损俱损的政治利益集团。

　　准流亡政府在北方南迁人口集中的地方，建立与其北方旧土同名的侨州、侨郡、侨县。如北方有琅琊郡，南方设南琅琊郡；北方有徐州，南方设南徐州。司马睿为南迁人口另立户籍，在赋税上给予优惠。侨州、郡县的设立减少了对南方士族利益的侵犯，又能加强对南迁人口的控制，稳定农业生产。

　　北方南迁士族和江南本地士族之间的矛盾得到缓解，曾经新亭对泣的过江诸人，得以在江南扎下根来，并在西晋灭亡后于此建立了东晋（317—420年）政权，司马睿即晋元帝。

　　预备流亡政府转正为真正的流亡政府。失去大本营的司马氏皇族力量羸弱，东晋政权赖以存在的基础是北迁的百余家士族和江南本地士族。司马睿在政治上、军事上依赖琅琊王氏，王导管政治，王敦管军事。

　　皇权与贵族（世家大族）共治天下，门阀政治模式形成。

　　所谓门阀，门即门第、门望，阀即阀阅。门第，指家族社会地位的贵贱高低。门望，指名誉声望。阀阅，指功绩经历。贴在大门外的柱子上，表彰功劳的叫阀，贴在左边；表扬经历的叫阅，贴在右边。这两根柱子叫阀阅。

　　门阀政治模式下，皇权与士族之间互相依赖、互相制衡，皇权被限制，士族得以发挥主观能动性，得到更为自由的发展空间。

　　在政权存续的一百多年时间里，在中原你方唱罢我登场的混乱局面下，东晋接收了南渡人口近百万，为南方人民和北迁百姓提供了稳定的生存空间和经济发展空间。

　　随着大量人口南迁，江南地区得到了更为广泛的开发，南、北文化交流融合迸发出勃勃生机，兴盛的文学，灿烂的艺术，魏晋名士所表现出的风度为后世津津乐道。

在名士风流、魏晋风度的掩盖下，却是难以调和的矛盾。

门阀政治是先秦贵族政治的回光返照，先天的缺陷决定了它不可能开辟出新的制度。他们不思进取，也不可能进取。

进取就要让渡自己的既得利益，从而失去特权，失去特权的贵族将不再是贵族，会像秦汉时从统治阶级的最底层，滑落到平民的最高等级。

先秦贵族的四个等级：天子、诸侯、大夫、士。

而到了秦汉时，平民的四个等级是士、农、工、商。

门阀政治下世家大族不可能以自戕为代价，来为百姓谋求福利，为国家谋求发展。

此时，长江以北，十多个民族陆续登场，无暇频繁南顾。秦岭、淮河、长江都是天然的屏障，立足已稳的门阀士族逐渐产生偏安一隅的思想，这种思想成了禁锢东晋乃至后来南朝发展的精神枷锁。

外部压力减弱，之前被掩盖的矛盾开始浮现。

司马氏皇族不甘心做傀儡，世家大族也想自己做皇帝。

于是，皇帝寻找理由，往重要岗位安插亲信。

士族则打着万能的勤王旗号，屡屡发动兵变。更有另辟蹊径者通过发动对外战争，增加自己的威望。士族桓温通过北伐不断扩大自己的政治影响，其间曾收复洛阳，使东晋恢复对洛阳的控制近十年。

皇权与士族都企图破坏力量均衡的状态，内耗不断。总体是皇权较弱，皇权不倒，大权被王、庾、桓、谢四大家族控制。

勉强平衡的状态，在公元373年开始被打破。

热衷北伐的那位枭雄桓温因病去世，东晋军队失去领军人物，几年后，统一了北方的氐族政权前秦准备趁机南下。

383年，前秦苻坚携一百多万军队，前后千里，旗鼓相望，东西万里，水陆齐进，浩浩荡荡杀向东晋。

苻坚说："以吾之众旅，投鞭于江，足断其流。"这正是成语"投鞭断流"

的出处，这次战役还产生了另一个成语：风声鹤唳。

苻坚自恃兵多将广，又求胜心切，接受了东晋前线指挥官谢玄的提议，让东晋军队渡过淝水，双方决战。

前秦军接到一个后撤的命令后误以为前方打了败仗，狂奔逃命，在路上听到风声、鹤鸣，都以为是东晋追兵。

东晋军队趁机渡过淝水杀敌，前秦战败，北方再次陷入混乱。

淝水之战是东晋门阀士族谢幕前最后一次漂亮的亮相。

西晋以来世家大族，可以做至公卿，寒门庶族饱受排挤，难有出头之日。

士族地主，因为拥有世代做官的特权，日益腐朽堕落，曾经的奋励之气消失殆尽。士族子弟，"熏衣剃面，傅粉施朱""骨脆肤柔，不堪行步，体羸气弱，不耐寒暑"。

他们设法独占轻松又升迁快的官职，没人愿意担任庶务繁重的职务，也没人愿意到军中去任武职。空出来的武职给了寒门庶族发展机会。

在淝水之战中打败苻坚的东晋北府军，是由名士谢安招募北方流民组成。北府军中有一名作战勇猛、屡立战功的寒门子弟刘裕，因功累迁至建武将军。

公元403年，士族桓玄（桓温庶子）以清君侧的名义起兵，攻入国都建康，取代晋安帝司马德宗称帝，建国号楚。

次年，刘裕起兵反对桓玄，攻入建康，迎回司马德宗。刘裕击败桓玄，建康台城里把持朝政的权臣从士族名流变成了寒门军人。

公元420年，刘裕废晋恭帝司马德文自立，国号宋，史称刘宋，刘裕是为宋武帝。

士族阶级的东晋被推翻，南朝开始。

二、南朝走进了死胡同

南朝走进了死胡同。所以，宋、齐、梁、陈全是短命王朝。

先看刘宋。

宋武帝因目睹士族势力对皇权的挟制，又曾经历过农民战争风暴，因此称帝前后，限制士族势力，集权中央。实行土断之法，严禁世族隐匿户口。降低农民租税，废除苛繁法令，百姓得以休养生息、发展生产。

宋文帝即位后，继承宋武帝生前多项政策，社会生活有所发展，国势较为强盛，史称"元嘉之治"。

刘宋后期，宗室和将帅争权夺利，连年内战，生产遭到破坏。对人民的剥削压迫也日益沉重，农民暴动时有发生。

萧道成在刘宋末内战中掌握了禁卫军权力，公元479年，萧道成逼迫宋顺帝禅位，改国号齐，史称萧齐，萧道成是为齐高帝。

刘宋，国祚六十年。

再看萧齐。

齐高帝即位后，吸取刘宋灭亡教训革除宋的诸多暴政，朝政较严明。齐高帝去世后，齐武帝继承其风格，发展农业，兴办学校，齐国政治清明，社会安定，经济和文化都有所发展，称为"永明之治"。

桃花绿水之间、秋月春风之下的治世转瞬即逝。

南朝刘宋以来，许多庶族地主为免除所承担的赋役，往往通过行贿，得以在黄籍（两晋南朝时的正式户籍）中伪造父祖爵位，来抬高自己的身份，以便获得更高的官职。

齐高帝时设立校籍官和置令史，清查户籍。将那些被认为是伪造的户籍，一律退回本县改正，称为"却籍"；而本应服役纳赋但利用造假户籍避开的，都要继续承担赋役，称为"正籍"。齐武帝继承了这一政策。

校籍过程中，富有者通过涂改户籍逍遥法外；贫苦人民反被污蔑伪造了户籍，无端地受到惩罚。

富阳唐寓之起兵叛乱，反对校籍，称帝后有三万"却籍"户前去投奔，齐武帝出动禁军才将叛乱平息。

南齐的宗室和南朝宋的宗室一样，喜欢搞内战。内战又给了武将机会。

公元 501 年，雍州刺史萧衍攻入建康。第二年，萧衍自立为帝，改国号为梁，史称萧梁，萧衍是为梁武帝。

萧齐，国祚二十四年。

再看萧梁。

梁武帝，堪称道德楷模，勤政、宽仁。在他的治理下礼教得到发展，儒学获得新生，人口昌盛，经济繁荣，出现了"天监之治"。

梁武帝的宗室表面和气，实则分崩离析，野心家侯景攻打都城时，宗室们互相猜忌牵制，觊觎皇位，无心救援。寒门军人陈霸先在平叛过程中掌握了军权。

公元 557 年，萧方智禅位，南梁灭亡。陈霸先称帝，改国号陈，陈霸先是为陈武帝。

萧梁，国祚五十六年。

最后看陈朝。

陈武帝也是一代英主，建国后笼络江左豪族稳定政局，着力恢复江南经济，收复淮南失地。陈文帝、陈宣帝都励精图治。但是，"侯景之乱"使江南经济受到沉重打击，陈朝内乱不止，经济凋敝。经过几代君主努力，经济还是无法恢复到"侯景之乱"以前的水平。

最终，在昏庸无能的陈后主登基后，陈朝被隋朝所灭。

陈朝，国祚三十三年。

宋、齐、梁、陈四朝，就是这样治世、乱世、治世、乱世，不断来回切换，个个都是短命鬼。

根源还在门阀政治。

门阀政治的东晋虽然灭亡，但门阀士族对政治和社会生活的影响却在继续。

不思进取的士族有特权，有势力；为出人头地，乐于担任俗务繁杂官职、辛苦又危险军职的寒族则有能力。

在当时士族势力仍很大的情况下，皇权要想稳固，需要团结士族；治理国家，却不能指望这些寄生虫和窝囊废，因此，皇帝又需要寒族。

士族和寒族盯着的都是官职和权力。所以，士族和寒族产生矛盾，皇帝试图调节士族和寒族之间的矛盾。

刘宋朝宋文帝（刘宋第三位皇帝，武帝刘裕第三子）在位时，寒门出身的徐爰官至中书舍人，很受宠信，宋文帝命琅琊王氏的王球（王导曾孙）多和徐爰交往，增进了解。

王球却说："士庶区别，国之章也。臣不敢奉诏。"

没落的士族为保护原有的政治、经济势力，宣扬"士庶之际，实自天隔""区别士庶，于义为美"。

他们限制婚姻关系，严禁与非士族通婚。极力垄断仕途，排斥父祖辈没有官职的人参与统治。

新兴的寒族为了获得更大的发展空间，必然想办法获得更高的职位。而担任高官本是士族的特权，很多寒族在军功越来越高时，无法再获得对等的官职和权力。所以，寒族掌握足够的军权后，就会起义推翻原来的政权，建立新的政权。频繁的宗室内乱和农民暴动也为寒族建立军功、获得更多的兵权创造了机会。

新的政权建立后，又重复之前的过程。整个南朝都在循环往复地改良东晋的门阀政治。

宋、齐重用寒族和宗室，打压士族，灭亡了。

梁吸取教训，复兴士族，然后在士族、寒族、宗室间大搞平衡，也没有成功。

等到陈朝建立的时候，南朝已经病入膏肓，参汤可以续命，却救不了命，何况等到陈后主即位时，连参汤都没得喝了。

既然这条改造东晋门阀政治的路走不通，南朝为什么不能见贤思齐，向北朝学习？

因为面对的主要矛盾不同。

北朝政权主要在解决各民族间的矛盾，矛盾通过以汉化为主的民族大融合得以消除；南朝的民族矛盾是对外的，是对北朝的，不是主要矛盾。南朝的主要矛盾是地主阶级内部的矛盾和各阶级之间的矛盾。

通过宋、齐、梁、陈的实验，我们看到了，士族地主和寒门地主的矛盾无法调和。

危殆的士族地主"精神腐朽，躯体脆弱"，无法保卫国家；新兴的寒门地主，也"贪榨勒索"，百姓饱受摧残，阶级矛盾又被激化。（翦伯赞《中国史纲要》）

因此，整个南朝地方上农民暴动不断，朝廷上混混和流氓轮流坐庄，阴谋和杀戮的阴云总是弥漫在建康城上空，史书中"攻入建康"四字频繁出现。

先天不足，改良失败，没落的士族，魏晋风度终将被雨打风吹去。

在南北拉锯战中，南朝的土地不断被北方攻占，且战且退。从以山东半岛为东部疆域，退到都城建康附近，国都险些变成边疆。从以淮河流域为界线，退到了长江边上，到陈朝时长江上游也落到北周手上，只能缩在东南一隅，土地面积只配做个诸侯国了。

改良门阀政治，是一条走不通的路。

南朝的实验，得到的是惨痛的教训。

三、试错不是错，梁武帝崇儒佞佛

南朝梁太清三年（549），萧梁都城建康（今江苏省南京市），台城文德殿。

台城，位于建康城中，是东晋和南朝皇宫与政府的所在地。因当时中央政府叫尚书台得名。

梁武帝萧衍，"正衣冠，御正殿"，接见杀入皇宫的侯景。

叛臣和国君，胜利者和俘虏。

一个，身后站着五百披甲卫士，却汗流浃背。

一个，泰然自若，从容发问，尽显天子威仪。

接着胜利者又去见了另一个俘虏，梁武帝太子萧纲（梁武帝第三子、昭明太子同母弟）。

这个俘虏"亦无惧容"，胜利者拜倒在地，无以应对。

梁武帝和他的太子，维护了身为君王和储君最后的尊严。

南朝，最后一次展现出作为华夏正朔应有的气度。

萧衍，一位谥号为"武"的皇帝。

梁武帝，曾力退北魏孝文帝率领的三十万军队，诛除东昏侯（齐废帝萧宝卷），立下赫赫战功，他代齐建梁，在与北魏的战争中取得过"南北交战以来南朝所未有之一大捷"（胡三省注《资治通鉴》卷146）。

一句"南朝四百八十寺，多少楼台烟雨中"道尽六朝兴废之事，流传千古的诗句，掩盖了"武"字的光芒。

梁武帝最大的名声是"佞佛"。

杜牧诗中的四百八十是虚数，诗歌不是账目，需要意境，不需要准确。据统计，南朝萧梁政权时，寺庙达到二千八百四十六座，都城建康城内，佛寺超过五百座。

实际数目大大超出了预想。

其中最大的一座寺庙是同泰寺，这座皇家寺院建于公元527年，是梁武帝在皇宫旁为自己所建。寺庙建成的典礼结束时，梁武帝做出了一个令群臣震惊的决定——舍身同泰寺。

舍身，不是出家。

僧人才是出家人。舍身是舍去肉体凡身，供奉佛祖。舍身的形式是为寺庙服务。说得通俗点：舍身，是舍身为奴。

梁武帝曾前后四次舍身同泰寺，他在寺庙中住破屋烂床，干粗活累活，修习佛法，吟诵经文，讲解佛学。他才思敏捷，对佛法有自己的理解和见地。

梁武帝发展了佛教的戒律。

中国小乘佛教吃素的戒律，正是源于梁武帝颁布的《断酒肉文》。在此之前中国的小乘佛教，按《十诵律》，允许吃三种净肉，即不是为吃肉而故意杀生之肉。佛教创始人释迦牟尼本人也是吃肉的。

自萧梁开始，中国小乘佛教徒完全禁食荤腥。梁武帝身体力行，完全食素，而且每天只吃一顿饭。他平时穿布衣，一顶帽子戴三年，一床棉被盖两年。他还非常勤政。每天五更起床，批改公文奏章，冬天把手冻裂了，依然勤于政务。

梁武帝以"菩萨皇帝"自居。他是佛教中的菩萨，也是俗世的皇帝。他不遗余力推广宗教，除个人信仰外，更多的是从国家治理的深度所做的考量。

梁武帝大力发展佛教，是为了笼络僧侣地主，笼络人心，吸引更多的人口到梁国来。

佛教自白马驮经传入中国后，在两晋时期取得了非常迅猛的发展，到南北朝时已经达到鼎盛。僧尼不当兵，不纳税，住寺院，占有大量土地。佛教宣扬的光明，宣传对人间的救赎，吸引了众多渴望脱离苦海的百姓为信众。

据史料记载，东晋有僧尼两万多人，到南朝宋、齐两代达到三万多人。北朝的北魏佛教也非常兴盛，僧尼信众都是以万计数。如果打击佛教，原有的三万僧尼和众多信仰佛教的百姓，会被赶到北方去。发展佛教，则可吸引北方信众南迁。

发展佛教，有争夺人口的考虑。

梁武帝要争夺的不仅是数量上的人口，他更要争夺人才。

来投靠梁朝的北方将领都获得了优厚的待遇，独孤信、杨忠就曾投奔梁朝。杨忠之子杨坚出生在寺庙，由尼姑抚养。独孤信的七女儿，以极富佛教色彩的伽罗为名。他们都崇信佛教。

这是一场关于人口、人才的争夺战。

在中国，最具有基础和凝聚力的仍是儒学。

儒学讲孝道，梁武帝以自己父母的名义建了两座寺院：大爱敬寺和大智若寺。金碧辉煌的寺庙，隆重庄严的法事，震撼了全国的百姓。

在家孝敬父母，在朝就要忠于君王。

佛法的外衣下，是梁武帝对于忠君爱国理念的宣传。西晋灭亡后政权交替成为常态，很多人已经没了忠的观念，反而对政权更替推波助澜。

春秋时礼崩乐坏，孔子倡导要恢复周礼。南北朝一样礼崩乐坏，梁武帝大力发展礼教。

萧梁建国不久，梁武帝就下诏组建了一个强大的制礼班子，制定一部能够"以为永准"的礼制。用时十一年，制定出一部多达一千一百七十六卷八千零十九条的五礼体系。包括吉、凶、军、嘉、宾五种礼仪，基本上涵盖了国家、社会和人们生活的方方面面。

梁武帝为中国礼制的发展和成熟做出了重要贡献。

梁武帝以儒治国。

他下诏成立国子学，让皇太子、宗室、王侯学习儒家经典；在建康设立五经馆，主要招收寒门子弟，免除他们的学费、生活费，考试及格就给官做。

五经馆是科举制的前身，它为寒门地主做官开辟了道路，寒族得到了担任重要职务的机会。

他博通文史，作诗著文，善音律，精书法。在这位博学多才的皇帝治理下，佛教兴盛，礼学成熟，儒学发展，艺术璀璨。梁武帝谥号为"武"，在位期间"文"却得到了更为长足的发展。

《昭明文选》《玉台新咏》《文心雕龙》《诗品》等光耀千古的作品都诞生在梁朝。梁朝编写了《通史》六百卷，梁武帝亲自撰写了赞序。

萧梁一朝呈现出文质彬彬的气质，连叛将侯景都按照梁武帝制定的礼仪规范，行了君臣之礼。

东魏权臣高欢曾评价他："江东复有一吴翁萧衍，专事衣冠礼乐，中原士大夫望之以为正朔所在。"

梁武帝对北来士族的地位予以保障，改订《百家谱》，恢复士族的社会地位，按郡望授予高级士族官位。

梁武帝对宗室极为倚重，让他们出镇地方，连曾经叛逃的宗室西丰侯萧正德，回国后都恢复了爵位。

僧尼地主、寒门地主、士族地主、宗室，地主阶级不同阶层、不同利益集团的矛盾得以缓和。

萧梁人口昌盛、文化发展、经济繁荣，建康的盛景让人仰慕、向往，当时向梁朝进贡方物的国家多达二十九个。

这就是我们眼中偏安在江南的小小梁国，它在当时众多国家眼中，是繁华、富庶、强盛、文明的代表。

但梁朝败了，败在一个北方叛将手中。

侯景，鲜卑化的羯人，因和东魏高澄闹翻，带着十万大军和十三州土地向西魏投诚，宇文泰给他高官却要削夺侯景兵权，侯景因此转投南梁，萧梁派大将携粮草接应。

西魏出兵截和，东魏派兵拦截，梁武帝只得到侯景和他的八百多名残兵败将。

萧梁被东魏打得大败，准备求和。北魏孝文帝、萧齐东昏侯都曾是梁武帝的手下败将，一个富庶、强大的梁朝，为什么会求和？

因为，富庶只是表象。

梁朝的内政出了极大的问题。宗室各怀心思，密谋篡位；士族不可能再次回光返照，他们不过是死而不僵的寄生虫，完全指望不上；庶族地主良莠不齐。

梁武帝为平衡他们的利益诉求，把自己变成了"端水大师"。他自己却苦行僧一样不喝酒、不吃肉，甚至五十岁后连房事也禁绝了。

和他一起受苦的是百姓。

建造佛寺耗费了大量的社会财富，大爱敬寺宛若天宫，大智若寺富丽堂皇，同泰寺九级浮屠耸入云间。

梁武帝大力扶植佛教，多次举办四部无遮法会。他自己四次舍身同泰寺，每次都由官员花费重金赎回，共计花费了银钱四个亿。

佛光普照下的梁朝，大量百姓涌入佛寺，僧尼的数量不断激增。僧尼不纳租、不服役，僧人收徒弟，尼姑蓄养女，也都不入户籍，寺庙占有的土地也不交钱粮。

据当时梁朝的官员郭祖深所述，"天下户口，几亡其半""恐方来处处成寺，家家剃落，尺土一人，非复国有"。

寺庙名刹，穷极宏丽。僧尼徒众，资产丰沃。

这些都需要钱，钱从哪里来？或者是百姓自愿拿出来，或者是由政府赞助。政府的钱从哪里来？只能从百姓的赋税中来。

全是民脂民膏！

国家的一半百姓，养活着全国的人口。不纳税的那半人过着富足的生活，而纳税服役的百姓备受苦难。于是"民尽流离，邑皆荒毁，由是劫抄蜂起，盗窃群行"……

前有北魏太武帝、北周武帝灭佛，后又有唐武宗、后周世宗灭佛。他们要灭的不是佛教，是那些鱼目混珠的假僧、假尼。

这些帝王要挽救的是危急的财政、枯竭的兵源、危险的国家和受苦的芸芸众生。

梁武帝为什么制定新的戒律？

东晋的桓玄曾规定只有三种僧尼可以留在寺庙中：能畅说义理的；能严守戒律的；能熟读经书远离俗世的。

礼法规范士人的人格，戒律规范僧尼的僧格。束缚多了，要求高了，可以防止并非真心礼佛之人混入佛寺。

所以，梁武帝让僧尼食素。

不吃肉的另一原因，大概是国家已经穷得供不起肉了。

佛法极度兴盛，国力却日渐萎缩。儒学再次复兴，兄弟子女却不守伦理道德。以孝治国，却频频卷入宫廷杀戮。

梁武帝倍感迷惑。

所以晚年的梁武帝频繁舍身寺庙，成了一个"佞佛"的皇帝。

就在他最后一次舍身同泰寺期间，梁朝接受了北方叛将侯景的投靠。

在他和东魏的交战中败下阵来时，他清楚地知道梁国的国力无法支持一场浩大的战争。

衰微的国力迫使他做出求和的决定。求和的条件是交出侯景。好处是换回之前被俘的宗室贞阳侯萧渊明（梁武帝之侄）。

侯景，成了烫手的山芋，也成了一颗炸弹。

山芋没能转手，炸弹轰然爆炸。

梁太清二年（548），被逼到墙角的侯景，勾结成守长江的萧正德（梁武帝之侄），于寿阳（今安徽省寿县）起兵反梁，史称"侯景之乱"。

侯景叛军渡江后攻入建康，围困台城。台城很快被攻陷，梁武帝成了体面的俘虏。太清三年（549）五月，梁武帝活活饿死在宫中，时年八十六岁。

梁武帝死后，侯景立太子萧纲为帝，是为简文帝。国家落入叛臣之手，交州（治今越南河内市东北约三十公里处）司马陈霸先联合湘东王萧绎、太原王氏王僧辩共同讨伐侯景。

梁大宝二年（551），侯景废简文帝，自立为皇帝，国号汉。

公元 552 年三月，陈霸先等人克复建康，摧毁侯景叛军，侯景东逃后为部将所杀。湘东王萧绎在江陵称帝，是为梁元帝。

"侯景之乱"虽然平定，但他带来了巨大的灾难。

昔日富庶之地成了人间地狱。侯景叛军与梁朝官军都烧杀抢掠，百姓流离失所，死者枕藉。江南士族惨遭屠戮，消亡殆尽。

"侯景之乱"还是一次文化浩劫。

战乱中侯景烧毁萧梁东宫藏书三万卷，象征梁朝文治的士林馆也在战乱中化为灰烬。

"侯景之乱"平定三年后，西魏大军突袭江陵，梁元帝烧毁了他精心收藏的十四万卷图书，史称"江陵焚书"。

历代积累的精华付之一炬。十四万卷是当时传世图书的一半。

皇族的霸气和士族的骄傲，都在大火中零落飘散。

烈火焚烧了经典，却毁不掉文明，中华文明的火种根植在每一个人的心中，泱泱大国的气度和意识深植在这个民族的基因中。

温文尔雅的文人，勇敢忠诚的战士，勤劳善良的百姓，他们都有对这片土地的深情，破碎的山河终会重建，富庶、文明、强大、统一才是这个国家的主旋律。

四、陈朝，英雄开场，粉红色落幕

公元549年十一月，百济如往年一样派出使者向梁朝进贡，使者赶到梁朝的都城，见到的却是倒塌的城阙、荒芜的宫殿，伤心难过，不禁哭泣。

陈朝就是建立在这样的废墟上，一个外国人看了都会流泪的破壁残垣之间。

陈朝的开国皇帝是位英雄。

陈霸先，吴兴（今浙江省长兴县）人，祖籍颍川（今河南省禹州市）。曾以捕鱼为生，《南史》评价他"少倜傥有大志，长于谋略，意气雄杰，不事生产。及长，涉猎史籍，好读兵书"。陈霸先在乡里任过里司，在都城建邺（即建康）做过油库吏，后升任梁朝宗室新喻侯萧映（南朝萧齐开国皇帝萧道成之子）的传令官。

萧映调任广州刺史时，任命陈霸先为中直兵参军（主管军队的武官），受命召集兵马。萧映非常看重陈霸先，曾评价陈霸先"此人将来远大，必胜于我"。

萧梁爆发"侯景之乱"后，太清三年（549），交州司马陈霸先率三千广东地方兵团，应时而出，兵出岭南，北伐叛乱。

陈霸先遣使与湘东王萧绎联络，萧绎封陈霸先为明威将军、交州刺史。陈霸先又与王僧辩结成政治联盟。公元552年三月，陈霸先等人克复建康，摧毁侯景叛军，侯景东逃后为部将所杀。

"侯景之乱"平定后，萧绎在江陵称帝，是为梁元帝。梁元帝论功行赏，王僧辩封为太尉，镇建康（今江苏省南京市），陈霸先为司空，领扬州刺史，镇京口（今江苏省镇江市）。

表面上两个人同样位列三公，但是京口和建康可以说是天壤之别。

王僧辩出身太原王氏，乃是士族，陈霸先是出身寒门的江南子弟。

陈霸先性格明达果断，曾苦练武艺，学习奇门遁甲之术。

优秀的个人素质，宗室的高度评价，"挽狂澜于既倒"的卓著的军功，都无法打破如同天隔的士庶之别。

梁元帝代表的是士族阶级的利益，对出身寒门的陈霸先充满戒心。

陈霸先在基层发展时，因出色的个人素质不断获得升迁，但当他论功应位列朝堂、参谋政事时，却被排斥在权力核心之外。

门阀政治的影响竟如此之深！

三年后，西魏大军突袭江陵，梁元帝萧绎被杀。西魏立萧詧（梁武帝之孙，昭明太子萧统第三子）为梁朝皇帝，史称西梁或后梁。

王僧辩与陈霸先，在平定"侯景之乱"时曾缔结过政治联盟，这次二人再次联合，准备立时年十三岁的晋安王萧方智（梁元帝第九子）为帝，萧方智被迎入建康。

北齐乘虚而入，在安徽巢湖大败王僧辩，王僧辩慑于北齐军势，扶持贞阳侯萧渊明（梁武帝之侄）在建康称帝，

承圣四年（555），陈霸先从京口举兵偷袭建康，杀死王僧辩父子，重新立萧方智为帝，是为梁敬帝。陈霸先任尚书令、都督中外诸军事、车骑将军，领扬、南徐二州刺史。

曾被排斥在朝堂之外的寒门军人陈霸先，终于掌握了实权。

陈霸先刚入建康城，北齐就派出了十万大军，围困建康城达数月，陈霸先率部下力抗北齐，把北齐十万大军打得只剩两三万。

北方的危机暂时得以解除，内部的叛乱又开始了。

先有王僧辩余部震州刺史杜龛、义兴太守韦载、吴郡太守王僧智据城反叛。

又有萧梁宗室大臣曲江侯萧勃（梁武帝堂侄）从广州出兵讨伐陈霸先。

还有湘州（今湖南省长沙市）、郢州（今湖北省武汉市）刺史王琳，大治船舰，准备从水路讨伐陈霸先。

陈霸先诛灭王僧辩余部，南定萧勃后，于太平二年（557）十月，逼萧

方智禅位，登基称帝，改国号陈，改元永定，陈霸先是为陈武帝。次年萧方智被杀。

陈霸先建立陈朝时，江南的经济因"侯景之乱"遭受巨大破坏，凋敝不堪。北齐和西魏，借"侯景之乱"，南下夺取梁朝大片土地，连长江天险也有近一半落入北方敌国手中。

陈国，只剩下东南一角，领土没有战略纵深，武将割据一方，州郡牧守各自为政，均不奉陈朝法度，户籍人口骤减到不足三万户。

建国后陈霸先继续战斗。永定二年（558）五月，陈霸先挫败王琳，王琳退军湘州。

公元559年六月，陈霸先在建康城中因病去世，终年五十七岁，葬于万安陵（在今江苏省南京市郊区）。遗诏令临川王陈蒨入朝即位。

陈霸先在位仅二十一个月，但他在身后受到了很高的评价。

征战一生的他，谥号"武"。

明代归有光、吴承恩认为陈霸先"恭俭勤劳，志度弘远。江左诸帝，号为最贤"（《圣井铭并叙碑》）。

明末清初思想家王夫之评价他："陈高非忠于萧氏，而保中国之遗民，延数十年以待隋之一统，则功亦伟矣哉！"

他的征战，使南方百姓免于陷入更残酷的战火，是符合当时人民意愿的。梁武帝死后，梁朝政权实际是靠陈霸先在维持，他取代梁朝自立为帝，更有利于执行一些利于稳定、发展的政策和措施。

陈霸先的猝然去世使陈朝陷入新的危机。陈霸先嫡嗣陈昌和侄子陈顼此前被北周俘虏到长安。陈昌是陈霸先唯一存活的子嗣。

陈朝从立国开始就地方不稳，所以元勋宿将都领兵在外镇守。陈霸先侄子陈蒨，曾追随他南征北战，当时镇守在南皖，不在建康。

内无嫡嗣，外有强敌，宿将皆将兵在外，朝无重臣，遗嘱继承人又在千里之外。

章皇后和中书侍郎蔡景历定计，秘不发丧，文书诏敕，依旧宣行，同时急召陈蒨返回京城。陈蒨才得以顺利登基，史称陈文帝。

陈文帝即位后，先后平定湘郢王琳、临川周迪、建安陈宝应等叛乱。

这一轮叛乱平定后，北周无法再顺江东进，在陈霸先和陈蒨叔侄二人平叛的过程中，地方豪强势力受到了极大的削弱，陈朝政局得以稳定，终于可以安心施政了。

陈文帝兴修水利，劝课农桑，整顿吏治，继承了武帝所倡导的施政廉平的治国理念和宽俭的为政之风，社会经济有所恢复。

陈朝政局稳定后，北周和陈朝修好，尚书周弘正到长安迎回了陈昌和陈顼。陈顼，就是后来的陈宣帝。

陈宣帝登基后，错误估计形势，两次发动北伐战争，陈国主力部队丧失殆尽。

为恢复经济，陈宣帝下诏安置流民，鼓励隐户归籍，也没有收到实效。陈宣帝又派武将率部下到姑熟去种田，免除租税。对在战乱中开垦荒地，占用无主之田的情形，不再追究，停免征税。这些措施使寒门地主经济得到发展。

经过三代帝王的治理，百姓得以休养生息，江南生机重现，虽然经济实力没能恢复到"侯景之乱"前的水平，但仍为隋朝大一统留下了极为丰厚的遗产。（陈朝一共历经五代皇帝：陈武帝陈霸先，陈文帝陈蒨，废帝陈伯宗，陈宣帝陈顼，陈后主陈叔宝。废帝执政时，国事也是由叔叔陈顼做主。因此没有计算在内。）

经过"侯景之乱"、陈初平叛，江南士族受到严重打击，一蹶不振，庶族寒门的政治诉求和主张得以表达。这有利于统一后隋朝对江南的统治。

这笔遗产在陈宣帝病逝后，传到了太子陈叔宝手中。

陈叔宝，就是著名的陈后主。

他昏庸无能，导致亡国，却混出了比前四代皇帝都大的名气。陈后主一改前几代国君的励精图治、奋发有为、恭俭勤劳等，把所有好的地方都改了。

建康城内一派歌舞升平的景象。

台城中建造了临春阁、结绮阁、望仙阁。后妃和狎客舣筹交错，赋诗对答，放声高歌，一曲《玉树后庭花》彰显了宴会主角的文学天分。

玉树后庭花

丽宇芳林对高阁，新装艳质本倾城。

映户凝娇乍不进，出帷含态笑相迎。

妖姬脸似花含露，玉树流光照后庭。

花开花落不长久，落红满地归寂中。

陈后主带领下的文学集团，也颇有建树。

徐陵，被尊为一代文宗、词宗。他编纂的《玉台新咏》，是继《诗经》《楚辞》之后的第三部诗歌总集，收录了大量的宫体诗。班婕妤等女性作家的作品，赖此书得以保存和流传，其中还收录了歌咏女性追求婚恋自由的长篇叙事诗《孔雀东南飞》。

宫体诗文风绮丽，用词旖旎，因诗中有很多描写床笫之欢、闺房之乐、巫山云雨的场景，后世又称其为"艳诗"。

宫体诗的作者们关注女性的容貌之美、身体之美、欲望之美、精神之美，也思考如何由色入空，看透世间万象，开拓了诗词描写世俗题材的空间。

这些粉红色小作文，探索人之为人本身的原始欲望，探讨艺术的多种表现形式，丰富百姓文娱生活，都是极好的。但没法用它们来治理国家，何况陈国还是一个内忧外患的国家。

"情诗小王子"陈后主治理国家，概括起来是六个字：亲小人，远贤臣。

谁人品差就用谁，他用泄露机密的司马申管理朝廷机密，用忌才害能的孔范文担任都官尚书执掌军事刑狱，用刻薄贪鄙的王瑳担任散骑常侍，用残忍冷酷的沈客卿担任中书舍人。

孔范文善于迎合奉承。他曾对陈后主说："那些武将，都出身行伍，乃是一介匹夫，能有什么高深的见地？"此后，军中将帅稍有过错，就会被削夺兵权，用文官取而代之。吴兴人章华上书劝陈后主改弦更张，反被斩首。就这样，善战的武将被赶出军营，贤德的文臣被赶出朝堂。

陈后主把朝政交给"十狎客""五佞人"打理。他自己溺于嬖宠，惑于酒色，在后宫中吟风弄月。北方强国虎视眈眈，他却自恃有长江天险，不以为意。

长江确实是天堑，他却忘记南方和北方，此前曾隔淮河而治，一百多年的时间，南朝不断丧土失地，一步步后退。

陈后主还认为，建康是王气之所在。这个王气所在的建康，不知道被攻占过多少次了。

唐初名臣魏徵说陈后主刚即位时曾"屡有哀矜之诏"。

据《陈书·后主本纪》记载，陈后主刚即位时颁布了一系列诏书：

"孤老鳏寡不能自存者，赐谷人五斛、帛二匹。"

"其有新辟塍畎，进垦蒿莱，广袤勿得度量，征租悉皆停免。"

"内外卿士文武众司，若有智周政术，心练治体，救民俗之疾苦，辩禁网之疏密者，各进忠谠，无所隐讳。朕将虚己听受，择善而行，庶深鉴物情，匡我王度。"

单看诏书，陈后主和前几任皇帝一样关心百姓，虚心纳谏，准备大有作为。他在诏书中还表达过自己不敢忘怀治理国家。

但这些诏书只是以他的名义颁布而已。陈后主在父亲陈宣帝灵柩前被弟弟陈叔陵砍成了重伤，即位后只能在宫中养病。

一切朝政"实皆决之于后"。

陈后主的母亲柳太后，出身河东柳氏，《隋书》说柳太后"时年九岁，干理家事，有若成人"。柳太后治国理家，都是一把好手。

陈后主痊愈后，柳太后归政回到后宫。

如果柳太后继续执政，陈朝或许还能多传承一两年，或是在被灭的时候，能组织起几次像样的抵抗，或者像梁武帝被困建康时还有大臣举族殉忠。

不知稼穑艰难的陈后主毁掉了这些可能，整个王朝"沐浴在粉红色的氛围之中"。

　　那粉红色是旖旎的情思，抑或是滴入水中逐渐淡化的鲜血。

　　温柔妩媚的秦淮河看了太多血腥杀戮、政权更迭。这次它在纸醉金迷中等待着隋军的铁蹄，也在风雨飘摇中等待着陈朝的灭亡。

第四章

再造统一

一、统一情结

中国人，是有统一情结的。

普天之下，莫非王土。率土之滨，莫非王臣。早在春秋战国时有力量问鼎的势力，一定会努力逐鹿中原。一旦掌握中原，又会立足于追求统一。

统一的思想早在春秋战国时就已深入国人之心。

分裂的三国时期，每个国家都在争取统一。东晋灭亡后，不论自命为正朔的南方政权，还是北方少数民族建立的政权，都从未中断过建立统一国家的努力。

宋文帝刘义隆曾发动北伐战争，被北魏杀得大败，差点亡国。

梁武帝之所以接受侯景，也是因统一南北的激情模糊了他对当时形势的认识。

前秦的苻坚，北魏的孝文帝，鲜卑英雄宇文泰，一代英主周武帝，都为这个梦想的实现，做出过巨大的努力。

这块土地上的人们一次次地尝试。

以汉化为主的大融合慢慢融化了各民族间的矛盾。北周、北齐以来，南北关系也出现了明显变化。

南北的政权互派使节，往来频繁。担任使节的人都是闻名南、北的高门名士。使节出使时，大官僚会派人跟随使臣，到对方的地盘上开展贸易活动。

民间，淮、汉边境民间交易增多。甚至守将会违禁互市，以谋取利益。

南北方的一些官僚，常因政治失势投奔对方，依然会被重用，得到礼遇，不会受到民族歧视。

南北对立的民族矛盾性质业已消除，地域矛盾减小。铭刻在中华民族基因中那种对统一的渴望日益强烈。南方、北方，汉族、鲜卑族等各个民族，都向往着国家的统一。

南北统一的时机已然成熟。泱泱华夏呼唤着一个伟大的领袖带着这个国家走出分裂的阴霾，走向更大范围的统一。

大象二年（580）九月二十九日，杨坚被任命为大丞相，十月十日，又加上了大冢宰，到十二月十三日，杨坚的爵位晋升为随王。转过年来，北周静帝改元大定。

大定元年（581）二月九日，北周静帝又把杨坚的职务换成了相国，剑履上殿，赞拜不名，加九锡之礼，而且建天子旌旗，出警入跸。

杨坚颁布诏令："已前赐姓，皆复其旧。"

在宇文泰时期改为鲜卑姓氏的汉人文武大臣恢复汉姓。在隋建国前，普六茹坚恢复为杨坚。

杨坚恢复汉姓，旨在证明自己汉室正统的身份，团结汉族望族，为南北统一做准备。

北周大定元年（581）二月，杨坚接受北周静帝宇文阐禅让，代周称帝，因杨坚在北周的爵位是随国公，定国号为隋，改元开皇，定都长安。杨坚史称隋文帝。（因"随"带有"走之"旁，南北朝时期政权更迭频繁，为避免新建立的政权"走"得太快，所以改用"隋"。）

清学者赵翼在《廿二史札记》中这样说："古来得天下之易，未有如隋文帝者，以妇翁之亲，值周宣帝早殂（死亡），结郑译等矫诏入辅政，遂安坐而攘帝位。"

欺负孤儿寡妇得天下的，不止隋文帝一人，曹操父子和晋司马懿父子难道不是欺负孤儿寡妇？为什么大家对杨坚的意见似乎更大？

曹操的大丞相、司马懿的大都督都是自己南征北战挣下的。隋文帝的江山是北魏、西魏、北周三朝君主所奠定的。

中国历史上这一阶段的民族大融合也在这时接近尾声，南北方有政治对立，而无种族歧视，南北互市增多，使节往来日益频繁，交往趋于正常。

就在这样的时间点上，北周政权传给了一个年幼的孩子，而孩子的嫡母是隋文帝的长女杨丽华。

宇文氏打好了江山，杨忠创造了机会。

当历史召唤一个新政权诞生时，杨坚在一个恰好合适的时间，出现在了合适的地点，坐在一个刚好的位置上，接过了前人递给他的接力棒。

这次朝代更迭，使再造统一的接力棒从汉化的鲜卑勋贵宇文家族手中，传到了鲜卑化的汉族地主杨坚手中。杨隋王朝的统治班底仍是以宇文泰执政时期的关陇贵族为主，这决定了杨隋王朝是一个胡汉共治的国家，李唐皇室也属于这个集团，使胡汉共治的色彩得以延续。

为融合团结各个民族，隋唐两朝呈现出开放、包容的特性。各种文化交流融汇，异彩纷呈，极大地丰富了中华文明，中华民族爆发出旺盛的生命力。

杨坚，遵循着北周武帝制定的北定突厥、剑指江南的策略方针，开始了下一步的执行之路。统一的战争即将打响，隋文帝和新建立的大隋王朝，将实现华夏大地南北统一的历史使命，创建一个影响世界的伟大帝国。

二、北平突厥（上）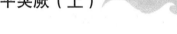

北朝末期，长城外风云变幻。

公元 554 年，疆域辽阔、异常强大的柔然汗国覆亡，曾在金山（今阿尔泰山）为柔然打铁的突厥崛起。突厥在 6 世纪中期建立起汗国。

突厥第三任可汗木杆可汗（阿史那俟斤）勇而多智，大力开疆拓土，"东走契丹，北并契骨，威服塞外诸国"（《周书》卷 50《突厥传》）。

突厥汗国的版图，东起今大兴安岭，西至撒马尔罕和布哈拉的铁门，南自长城塞上，北包贝加尔湖，东西万里，南北五六千里。

突厥大汗的牙帐，设在于都斤山（今蒙古国杭爱山）。

北周武帝与突厥联姻，迎娶了突厥木杆可汗之女。除求娶突厥王女为皇后外，北周每年还送给突厥大量财物；北齐惧怕突厥，也想拉拢突厥对抗北周，也将大量财物送给突厥。

突厥坐山观虎斗，坐收渔翁之利。

北周、北齐都想获得突厥的帮助，争相拉拢佗钵可汗（突厥汗国第四任可汗，又称他钵可汗），到了被佗钵可汗称为儿子的地步。

北周吞并北齐后，北方统一，突厥无法再利用中原内战获取巨大的经济利益，虽仍经常劫掠边境，但对北周的态度开始转变。

北周大成元年（579）二月，突厥佗钵可汗派使节求婚，北周宣帝选中赵王宇文招之女，封为千金公主，准备嫁给佗钵可汗为可贺敦（对可汗妻子的称呼）。但突厥拒绝交出北齐流亡"皇帝"高绍义，婚事一延再延。

北周大象元年（580）二月，突厥再次遣使入贡，准备迎娶千金公主。在千金公主准备出嫁的过程中，周宣帝一命呜呼。杨坚以发嫁千金公主为借口，骗北周宗室五王入京。六月，五王入京后，北周派遣汝南郡公宇文神庆、司卫上士长孙晟（唐朝长孙皇后之父）送千金公主入突厥完婚。

杨坚随后诛杀北周宗室，平定三总管叛乱，彻底掌握北周朝局。公元581年，杨坚建立隋朝，取代北周。

北周武帝去世前曾定策北平突厥，南定江南，统一天下。隋朝建立后，杨坚着手实施北周武帝既定策略，对突厥采取了强硬的态度，突厥因此对隋朝十分怨恨。这时突厥佗钵可汗已经去世，其侄沙钵略可汗继位，北周千金公主按突厥收继婚习俗，嫁给了新任可汗为可贺敦。

千金公主"自伤宗祀绝灭"，日夜怂恿沙钵略为北周宗室报仇。

沙钵略说："我，周之亲也。今隋公自立而不能制，复何面目见可贺敦乎！"

开皇元年（581）十二月，沙钵略伙同原北齐营州刺史高宝宁合兵为寇，袭扰隋北部边境。隋文帝为防止突厥入寇，征调百姓，修补长城，命上柱国阴寿镇守幽州，京兆尹虞庆则镇守并州，屯兵数万防备突厥入侵。

曾出使突厥，熟知其内幕的长孙晟上表建议采取"远交而近攻、离强而合弱"的策略。

隋文帝看到上表，非常高兴，马上派人去请长孙晟。长孙晟一边分析形势，一边就把突厥的山川地图画了出来，突厥的虚实情况，长孙晟全都了如指掌。

长孙晟，就是送千金公主出嫁时送亲使团的副手。和亲时，北周为显示自己的实力，使团内选的都是骁勇之士，长孙晟擅长弹丸和射箭，被选为使团的副团长。

长孙晟的箭术好到什么程度呢？成语一箭双雕，说的就是长孙晟的箭术。

有一次，沙钵略可汗看见两只雕在争肉吃，他顺手给了长孙晟两支箭，说："你把这两只雕射死吧。"有意考验北周送亲使团的能耐。长孙晟看了看两只雕的角度，只取了一支箭，一箭射穿了两只雕。

突厥可汗因为喜爱他的箭术，留他在突厥住了一年多，让突厥的贵族子弟都和他交朋友，希望能学会他射箭的技术。

长孙晟留在突厥，每天陪着突厥贵族子弟四处游玩，把突厥的山川地貌、内部关系、战略虚实都摸得清清楚楚。沙钵略的弟弟突利可汗总想着自己做老大，突利可汗私下和长孙晟结盟，带着他看遍了突厥的山山水水。

长孙晟对突厥内部情况了解到如此详细、深入的程度，让隋文帝大为惊叹。他采纳了长孙晟的全部建议，派使者联络沙钵略的叔叔达头可汗，送去狼头纛一面。又派长孙晟联络一直想当大可汗的突利可汗。

分化瓦解突厥各部的策略在后来的战争中收到奇效。

开皇二年（582）五月，突厥发动五大可汗，伙同原北齐高宝宁，率四十万大军向长城一线发起了猛攻。隋文帝马上调兵遣将，迎战突厥。

隋朝和突厥接战之后，武威、天水、安定、金城、上郡、弘化、延安"六畜咸尽"，西北边境生灵涂炭。

隋军惨败，但在这次抵抗突厥入寇的战斗中，涌现了一位胆略过人的战斗英雄——达奚长儒。

右仆射虞庆则部下行军总管达奚长儒，在周槃附近遭遇沙钵略的主力部队，达奚长儒当时只带了两千步兵，被沙钵略十万大军围困，士兵们心中的恐惧不用言语形容就可以想象。两千对十万，还在野外，这就是一场等着被全部剿灭的战斗。

达奚长儒临危不惧，组织士兵组成严整的作战方阵，且战且退，被突厥冲散后，又重新组成方阵。士兵们聚了又散，散了再聚，在达奚长儒的指挥下，向隋军驻扎的弘化（今甘肃省庆阳市境内）方向撤退。

长达三天的时间里，历经十四次战斗，士兵们连手中的兵器都打坏了，打没了，又用拳头和突厥兵肉搏，打到连骨头都露了出来。

形势危急，在弘化驻守的虞庆则却不出兵接应，达奚长儒退到弘化附近时，他闭门不救，致使达奚长儒重伤五处，其中贯通伤就有两处，其部下战死达十之八九。

突厥一方也伤亡惨重，一场必胜的歼灭战，打成这个样子，他们十分泄气，不再追赶。

达奚长儒在付出惨痛代价后击退突厥主力，战后统计共杀死突厥士兵数以万计。这无疑给惧怕突厥的隋朝将士打了一剂强心针。

突厥不是不可战胜的。

战后隋文帝封达奚长儒为上柱国，剩余的功绩又授封了他的一个儿子，这次战斗中阵亡的将士，都赐官位三级，由子孙承袭。

沙钵略可汗准备继续南下攻打隋朝，达头可汗不听他的号令自行领兵离去。长孙晟游说沙钵略可汗之侄染干（一说沙钵略可汗之子），让他和沙钵略汇报，谎称铁勒等部谋反，准备攻击大汗牙帐，沙钵略担心老窝被端，退兵返回塞外。

开皇三年（583），突厥再犯隋北部边境，隋文帝震怒，发布诏书，决定出兵反击。

诏书中指出了突厥内部问题：

一是五位可汗并立，争斗不断。"且彼渠帅，其数凡五，昆季争长，父叔相猜，外示弥缝，内乖心腹。"

二是实行严刑峻法，内部阶级矛盾、民族矛盾非常尖锐。"世行暴虐，家法残忍。""部落之下，尽异纯民，千种万类，仇敌怨偶，泣血拊心，衔悲积恨。"

三是其周边国家表面臣服，实则对突厥非常仇恨。"东夷诸国，尽挟私仇，西戎群长，皆有宿怨。"

四是突厥接连遭受了严重的自然灾害。"每冬雷震，触地火生，种类资给，惟藉水草。去岁四时，竟无雨雪，川枯蝗暴，卉木烧尽，饥疫死亡，人畜相半。旧居之所，赤地无依，迁徙漠南，偷存晷刻。"

三、北平突厥（下）

开皇三年（583）夏，隋文帝任命卫王杨爽（隋文帝异母弟），河间王杨弘（隋文帝堂弟），上柱国豆卢勣、窦荣定，尚书左仆射高颎、尚书右仆射虞庆则为行军元帅，分兵八路出击突厥。

杨爽出朔州道（今山西省朔州市），窦荣定出凉州道（今甘肃省武威市），高颎出宁州道（今甘肃省宁县），虞庆则出原州道（今甘肃省固原市），幽州总管阴寿出卢龙赛（今河北省冷口、喜峰口一带）……

四月，隋军和突厥在白道（今内蒙古自治区呼和浩特市北）会战，卫王杨爽大败突厥主力，沙钵略可汗"弃所服金甲，潜草中而遁。其军中无食，粉骨为粮，加以疾疫，死者甚众"。

五月，隋秦州总管窦荣定率九总管步骑兵二万出凉州，与突厥阿波可汗相拒于高越原。

窦荣定军中有一个传奇的人物，敦煌戍卒史万岁。

史万岁，出身昭武九姓之史国。北周末年，杨坚平定三方叛乱时，他在韦孝宽军团行军总管梁士彦的手下，一次行军途中，天上飞来一群大雁。史万岁对梁士彦说："请看我把第三只射下来。"大雁应弓弦之声而落，三军将士都对他非常佩服。

平定尉迟迥的战役中，史万岁每战都冲锋在前，勇冠三军，战后因功被拜魏上大将军。后来，史万岁因为卷进一场谋反案，被发配到敦煌（今甘肃省敦煌市西）戍边，成为一名敦煌戍卒。

史万岁在敦煌时，敦煌戍主非常英勇，经常单骑深入突厥部落，突厥中无人能挡。戍主因此非常自负，经常辱骂史万岁。史万岁非常忧虑，对戍主说自己也精通骑射之术。戍主肯定要考验他，一番试探下来，发现史万岁确实很有功底。

此后，敦煌戍主带着敦煌戍卒经常深入突厥境内数百里，名震北夷。

隋军大举进攻突厥，史万岁自投窦荣定军门，请求报效国家，立功赎罪。窦荣定早就听说史万岁非常骁勇，见到他非常高兴，史万岁就留在了窦荣定军中。

这次两军对阵，窦荣定准备亮出他的秘密武器史万岁。

窦荣定问突厥人："士卒们何罪之有？为什么非让士卒拼命厮杀呢？不如我们各派一位壮士，让他们来决定这次战斗的胜负吧！"

突厥人自恃勇武，欣然接受提议，派出一人应战，史万岁跃马而出，一瞬间已经斩下一个骑兵的头颅。突厥大惊，不敢再战，敦煌戍卒史万岁的大名在突厥军中被广泛传播，一提到"敦煌戍卒"四个字，突厥人就想拔腿逃跑。

当时长孙晟在窦荣定军中。

长孙晟见阿波可汗战败，派人和阿波可汗说："沙钵略可汗每次出征，都能打胜仗。你一打仗就败了，这是突厥的耻辱。而且你们原本势均力敌。现在沙钵略一天比一天强盛，为突厥各部所崇拜。你的失败，让突厥蒙受了羞辱，沙钵略一定会怪罪你，以此为借口攻打你的牙帐，消灭你。你掂量一下，能不能打得过沙钵略吧？"

阿波可汗确实害怕被沙钵略灭掉，于是派人去隋军见长孙晟。

长孙晟说："现在达头可汗已经和隋朝联合，但摄图（沙钵略）却拿他没办法。可汗您何不依附隋朝天子，联结达头，大家联合起来，力量自然就强大了，也就不用怕摄图了，这是万全之计。何必因为丧失兵马而负罪，回去见摄图，受他的杀戮和侮辱呢？"

阿波可汗觉得长孙晟分析得太对了，他派使者随长孙晟去隋朝结盟，自己撤兵了。

沙钵略素来忌讳阿波骁悍，他在白道会战中战败返回后，听说阿波已经和隋朝结盟。因他先于阿波返回，沙钵略派人袭击了阿波的北牙，杀掉了阿波的母亲。

阿波返回后看到牙帐被毁，母亲被杀，就去投奔了西面的达头可汗。达头可汗大怒，借兵十余万给阿波，阿波终于夺回了自己的地盘。

此后，突厥内战不断，陷入混战，分裂为东突厥和西突厥。东、西突厥相互对峙。

沙钵略由强变弱，又腹背受敌，于开皇四年（584）向隋朝求和。

北周千金公主乃是宇文泰孙女，她性格坚毅，颇有谋略，才嫁入突厥，就遭逢国灭家亡，当时沙钵略实力强悍，她当然希望可以为家为国报仇。现在局势发生变化，她决定放下仇恨，先帮助丈夫走出绝境。

千金公主亲自写信给隋文帝，表示自己虽然是北周的公主，但是十分钦佩隋文帝的圣明，请求做他的女儿。

千金公主如果改做隋文帝的女儿，那沙钵略就是隋文帝的女婿了，这不就相当于是突厥和隋朝和亲了吗？隋文帝当时的主要战略目标是南方的陈朝，他也希望迅速稳定北方，全力对付陈朝。隋文帝封了千金公主为大义公主，接受了沙钵略议和的请求。

虞庆则和长孙晟在去突厥宣布诏书时，用话哄骗沙钵略可汗跪受杨坚诏书，沙钵略羞愧难当，与大臣们抱头痛哭了许久。

突厥的强盛时代一去不复返。

沙钵略于开皇四年（584）率众南迁，居住在白道川（今呼和浩特平原），接受隋朝统治。北部忧患解除，隋文帝终于可以全力以赴完成南北统一的辉煌伟业。

四、南北统一（上）

我国东部，背靠内陆高原，面向海洋，南北纬度跨度非常大，使南方、北方形成了不同的气候。受气候影响，南北方农业活动也具有明显不同的特征。

以秦岭淮河一线为界，北部农作物两年三熟或一年两熟，南部农作物以水田为主，可一年两熟到三熟。

所以，北方的庄稼收割的时间比江南要晚。当北方的农田里仍是"无边绿锦织云机，全幅青罗作地衣"时，南方的水稻已经变成了金黄色。

又到了江南收获的季节，黄澄澄的稻穗，看着就让人欢喜。

征兵的诏令突然而至，眼看着就能收回家的稻谷只能扔在地里不管。隋朝在长江北岸集结了大批兵马，扬言要进攻陈朝。陈朝只得集结大批兵马，严加防范。

陈朝的士兵日夜监视着长江北岸的动静，可直到地里的稻谷都烂光了隋朝也没有出兵。随后，隋朝的军队居然就地解散，解甲收兵回家割麦子去了。

本该是江南农民最忙碌的季节，他们却只能守在长江岸边，眼睁睁地看着已经成熟的稻谷烂掉。每年都是这样，一而再，再而三，陈朝损失掉了大量成熟的水稻。那些稻谷是士兵的口粮、国家的税赋。

久而久之，陈朝的士兵都不相信隋朝会出兵了。原来这些北方人，只会虚张声势。

这就是隋朝左仆射（宰相）高颎献的平陈良策，既能破坏江南经济，消耗陈朝国力，又为以后进攻增加突然性，此策大大降低了陈朝上下的警惕性，使"陈人益懈"。

陈朝，也曾有过灭掉隋朝的梦。陈宣帝派间谍到隋朝去打探消息。当时隋文帝登基不久，权力还不稳固，他把这些间谍都放了回去，希望和陈朝暂时保持表面的和平。

陈宣帝执政期间最想做的就是北伐，看到新上台的隋文帝如此隐忍，陈宣帝开始在隋朝边境搞起了动作。隋文帝试探性地回击了一次，隋军就打败了陈朝水师，这次试探增强了隋文帝的决心。

隋军连续拿到陈朝的三座城池。这时，突厥又在后院放火，隋朝必须得先解决突厥的问题。

开皇二年（582）陈宣帝去世，陈叔宝登基。陈叔宝乐得偏安一隅，做个安乐天子，派人和隋朝求和。

为了暂时稳住陈朝，隋朝以陈宣帝驾崩，"礼不伐丧"为由，班师回朝。

这回轮到隋朝搞小动作了，除了大喊"狼来了"，高颎还出了一个主意，派间谍去烧陈朝的仓库。因为南方多水，粮食不能像北方一样用地窖储存，仓库都是用竹子、木头、茅草搭建，非常容易起火。隋朝的间谍借风势点火，引燃陈朝的仓库。

两国虽然没打仗，但是陈朝还是被搞得不得安宁。

几年时间过去了，喜欢在隋朝后院放火的突厥，自己后院也起火了，五个可汗之间明争暗斗，被隋朝用离间计搞得四分五裂。

隋文帝终于可着手统一南北了。

开皇六年（586），虢州（治今河南省卢氏县）刺史崔仲方在奏章中为平陈提出了具体的战略计划。

崔仲方建议在长江下游秘密集结兵力，准备渡江作战；在长江中上游大张旗鼓地营造战船，吸引陈朝注意力。

如果陈朝派精兵增援上游，长江下游的隋军就乘虚横渡长江，直取建康；如果陈朝按兵不动，上游的隋军又可顺流而下，配合下游隋军攻取建康。

这是一个成熟的渡江作战方案。

开皇七年（587），隋文帝命杨素在永安（今重庆市奉节县）建造战船。

杨素到任后，开始打造舰船。造船时将伐树造船的余材扔进长江，余材顺流而下，诱使陈朝调兵西上，转移对下游隋军备战的注意力。

杨素所造的船也特别大。

大的舰船，名曰"五牙"，上有五层楼阁，船高一百多尺，能够容纳八百士兵。船的左右前后装置有六个拍竿，拍竿是一种类似于投石机的武器，利用杠杆原理，投掷石头，打击敌船。

小的舰船，叫"黄龙"，能容纳战士一百人。

另外还有一些小的平乘、舴艋等作战船只。

五牙，赚足了眼球不说，其战斗力也是非常强大。

巨大的舰船，顺江而下的造船材料，给陈军造成了巨大的心理压力。

开皇八年（588）三月，隋文帝下诏伐陈，诏书历数陈后主罪状二十条。

为瓦解江南民心，隋文帝命人把檄文抄写了三十万份，在江南各地悄悄分发。

开皇八年（588）十月，隋文帝到太庙祭告，举行伐陈的出师大典。

隋文帝任命晋王杨广（隋文帝第二子）、秦王杨俊（隋文帝第三子）、清河公杨素为行军元帅。

因为战线过长，隋文帝设立了三个行军元帅，分别负责长江上游、中游、下游，形成了三个独立的指挥中心，各自能独立行动，又可以互相配合，避免陷入首尾不能相顾的危险。

开皇八年（588）十一月初十，隋文帝亲赴距潼关三十里的定城，隆重誓师，隋朝五十一万八千人的南征大军，兵分八路，浩浩荡荡，南下平陈。

隋朝八路大军分为三大兵团：

第一兵团，由晋王杨广负责，负责长江下游作战，主攻方向是陈朝都城建康（今江苏省南京市）。杨广出六合（今江苏省南京市六合区），新义郡公韩擒虎出庐江（今安徽省庐江县），襄邑郡公贺若弼出广陵（今江苏省扬州市）；另外落丛郡公燕荣出东海，占领吴郡（今江苏省苏州市），配合完成对建康的包围。

第二兵团，由秦王杨俊负责，负责长江中游作战，主攻方向是长江中游的武昌。杨俊出襄阳（今湖北省襄阳市），宜阳郡公王世积出蕲春（今河北省蕲春县）。

第三兵团，由清河郡公杨素负责，负责长江上游作战，主攻方向是三峡的峡口。杨素出信州永安（今重庆市奉节县），荆州刺史刘仁恩出江陵（今湖北省荆州市）。

杨俊和杨素负责牵制长江中游、上游的陈军，让他们无法东下救援都城建康。

杨广负责这次战役的核心任务——攻打建康。杨广年仅二十岁，所以隋文帝又封尚书左仆射高颎为晋王元帅府长史，尚书右仆射王韶为晋王元帅府司马，军中大事实际由高颎决断。

隋军开场就来了一个漂亮的亮相——狼尾滩战役。

为给杨素顺江而下创造机会，秦王杨俊率十万大军进驻汉口，佯装要从武昌渡江。自隋军开始造船，长江上游的陈军就日夜担心，看到隋军要从武昌方向进攻，急忙从三峡口调动数万军队，援助武昌。

三峡口兵力空虚，杨素趁机率军顺流而下，从信州永安出发，穿过三峡，在流头滩（今湖北省宜昌市西北），遇到陈军大将戚昕在此驻守。戚昕用战船百余艘，扼守江水中间的狼尾滩（今湖北省宜昌市西北长江中）。江水湍急，地势险峭，不利于杨素的五牙大舰船作战。

杨素对将士们说："胜负大计，在此一举。如果白天进攻，陈军能看到我们的虚实，滩流迅激，对我们不利；不如在夜间袭击。"

夜间，杨素命将士们衔枚疾进，分兵三路，水陆并进，实施突袭。

杨素亲率水军，驾驶黄龙舰船数千艘，突袭狼尾滩，实施登陆作战；开府仪同三司王长袭率步兵偷袭陈军南岸的营寨，牵制岸上陈军；大将军刘仁恩率骑兵袭击北岸的白沙城（今湖北省宜昌市东），截断陈军退路。

陈军在睡梦中被打得措手不及，后路又被截断，士气受挫，被打得大败，戚昕逃走，他的部众都成了杨素的俘虏。

隋军狼尾滩战役首战告捷，不擅长水战的北方士兵，打得南方水军大败，隋军士气大振。

杨素率军东出三峡，隋军"舟舻被江，旌甲曜日"。杨素容貌雄伟，站在平乘的大船上，陈朝的百姓远远地望着杨素，都被他的威仪所震慑，说："清河公即江神也！"

杨素顺利和中游的杨俊会合。陈朝长江中上游布置的十几万大军，被隋军牢牢牵制。

长江下游的战争进展之顺利程度超过了隋文帝君臣的想象。

这首先得感谢陈后主的昏庸。

隋军大军压境，上游的战斗已经打响，自己几十万大军被牵制得动弹不得，建康已经外无援军。

陈后主还是从容不迫。

他对近侍说："王气在建康。齐兵三次南下，周军两次南下，都被我们打败了。这次隋军又能有什么作为？"

狎客都官尚书孔范非常明白说皇帝爱听的话，才能被皇帝喜欢，才能升官发财这个道理。

孔范马上应和着说："长江天堑，自古以来隔绝南北，隋军还能飞过来不成？边将们想要立功，就故意夸大敌情。臣总担心自己的官位太小，隋军要是能渡江，我就该做太尉（三公之一，全国最高军事长官）了！"

皇帝喜欢听什么，下面的人就想办法多说。

有人编造谎言，说隋军的战马死了很多。

孔范马上开始抖机灵，说："哎哟！那是我们的马呀，怎么能死呢？"说得好像隋军被打败了，战马都被陈朝俘虏了一样。

陈后主含笑点头，深以为然。

所以，隋军打到家门口的时候，陈朝君臣还在奏伎、纵酒、赋诗，过得逍遥自在似神仙。

陈朝不做准备，隋朝却精心准备。贺若弼早就打响了麻痹陈朝的心理战。他用了三招：

第一招，告诉陈朝，他没有船。战役还没发动时，贺若弼驻守在吴州，他把军营里老弱的战马卖掉，用这笔钱购置了很多船，藏在隐蔽之处，弄了一些破旧的船只停在河湾里。陈朝的间谍以为这些北方人没有船。

第二招，和宰相高颎的策略一样，天天喊"狼来了"。贺若弼请求朝廷要求所有换防的将士，都到广陵集结，完成换防交接。在江陵换防时，将士们"大列旗帜，营幕被野"，陈朝又以为隋兵要打他们了，连忙集合兵马，严阵以待，再一侦查，才知道隋军是在换防。久而久之，陈军已经习以为常，不再备战。

第三招，让他们习惯人马喧嚣的噪音。贺若弼派兵士沿着长江岸边打猎，人马喧噪，时间长了，听到战马嘶鸣奔腾而来的声音，陈军就以为是北方人又在打猎。

陈朝的皇帝认为建康是王气之所在，没什么可担心的。

陈朝的大臣认为隋军飞不过长江天堑。

陈朝的士兵认为隋军在下游没有像样的战船，对岸不管是集合部队，列阵鼓噪，还是策马奔腾，都不是来打我们的。

当隋军真的发动攻击的时候，陈军一点也没察觉。

开皇九年（589）正月初一，漫天的大雾，酸辣呛鼻，古人迷信，一般皇帝都会对不常见的天气情况保持警觉，要么罪己，要么罪人。陈后主则是人醉，他喝得烂醉如泥，一直睡到下午才睁开惺忪的睡眼。

隋朝的杨广已经兵分四路，借大雾的掩护发起攻击。

中路军，由杨广率领，攻打长江北岸的六合镇桃叶渡，和建康隔江对峙。

海上一路，从东海南下，直扑吴郡（今江苏省苏州市），从东南方向完成对建康的包围。

渡江作战的两路，贺若弼在东边，从扬州渡江；韩擒虎在西边，从庐江渡江。

五、南北统一（下）

初一，吴州总管贺若弼率领一万二千兵马，驾驶战船，自广陵（今江苏省扬州市）渡过长江。

庐州总管韩擒虎率五百将士，从北岸的横江（今安徽省和县东南，长江渡口）渡江，在南岸的采石矶（今安徽省马鞍山市西南）登陆，陈朝的守军也和他们的皇帝一样，个个喝得烂醉。韩擒虎让他们彻底地醉卧沙场了，守将徐子建逃脱。

晋王杨广也顺利进驻六合镇桃叶山。

贺若弼、韩擒虎的推进速度已经不能用势如破竹来形容了，因为根本没遇到什么抵抗。渡江时，江面上连巡逻船都没有，像在自己家里一样，开着船就过来了。

渡江作战居然如此容易。

在南岸登陆后，贺若弼和韩擒虎直奔建康，分别从南北两个方向合围建康。

初二，徐子建逃回建康，陈朝的君臣才猛然惊醒，隋军已经飞过长江天堑，充满王气的建康危险了。陈后主连忙召集文武大臣，开会讨论怎么退敌。

初四，陈后主才下诏戒严。调兵遣将，组织抵抗。陈后主的抵抗也分为三部分：

以骠骑将军萧摩诃、护军将军樊毅、中领军鲁广达并为都督，司空司马消难（三总管叛乱时逃亡陈朝的叛将）、湘州刺史施文庆并为大监军，统领将士保卫都城建康。

派遣南豫州刺史樊猛率舟师出白下（位于陈建康城北），迎战隋军主力。

散骑常侍皋文奏镇守南豫州（治姑熟，今安徽省当涂县），阻击韩擒虎。

陈后主鼓励僧、尼、道士拿起武器参战，给出很高的赏格。

南豫州治所姑熟是建康的西南藩篱，原本由猛将樊猛镇守。关键时刻，陈后主把他调回京城。

所以，这不是抵抗，是变相的撤退。

初六，贺若弼攻占京口（今江苏省镇江市），陈朝徐州刺史黄恪被俘。

贺若弼军令严肃，秋毫不犯，军士喝了百姓的酒，立刻就被斩首，在京口所俘获的六千余陈朝士兵，贺若弼全部释之，还发了粮食和路费，让他们带着隋朝的宣传单，在回家路上分发。

隋军所至之处，陈朝望风而降。

初七，韩擒虎攻打姑熟，只用了半天就将其攻克，活捉了樊猛的妻子儿女，皋文奏大败逃走。

江南的父老对韩擒虎的威信素有耳闻，前来拜谒军门的昼夜不绝。

稍后，陈朝新蔡守将鲁世真和弟弟鲁世雄率所部投降韩擒虎，还写信给父亲鲁广达，劝他一起投降。鲁广达这时还在建康城中，连忙上奏疏弹劾自己，到廷尉府（掌刑狱）去请罪。陈后主手下一共也没几个人可以用，只好安抚鲁广达一番，赐了黄金，让他回到军营中去，好御敌守城。

陈后主担心猛将樊猛不能全力与隋军对抗，因为樊猛的妻小在姑熟被隋军捉了去。现在樊猛与左卫将军蒋元逊，带着青龙战舰八十艘，正在白下（建康城北）对阵杨广率领的隋军主力。

陈后主动了派人去接替樊猛的心思，他派萧摩诃去婉转地表达想派人换防，惹得樊猛非常不满，陈后主怕把樊猛逼急了，带着人直接投奔隋朝，只好打消换防的念头。

陈后主动小心眼的时候，贺若弼、韩擒虎已经完成了对建康的战略包围。

初七，贺若弼率八千人进据建康东北的钟山，屯兵在白土冈东侧，分兵南下攻打曲阿（今江苏省丹阳市），切断建康东南方向的救援之路。

同日，韩擒虎与晋王杨广派遣的总管杜彦会师，率步骑两万屯于建康西南二十里的新林。

同日，隋蕲州总管王世积率水军出九江，在蕲口大败陈将纪瑱，陈人忧惧，相继投降。

陈后主君臣终于坐下来认真地讨论如何抵抗。

萧摩诃主战，他认为，贺若弼孤军深入，垒堑未坚，此时出兵，必能攻克。

大将任忠则认为"客贵速战，主贵持重"。他提出了一个分五步走的建议：

第一步，现在建康城内兵多粮足，应该固守，不和隋军交战。

第二步，派兵截断建康城外隋军与其主力之间的通信。

第三步，任忠带精兵一万、金翅战船三百艘渡江去打杨广的主力。杨广与先头部队失去联系，又看到任忠过江打他，一定认为隋军的先头部队已经被俘，自然会士气大挫。

第四步，宣称陈朝要进攻徐州，隋军怕被截断归路，将不战自去。

第五步，等待长江中上游的部队救援。

这个建议老成持重。

陈后主现在幻想的是一步到位，马上把隋军击退。自从隋军兵临城下，陈后主吓得"唯昼夜啼泣"。

听完两个人的想法，陈后主无法决断，回去睡了一觉，第二天终于发表了最终意见。

陈后主说："兵久不决，令人腹烦，可呼萧郎（萧摩诃）一出击之。"

任忠叩头苦苦请求不要出战。

这时，孔范又发言了："臣愿意出战，为国勒石燕然。"

牛皮已经被孔范吹到了九霄云外。他还要学东汉的窦宪大破北匈奴，登上燕然山，刻石记功。隋军都包围你的都城了，他还敢说要打到隋朝的北方去？

陈后主听后大受鼓舞。他看着萧摩诃，郑重地问："公是否愿意为我一战？"

萧摩诃回答："自古打仗都是为了国家，今日之事，更是为了妻子。"

陈后主打开国库，取出财物分发给各军，准备得胜后赏赐给士兵。

正月二十日，陈后主派兵出城和隋军决战。鲁广达、任忠、樊毅、孔范、萧摩诃率军从南到北一字排开，南北绵延二十里。

隋军原计划是等杨广主力渡江后再发起总攻。贺若弼登上钟山一看，陈军摆了一个一字长蛇阵，首尾不能相顾，此时不打更待何时？

贺若弼陈兵以待，之前主战的萧摩诃这时却按兵不动。

原来，陈后主是个见一个爱一个的主，他之前与萧摩诃的妻子私通，萧摩诃知道后，深怀怨恨。萧摩诃请战，是要故意打败仗，让陈后主早点玩完。陈后主真的以为萧摩诃是为了保护妻子，还派人把萧摩诃妻子接进宫里做人质。

此时，陈军的将领终于明白了萧摩诃为什么说"今日之事，兼为妻子"。

萧摩诃不出战。

任忠本来就不主张主动出击，他也不出战。

孔范是个狎客，除了哄骗皇上，临阵退缩才是他的强项。

隋军渡江后，樊毅曾建议仆射袁宪调精兵驻守京口、采石这两个重要的军事据点，水陆共同防卫。因施文庆等人隐瞒隋兵消息，樊毅的建议没有机会实施。他也是心灰意懒，不愿主动出击。

陈军五个将领，只有鲁广达主动出击。鲁广达的儿子虽然投降了隋朝，他依然顽强抵抗，贺若弼损失了二百七十三人，于是在阵前放烟，借浓烟的掩护往后撤。

见到隋军撤退，陈军居然没有追击。

只见陈军士兵争抢着砍隋军士兵尸体的脑袋。原来，陈后主把国库里的财宝分给各军时，士兵们都看到了。陈后主还说，谁割下了敌军的首级，必有重赏，所以，现在陈军的士兵都提着脑袋赶着回营去领赏赐了。

贺若弼退回去后，决定挑选薄弱环节攻打，拣软柿子使劲捏。通过观察，贺若弼发现孔范率领的那路人马，是一个合适的突破口。

选定目标后，贺若弼直奔孔范。孔范本想着陈军这么多士兵，还有嚷嚷着要为国为妻作战的萧摩诃，他缩在中间，浑水摸鱼就可以。没想到贺若弼向他冲了过来，孔范掉头就跑。主将跑了，士兵也四散奔逃，大家争相逃命，无法阻止。被打死、踩死的达五千人。混乱中，隋军将萧摩诃生擒。

陈朝十万大军，败给了贺若弼的八千兵马。

任忠逃回建康，向陈后主汇报了惨败的战况，然后说："您保重吧！我是没办法了。"

没了兵马将帅的陈后主连忙搬来两袋子黄金，请任忠招募人马，保卫都城。

任忠说："陛下赶紧坐船，投奔上游众军，臣一定以死保卫陛下。"

这是逃出去的希望啊！陈后主大喜，命任忠赶紧去安排船只，他在宫中带着嫔妃收拾金银细软。

任忠出了宫门，抱着两袋子黄金就跑到了韩擒虎那儿投降去了。随后，任忠带着韩擒虎杀回了陈朝皇宫。

消息传到朱雀门，驻守的陈国禁军领军蔡征和部众惊惧逃跑。任忠带着韩擒虎杀到了朱雀门，还有一些守门的士兵准备抵抗。

任忠大喊："老夫都投降了，你们还打什么？"士兵听后四散而去。

文武百官，侍从宫人，纷纷逃走。只有尚书仆射袁宪还在陈后主身边。

陈后主还在推卸责任。他说："朕平日待你不如其他人，没想到今日却是你留在这里，朕心里愧疚。只是导致今天的后果，不只是朕无德，江南的衣冠士族也没有为臣之道哇！"

都没了道德，也就不准备要脸面了，陈后主听到喊杀声，惊惶惧怕，想逃跑躲起来。

见皇帝要跑，袁宪拦住陈后主劝他"正衣冠，御正殿，依梁武帝见侯景故事"。

陈后主哪有梁武帝的勇气，他"下榻驰去"，说："锋刃之下，未可交当，吾自有计！"

他的计策就是跑到景阳殿，躲到枯井里去。袁宪苦苦劝谏，后阁舍人夏侯公韵用身体挡住井口，阻止陈后主。陈后主奋力和夏侯公韵争夺井口，争夺了很久终于挤到了井里。

国没了，脸也不要了。

他就是留在大殿上，也不可能像梁武帝一样"正衣冠"。

韩擒虎进了陈朝皇宫，最重要的事就是抓陈后主，他派人遍寻皇宫，居然没找到陈后主。有人悄悄地给他们指了指陈后主藏身的那口井。

隋军士兵伸头往井里看，黑黢黢的什么都看不见，向井里喊话也没人回答。隋军士兵对着井口说："再不说话，可要扔石头了。"陈后主怕被石头砸死，忙出声回应。

隋军垂了一根绳子下去，要把人往上拉。士兵们感觉这人也太重了！陈后主是个大胖子吗？拉到井口一看居然是三个人。除了陈后主，还有张贵妃（张丽华）和孔贵嫔。

易求无价宝，难得有情郎。陈后主怕得要死逃命的时候，都没忘记带上自己的妃子。

可惜，这有情郎是陈朝的皇帝。

天子以国为家，他的深情和责任全给了自己和妃子，一点也没留给天下，一点也没分给百姓。陈叔宝，做个富贵王爷、多情浪子，才子佳人卿卿我我，尚算一段佳话。一朝君主，国破家亡时，竟然只顾着仓惶逃命。

隋军仅用二十一天，就完成了渡过长江、拿下建康、活捉陈后主的一系列军事行动。其他各路大军也势如破竹。

二月初，岭南也在冼夫人带领下率众归附，整个南方都统一到了隋朝的统治之下。

陈国灭亡，南朝结束，南北统一。

这次统一，结束了从曹丕称帝（220年）到陈叔宝亡国（589年），共计三百六十九年的分裂动荡。（其间有过短暂统一，公元280年晋武帝灭吴到八王之乱爆发，统一了十一年。）

这次统一，不仅仅是地理范围上的统一，还是各民族的统一。

这次统一，为之后唐朝的辉煌盛世奠定了基础，推动了我国统一多民族国家的发展。

这是一次意义非凡的统一。

这是中华各族人民在中华大地上经过近四十年的摸索、实验、改变、锤炼、学习、融合、锻造等历程而赢得的统一。

影响国家统一的因素仍然存在，隋文帝作为新的大一统王朝的君主，还将接受新的考验。

第五章

开皇之治

一、万世之良法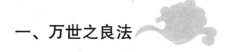

南北统一后，隋朝成为一个疆域辽阔的大帝国，为使国家长治久安，隋朝必须从制度上消除国家分裂的因素，使各族人民都统一在一个政权的领导之下。

隋文帝君臣在现有制度基础上，结合当时国家的实际情况，对政治制度进行了整理和调整，以适应统治庞大国家的需要。这些制度影响深远，奠定了中原王朝以统一为主旋律的制度基础。

改革中央官制，确立三省六部制

开皇元年（581），隋文帝依少内史崔仲方建议，废除北周六官制度，恢复汉、魏旧制，开始政治改革。

北周仿照周官制度，设置天、地、春、夏、秋、冬六官，分别掌管各项政务。隋文帝在原北周六官制度基础上，吸收南北各朝在中央官制上的积极成果，改定出隋朝的官制。

隋朝在中央设置五省、六部。

内史省（即中书省，避杨忠讳），是决策机关，主要负责皇帝诏令的起草。长官为内史监、内史令（中书令）。

门下省，是审议机关。不仅要签发内史省起草的皇帝诏令，还要对尚书省呈交的奏案进行审核，是政务运行的枢纽。长官为纳言（侍中）。

尚书省，是行政机关。长官为尚书令，左、右仆射。

尚书省，下设六部掌政令，吏部、礼部、兵部、度止（后改民部，后避李世民讳，又改为户部）、都官（即刑部）、工部，每部设尚书一人。

秘书省，负责国家图书馆的管理。

内侍省（殿中省），负责宦官的管理。

其中内史、门下、尚书三省真正负责国家政务的管理，这三省长官共同担任宰相。所以，我们把这个制度称为"三省六部"制度。

"三省六部"制的基本框架一直沿用到清朝。"三省六部"制度下，各省长官共同向皇帝负责。相权分散，决策和执行机构分开的制度设计，有利于政局稳定，维护统一。

事实上，南北朝时期已经有中书、门下、尚书三省，其中内史、门下两省最初是设置于内廷，是皇帝的秘书咨询机构。

隋朝把中书、门下两省改革为国家的政权机构，把二省官员从宫中近臣变为朝廷命官。把中书、门下、尚书三省整合为一个协调运转的系统，形成了分工明确、互相制衡的权力运转体系。

所以，三省六部制是从隋朝开始奠定。此前，虽然已经有三省，却不能称为三省六部制。

隋朝还在中央设置三师、三公。

三师，即太师、太傅、太保，均是荣誉头衔，"不主事，不置府僚，盖与天子坐而论道者也"。

三公，即太尉、司徒、司空，参议国之大事，但常常空缺。

此外，还有九寺掌事务，分别为太常、光禄、卫尉、宗正、太仆、大理、鸿胪、司农、太府。长官为卿，九寺和六部是两个相互联系的不同系统。

中央官制确立后，隋文帝着手改革地方官制，确立地方二级官制。

隋初地方官制非常混乱，官吏队伍臃肿庞大，严重影响政令的推行，也给政府造成了沉重的负担，改革迫在眉睫。

秦始皇推行的郡县制，到隋朝初年已演变为州、郡、县三级制，且数量众多，基层行政组织分割碎裂，有的地方百里之内就有好几个县。

据统计，西汉时，全国有 103 个郡、1587 个县。北周灭北齐后，废除了许多州郡，到大象二年（580），仍有 211 个州、580 个郡、1124 个县。平均下来，一个州管辖的范围不到三个郡，一个郡管辖的范围只有两个县多一点，这还不包括陈朝的管辖范围。

河南道行台兵部尚书杨尚希因看到这一现象，上表朝廷："窃见当今郡县，倍多于古，或地无百里，数县并置，或户不满千，二郡分领。具僚以众，资费日多；吏卒人倍，租调岁减。清干良才，百分无一，动须数万，如何可觅？所谓民少官多，十羊九牧。琴有更张之义，瑟无胶柱之理。今存要去闲，并小为大，国家则不亏粟帛，选举则易得贤才，敢陈管见，伏听裁处。"（《隋书》卷46《杨尚希传》）

开皇三年（583），隋文帝改州、郡、县三级制，为州、县两级制，按照杨尚希提出的"存要去闲，并小为大"为原则并省州县。

大业三年（607），隋炀帝又改州为郡（目的是降低地方官品级，因为郡的级别比州低），仍实行两级制。隋炀帝再次并省诸郡后，全国共有190个郡、1255个县。唐朝后来继承隋二级制，又出现向三级制度回归倾向（设置十道监察区，后演变成行政区）。

地方行政机构的简化，加强了中央对地方的控制。简化后官员数量减少，利于节省政府的开支，减轻人民的负担。

取消长官辟属僚佐制度，建立朝廷胥吏体系

秦汉以来，朝廷只任命州刺史、郡太守、县令等主要地方长官，长官下属的官吏，即佐官，都由长官自行辟召。长官一般辟召的都是当地豪强、大族，利用他们在当地的关系、势力站稳脚跟。大族豪强地主通过这种方式垄断了地方实际权力。

为进一步加强中央集权，隋文帝在开皇三年（583）取消长官辟属僚佐制度，规定郡县佐官一律由朝廷的吏部任免，地方权力向朝廷集中。地方豪强再想左右地方政治，搞分裂、搞割据就难了。

佐官任免的权力收归朝廷后，朝廷技术性、事务性工作内容增加，依靠原有的官员已经无法应对，令史、府史从官员系统中分离出来，形成了朝廷胥吏体系。

政务机关的称为令史，事务机关的称为府史。主要工作职责是协助官员处理文书。令史、府史没有官品。

创立科举制

隋成立时，官员选拔实行的是魏晋以来的九品中正制。

九品中正制，即在州郡设置中正官，品评人才，向朝廷推荐。依据门第、才识把人才分为九个等级，作为政府选用官吏的依据。这一制度是建安

二十五年（220），曹操去世后，曹丕即位为魏王时创立，创立初期对曹魏政权选拔人才、巩固统治起到过积极作用。

随着士族势力的发展，九品中正制逐渐被世家大族把持，对官吏的任用只看门第，不看才识、品行。九品中正制成为士族把持、维护其利益的工具，形成了"上品无寒门，下品无士族"的局面。

这种毫无道理的森严等级和阶级壁垒，已经严重威胁到政权稳定和国家安全。

门阀政治是导致东晋灭亡，曹魏、西晋和南朝政权集体短命的重要原因。曹魏46年，西晋53年，东晋104年，刘宋60年，南齐24年，南梁56年，陈33年。

南朝的皇帝也多数短命。南朝共169年，历宋、齐、梁、陈四朝，共24位皇帝，每位皇帝平均在位时间仅有7年。24位皇帝中至少有13位死于非命，非自然死亡比例超过一半。

皇帝迫于现实情况，让渡皇权，和士族共治天下，士族却想干掉皇帝，自己坐天下。

东晋能存在104年，是因为皇帝都是傀儡，实际执政者是士族。刘宋和南梁能存活数十年，是因为他们虽然使用寒族，但善待士族。

士族势力的存在，对皇权是重大的威胁。"唯才是举"才有利于国家的统治。

开皇二年（582），隋文帝命令选拔"贞良有才望者"担任官职。

开皇三年（583），隋文帝取消九品中正制，官吏任用的门第限制被取消。选拔人才的权力从世家大族出身的中正官手中，收归到朝廷，由吏部主管。

开皇七年（587），隋文帝命各州每年举送三人到朝廷参加秀才、明经两科考试。隋炀帝时建进士科，通过考试选拔人才。进士科的创置，标志着科举制诞生。

科举制在唐朝发展得更加完善。贞观时，增加了考试科目，唐高宗时首创殿试，武则天时首创武举。开元年间，开始任用高官主持考试，提高了科举制的地位。

以才铨选文官的科举制，取代以门第选拔官吏的九品中正制，使更多社会中下层的人才脱颖而出，世家大族垄断仕途的局面被打破，官吏的来源增加，官员的文化素质得到提高。

科举制对发展教育，维护政权稳定、国家统一，都具有不可磨灭的贡献。它从隋朝建立开始，一直到清末仍在使用，前后维持了一千三百多年。

制定《开皇律》

开皇元年（581），隋文帝命高颎、郑译、杨素等人在北周律法基础上改定新律。开皇三年（583），又命苏威、牛弘等人更定新律。开皇三年修改颁布的新律成为《开皇律》。

刑网简要，疏而不失。

《开皇律》中，罪名从北周的一千八百多条删减为五百条。删除了死罪八十一条，流罪一百五十四条，徒杖等千余条。

删减后的法律分为名例、卫禁、职制、户婚（关系到均田令实施）、厩库、擅兴、贼盗、斗讼、诈伪、杂律、捕亡、断狱十二卷。

因法律条文重点突出，老百姓不会莫名其妙地触碰到高压线，百姓们更容易领会法律精神，知道什么事可以做，什么事不能做。

以轻代重，化死为生。

即量刑从宽、从轻。除谋逆罪外，其他罪名不再使用灭族这样的刑罚；车裂、枭首示众、宫刑这一类灭绝人道的酷烈刑罚从律法中被废除。

只保留五类刑罚：1.死刑，分为斩首和绞死。2.流放，路程是从两千里到三千里。3.有期徒刑，年限是一年到三年。4.杖刑，打板子六十到一百下。5.笞刑，还是打板子，数量是十到五十下。

援礼入法，礼法合一。

以维护国家安全、君主专制、统治阶级统治、儒家礼法为原则，规定了十种不能赦免的重罪：

谋反、谋大逆、谋叛、恶逆、不道、大不敬、不孝、不睦、不义、内乱。这就是后世所说的"十恶不赦"。

《开皇律》针对法律实行过程中的问题做出规定。

为减少审讯过程中可能产生的刑讯逼供问题，规定拷打人犯不能超过二百下，所用的枷杖大小，也要按照国家规定的程式。

对百姓的伸冤渠道也做了规定。

《隋书·刑法志》："乃诏申敕四方，敦理辞讼。有枉屈县不理者，令以次经郡及州，至省仍不理，乃诣阙申诉。有所未惬，听挝登闻鼓，有司录状奏之。"

《开皇律》奠定了中国古代法律的基本精神和基本框架，此后的唐律、宋律、元律、明律、清律都是以《开皇律》为蓝本。《开皇律》后来传入日本、朝鲜、越南等邻国，奠定了整个东亚法律体系的基础。《资治通鉴》曾评价："自是法制遂定，后世多遵用之。"

大隋王朝的制度改革，把南方和北方、汉人和少数民族、古代和当代的优秀文化成果提炼、升华为一个有机整体，削弱了导致国家分裂的因素，奠定了大一统的制度基础，为我国统一多民族国家的发展开启了一个全新的局面。

二、大隋是怎么发家致富的

隋文帝统治时期，在社会各个领域进行了一系列改革，这些改革取得了很好的成绩。在开皇年间，隋朝政治稳固、社会安定、民生富庶、文化繁荣，史称"开皇之治"。

从东汉以来，以庄园经济为基础形成的豪强地主们，不仅拥有世代做官的特权、免税的特权，还可以合法占有一定规模的土地、一定数量的佃客。历代对豪强可以拥有多少部曲均没有限制。

北朝末年，山东地区由于赋役沉重、刑法苛刻，人不堪命，农民或隐漏户口，或逃亡他乡，或投依豪室。

　　结果，原本应属于国家的编户齐民，即国家的纳税人，有很大一部分不在国家的户籍簿上。

　　他们不纳税，导致国家税收减少；他们不服兵役，导致国家兵源减少；他们大量流入豪门大族，成为士族阶级的依附人，增强了士族的势力。（依附人：佃客、部曲、食客、门生等。）

　　隋朝末年，尽管山东（崤山以东）士族已经开始衰落，但是原来门第较低的士族，仍然保存了相当的势力，他们和鲜卑贵族一起兼并土地，农民因土地减少，无力承担租调。

　　因服役有年龄限制，农民就通过伪造年龄，让自己的户籍年龄低于或高于国家的纳税年龄，称为"诈老诈小"。

　　国家在收租调时以床为单位，规定一夫一妻交一床，尚未娶妻的单身男子交半床。已婚的农民为了逃避纳税，在统计户口时隐瞒婚姻状况，从而导致"籍多无妻"。

　　为解决农民负担沉重的问题，隋文帝在开皇三年（583）把成丁的年龄从十八岁提高到二十一岁，同时规定受田的年龄仍为十八岁。服役的时间也从原来的二十天缩减到二十天。开皇十年（590），又增加了"民年五十，免役收庸（纳绢代役）"的规定。

　　因为租调徭役的减轻和纳绢代役的政策，农民生产时间较原来有了保证，负担减轻。农民生产积极性提高，大量荒地被开垦出来。政府的赋税收入有了保障，兵源也比较稳定，府兵制的基础得到巩固。

　　为了直接控制更多的农民，增加国家的税收来源和兵源。开皇三年（583），隋朝开始在山东地区检查隐漏户口，实行"大索貌阅"，这是一种较为严格的户口清查制度。

　　"索"是求索，搜求。"貌阅"是方法，其实是阅貌，也就是看，看一个人的体貌特征，和户籍簿上登记的年龄是否一致，是不是谎报了年龄，是不是"诈老诈小"。一旦查出户口不实，其保长、里正、党正等都要发配远方。隋朝还鼓励百姓互相检举。

　　这次检括，户籍簿上有四十万人被查实为壮丁，有一百六十多万人新编入户籍。

紧接着，为使依附于豪强的农民回到国家的编户中来，隋文帝根据宰相高颎的建议实行"输籍定样"。

"样"即标准。输籍定样，即由朝廷确定划分户等的标准。

高颎认为，国家租调的征收方法虽是定额征收，但是军事、徭役、差役的征用，附加税的收取，授田的先后，都和户等有关。农民之所以依附豪强，是因为地方官员怠惰，户等的划分不实，导致他们实际承担的赋役高于做豪强地主依附人的付出。

朝廷确定划分户等的标准后，把标准发到地方上去。地方官吏根据朝廷发的样本和户口检查情况，确定每户农民的户等，农民按户等承担相应的赋役，使国家户等标准明确，农民户等划分符合标准。且以上户多交、下户少交为原则，比较下来农民做国家的编户比依附豪强地主的负担要轻，或者没有差别。

所以，农民愿意脱离豪强地主，回到国家的编户中来。豪强地主的依附人少了，国家的纳税人多了。

隋朝通过改变不合理的赋役制度和徭役制度，使大量隐漏、逃亡的农民，依附于豪强的农民转为国家编户。

隋初，国家控制的户口为四五百万户。开皇九年（589），已经迅速增加到七百万户左右。到仁寿四年（604），户口已超过了八百九十万户。这无疑是个惊人的成就。

隋朝的府库储存量也非常惊人。

开皇十二年（592），隋朝的仓库堆满了布帛，连走廊都堆满了，官员只好向隋文帝请求再修一座仓库，否则已经无法开展工作。

隋朝在都城和地方都广设仓库，仓库规模之大，储存粮食之多，前所未有。隋朝六大粮仓中的兴洛仓（洛口仓），位于今河南省巩义市，周长二十余里，有粮窖三千个，每个粮窖储存粮食八千石，整个仓库储米二千四百万石。这又是一个惊人的数字。

隋朝六大粮仓除了兴洛仓，还有回洛仓（位于洛阳隋唐城东北）、黎阳仓（位于河南省浚县大伾山北）、广通仓（位于陕西省华阴市）、河阳仓（位于河南省孟州市南）、常平仓（位于古陕州，今三门峡市西）。

《文献通考》中评价："古今称国计之富者，莫如隋。"

唐太宗曾说："计天下储积，得供五六十年。"

隋朝建立时，国家刚刚结束近四百年的战乱，大量农民流亡，大片土地荒废。隋朝通过一系列措施，在非常短的时间内，就使农业获得了长足发展，国家户籍人口迅速增加，府库充盈，取得了巨大的经济成就。

三、江南为什么复叛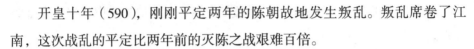

开皇十年（590），刚刚平定两年的陈朝故地发生叛乱。叛乱席卷了江南，这次战乱的平定比两年前的灭陈之战艰难百倍。

平陈，隋朝是经过充足的准备和积累，消灭了一个萎靡不振、国力虚弱、不思进取的陈朝。

这次叛乱是突然爆发，爆发后就席卷了江南各地，甚至蔓延到岭南地区，战火随处可见，隋朝面对的不是衰弱腐朽掉的皇权，而是愤怒的人民。

江南的人民为什么如此愤怒？

因为失了人心。

江南的情况和北朝不同，江南士族地主势力根深蒂固，非常强大，到隋灭陈时，虽然已经较东晋时大为削弱，但是，门阀政治下皇权较弱的状况一直延续到陈朝灭亡，士族地主、地方领袖、少数民族首领各自为政，为所欲为的情况没有得到根本改变。

南北朝时期，江南得到了进一步开发，经济发展迅速。既然如此，为什么南朝却始终无法发展壮大？

因为非常多的人口、土地、钱财，都在士族地主手中。

隋朝在北方的改革取得了显著成效。灭陈后，隋朝马上就在江南依样画葫芦，全面推行改革。地方官制从州郡县三级，改为州郡两级。长官换成熟悉隋朝律令的北方人。设立乡正、里长开始查户口。

隋朝在北方改革地方官制，使臃肿的地方官僚体系瘦身成功，国家政令推行更加顺利；北齐故地推行的"大索貌阅"与"输籍之法"，使人口很快离开地主豪强，回归为国家的编户，这都是成功的经验。

可这些措施到了江南，却和北方人到了南方一样，水土不服！

因为这极大地触动了士族地主和原来南方官员的利益，他们当然会不满。而且，他们有势力，有能力反抗。

江南士族有很大一部分是从北方迁移过去的，他们的依附人口中很多是随着家族迁移过去的部曲，对于家族的忠诚度也非常高。这些部曲平时种地，战时打仗，从东汉末年就跟着主人南征北战，他们不仅是士族的私人武装，而且非常有战斗力。

江南经济在南北朝时期取得了迅猛的发展，士族地主手中积累了大量的财富。

所以，江南士族兜里有钱，手里有枪。

隋朝刚来就抢他们的官印，还要动他们的钱袋子，还要和他们争人口。矛盾激化已是必然。

隋朝对江南还采取了限制佛教，强令百姓信奉五教的高压文化措施。

隋文帝本人信奉佛教，他自幼被尼姑抚养长大。"开皇"的年号是一个道教名词，又是一个佛教名词，意思是"圣皇启运，像法载兴"。

信佛的隋文帝为什么要限制江南地区的佛教，而不限制北方的佛教？

因为北方经过北周武帝禁断佛道两教，避免了佛教过度发展带给国家的危害，僧侣地主的势力被削弱，儒释道三家思想经过交流，得到融合发展。

江南的情况就不同了，佛教势力很强大，僧侣地主有钱、有地，又有人，隋朝不能坐视国家的财富和生产力被僧侣地主大量占据，也担心有人利用宗教蛊惑民心。

平陈之后，隋朝要求每州只能设置两所佛寺，其余的都要废弃。

梁武帝时期，仅建康城内就有五百座佛寺，贵族和百姓都已经习惯了梵音声声，香火缭绕。这么多年的精神寄托，突然就被毁了。巨大的愤怒必然在心中郁积。

隋朝还在江南强行推行五教。

五教，就是父义、母慈、兄友、弟恭、子孝五项内容。隋文帝派专人到江南宣讲五教教义，宣讲还不算，还给五教作了大量的注释，要求人人背诵。

"门外韩擒虎，楼头张丽华。谁怜容足地，却羡井中蛙。"灭陈之后陈后主没有死，他被带回长安，封为侯爵，隋文帝在生活上对他也颇为照顾。

羡慕井中青蛙的哪是陈后主哇？是江南的老百姓，井里的青蛙还能随心所欲地鸣叫，江南的百姓却要被逼着每天背诵《五教》。

当时南朝的文化底蕴高于北方，南方一直以中华文化正统自居，君君臣臣父父子子，都是最基本的儒家礼教常识，如今竟然强迫他们背诵！

推行《五教》的文化高压政策激起了江南人民巨大的逆反心理，导致"士民嗟怨"（《资治通鉴》卷177）。

因为南朝皇权较弱，士族和百姓一直都处在一个比较宽松的环境下，现在失去了精神寄托，精神上被高压笼罩，还要被当成嫌疑犯一样查看长相，人们的内心已经处在崩溃状态。

即将喷发的火山，又有人投进了一颗导弹。不知哪里传出了谣言，说隋朝要把江南人全迁到北方去，整个江南瞬间炸锅。

乐安（今浙江省仙居县）蔡道人、蒋山（今南京市东）李凌、饶州（今江西省鄱阳县）吴世华、温州沈孝彻、泉州王国庆、杭州杨宝英、交州（今越南河内）李春纷纷揭竿而起，全都自称大都督，攻城略地。

叛乱武装，大的有上万人，小的有数千人，他们互相呼应。抓到县令，或开膛破肚，或剁成肉酱分而食之。

愤怒的百姓说："更能使侬诵《五教》邪！"（《资治通鉴》卷177）

隋文帝任命内史令、上柱国、越国公杨素为行军总管，赴江南讨伐叛乱。

杨素率水军由杨子津（今江苏省扬州市南）渡江，首先在京口（今江苏省镇江市）击破叛军朱莫问（自称南徐州刺史），又在晋陵（今江苏省常州

市）击败了顾世兴，在无锡平定了叶略，生擒在苏州称帝的沈玄憎，攻破
黟、歙叛军沈雪、沈能。

高智慧，自称东扬州刺史，率部据守在浙江（今钱塘江）东岸营垒，周
围百余里，船舰千艘，遮盖江面。

大将来护儿建议："吴人轻锐，利在舟楫，必死之贼，难与争锋，公应当
严阵以待，不和他们交战，我率奇兵数千，悄悄渡江，攻破他们的巢穴，让
他们退无所归，进不得战，这是韩信破赵的计策。"

杨素依计而行，派来护儿率轻型战船数百艘偷偷渡过钱塘江，攻破了高
智慧的营寨，来护儿在营中放火，火焰冲天。高智慧的军队看到火光非常
害怕，杨素趁机率军从正面奋力冲杀，大败高智慧。高智慧率残部从海路逃
脱。打败高智慧后，杨素又平定了婺州（今浙江省金华市）的汪文进。

随后，杨素派行军总管史万岁率两千人从婺州出发，作为先头部队继续
向南。杨素自己率主力由海道追击高智慧。

史万岁，京兆杜陵（今陕西省西安市）人，曾参与平定尉迟迥之乱，
拜上大将军。隋初，受尔朱勋谋反连累，被贬为敦煌郡戍卒。开皇三年
（583），跟随秦州总管窦荣定大败突厥，拜上仪同，领车骑将军。开皇九年
（589），参与隋灭陈之战，因功加上开府。史万岁是隋军猛将，《隋书》评价
他："少英武，善骑射，骁捷若飞。"

史万岁率领两千人深入江南腹地，陷入了江南人民的重重包围之中。

这个山洞，那个湾湾，都有叛军，他带着两千多人，历经大小七百多次
战斗，失去了与主力部队的联系。杨素等将领均以为这支部队已经全军覆
没。史万岁因为水陆阻绝，无法发出消息，只好把战报放到竹筒中，任其漂
流。一个百姓在汲水时，偶然拾到了这个竹筒，送到了杨素军中。

杨素没想到史万岁还活着，立即将战况奏报朝廷，隋文帝收到战报，感
叹不已，赐给史万岁家十万钱，又拜史万岁为左领军将军。

杨素这边的战斗也不轻松，他在温州击败了高智慧，俘获数千人。之后
又在天台、临海（今属浙江）、会稽（今浙江省绍兴市）、泉州等地追击反隋
武装。

登海岛、钻溪洞、过竹林、爬高山，前后打了一百多仗。最后击败了南安豪族王国庆，王国庆献出高智慧，投降隋朝，江南再次平定。

这次平叛打得极为艰苦。

江南复叛，给了隋朝惨痛的教训，隋文帝决定改变对江南的统治策略，从强制同化、文化高压转为怀柔，他派二儿子晋王杨广执行这次任务。

开皇十年（590）十二月，隋文帝以晋、并州总管杨广为扬州总管镇守江都（今江苏省扬州市）。

隋朝灭陈的时候，杨广就是行军，皇子中他对江南的情况最为熟悉，杨广的王妃萧氏是南朝萧梁昭明太子玄孙女，他和南朝的关系在诸位皇子中就显得更加亲近。

扬州典雅精致的气质和北方城市的严整雄浑大为不同，杨广很喜欢这里，他还学会了当地的方言，可以说一口流利的吴侬软语。

当然，杨广不是来旅游的，也不是来度假的，他在扬州最重要的任务是安抚江南，弥合创伤，赢得民心。

战争把割裂的版图重新拼凑在一起，但是碎裂的心需要时间才能愈合，文化是抚平伤疤的唯一良药。

扬州总管杨广到任后延揽当地名士，拉拢儒家知识分子。他请精通"三礼"的博士潘徽到自己的幕府中，领衔修《江都集礼》，众多江南文人参与其中。

在佛教盛行的江南，统治者对佛教的态度也非常重要，鉴于之前隋朝对佛教的打压态度，江南的佛教信众心怀忐忑。

智颛大师是中国佛教天台宗创始者。智颛大师俗家姓陈，是士族后裔，是当时扬州佛教的领袖人物，杨广多次派人请智颛大师到江都弘法，智颛大师被他的诚心打动，接受邀请。

杨广不仅邀请一千位高僧大德迎接智颛，他本人还拜智颛为师，受菩萨戒，法号"总持菩萨"。智颛希望杨广在红尘中，扬善抑恶，拯救众生。杨广为智颛上尊号"智者大师"，称赞老师大彻大悟，全知全能。两个人往来频繁，交往亲密。

杨广也俨然成了江南人。在扬州度过了黄金的十年。他收获的政绩和赞誉，使其成为隋文帝和大臣眼中优秀的帝国皇子。

对儒生的尊重，为杨广赢得了很多江南士族的好感。对高僧大德的尊崇，为大隋赢得了江南佛教界的信任。

南来北往的民间交往加深了彼此之间的情感联系，思想的交流带来了心理上的认同，原本同宗同源的南北文化不再割裂对峙，战争留下的创伤渐渐愈合，大同包容万象，南北一家，东西一体。

四、巾帼英雄冼夫人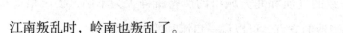

江南叛乱时，岭南也叛乱了。

五岭是指越城岭（湘桂间）、都庞岭（湘桂间）、萌渚岭（湘桂间）、骑田岭（湘南）、大庾岭（赣粤间，腹地在江西省大庾县）。五岭横亘在今湖南、两广、江西之间，五岭之南古代称为岭南。

三国时期，东吴就在今广东地区设置高凉郡，治所在今广东省阳江市西。高凉郡的冼氏家族，"世为南越首领，跨据山洞，部落十余万家"。

这个家族出了一个名留青史的杰出首领——冼夫人。

冼夫人，名冼英，没出嫁时就表现出了杰出的领导能力，她领兵打仗，安抚部众，深得部落信任。

冯冼联姻

当时统治江南的是萧梁政权，梁罗州（治今广东省茂名市西）刺史冯融听说了冼英的名声，派人到冼家为儿子冯宝求娶冼英为妻。

冯融，是北燕皇室后裔，北燕灭亡后，冯融的祖父冯业带着三百人从海道南下，来到岭南，在此定居。冯业、冯融、冯宝三代都是岭南地方牧守，冯宝当时是梁高凉太守。

冯家来自遥远的东北，在岭南没有根基，岭南地区少数民族众多，风俗迥异。冯家在五岭之南牧守，和在北方、江南都不同。冯家三代都面临着

"他乡羁旅，号令不行"的难题。

冼英引起了冯融的注意，他决定与当地部落首领家族联姻，让冼英帮助冯宝治理地方。

冯冼两家联姻，对岭南地区的治理起到了奇效。这次联姻成为朝廷和当地部落联系的纽带。冼英和冯宝用他们出色的个人能力，为岭南少数民族地区的发展都做出了非常卓越的贡献。

冯宝作为高凉郡行政长官，政令得以推行，他除了处理一般太守的政务外，还在当地传播北方先进的生产技术，用铁器农具代替落后的刀耕火种，帮助百姓兴修水利，用牛耕田。冯宝还在高凉郡开办士林学馆，吸收少数民族子弟入学读书，他亲自开坛讲学，传授先进文化，如今民间还流传有"冯公指令读书诗"的词句。

冯宝为岭南少数民族地区的发展做出了重要贡献。

助梁朝平叛

冼英嫁给冯宝后，既是太守之妻，又是部落首领，成为了冼夫人。

冼夫人本人对其部落是有约束力和领导力的，她成婚后"诫约本宗，使从民礼。每共宝参决辞讼，首领有犯法者，虽是亲族，无所舍纵。自此政令有序，人莫敢违"（《隋书》卷80《谯国夫人传》）。

冼夫人不仅能帮助冯宝治理冼氏部落，关键时刻还能救冯宝的命。

"侯景之乱"时，萧梁广州都督萧勃征发岭南之兵往建康勤王救驾，时任高州（治今广东省阳江市西）刺史李迁仕在大皋口，派人征召冯宝，冯宝领命准备前去，却被冼夫人拦住了。

冼夫人说："刺史无故不应该召太守，他是想骗你去一同造反。"

冯宝问："夫人何以知之？"

冼夫人说："李刺史被召援助京师时，他说自己有疾不能前去，他不去援助京师，却又打造兵器，召集人马，现在还召夫君去。如若前往，必被留为人质，再逼你交出手中兵马。希望夫君不要前往，静观其变。"

几天后李迁仕果然起兵造反，派遣杜平虏率兵进驻赣石。冯宝得到消息后，马上告诉夫人。

冼夫人对形势进行了分析，她说："杜平虏是员骁将，他领兵进入赣石，就是为了抵抗来征讨的官兵。所以，他一定不会返回州城。李迁仕在州城，无所作为。如果夫君带兵前往，他定会有所戒备。不如我们派人骗他，言辞谦卑，再送上厚礼，说你身体不适不便前往，遣夫人前往谒见。他一定没有防备疑虑。我带上一千人，步行，挑着担子，说是给他们送物资，必能将他们拿下。"

冯宝依计而行，李迁仕果然中计，被冼夫人打得大败。

李迁仕弃城逃往宁都。冼夫人率兵乘胜追击，与北上勤王的陈霸先会师，联合讨伐逆贼。梁大宝二年（551），他们在宁都俘虏李迁仕，将他押往南康（今江西省赣州市赣县区西南）斩首。

冼夫人因平定叛乱有功，被梁简文帝封为"保护侯夫人"。

助陈朝平叛

在赣石见到陈霸先时，冼夫人就判断陈霸先一定能平定"侯景之乱"，还让丈夫冯宝多多提供资金资助陈霸先。

冼夫人对冯宝说："陈都督（陈霸先）大可畏，极得众心。我观此人必能平贼，君宜厚资之。"

公元557年，陈霸先称帝，建立陈朝。第二年，冯宝去世，终年五十一岁。

冯宝去世后，岭南大乱，冼夫人"怀集百越，数州晏然"，确保了岭南地区的稳定发展。

冼夫人作为岭南大首领，素有威信，如果趁梁陈交替之际，起兵自立，在五岭阻隔之下，将有极大可能脱离南朝控制。但冼夫人为了治下百姓的长远发展考虑，选择了臣服于新建立的陈朝。

陈永定二年（558），冼夫人派九岁的儿子冯仆赴建康拜见陈武帝陈霸先。冯仆不是只身前往，他带领着岭南诸部落首领一同来到建康。陈霸先任命冯仆为阳春（今广东省阳春市）太守。

后来，陈广州刺史欧阳纥谋反，他以冯仆为人质，胁迫冼夫人一起作乱。

冼夫人说："我为忠贞，经今两代，不能惜汝辄负国家。"尔后，冼夫人发兵平叛。

冼夫人统领百越酋长，配合陈大将章昭达大败叛军，活捉欧阳纥。冯仆获救后被封为信都侯，加平越中郎将，转任石龙（州治罗州，今广东省茂名市）太守。

陈武帝诏使持节册封冼夫人为中郎将、石龙太夫人，赐赉绣幰油络驷马安车一乘，给鼓吹一部，并麾幢旌节，其卤簿一如刺史之仪（即刺史仪仗）。

助隋朝治理岭南

隋灭陈时，岭南当地陈军土崩瓦解，各部落人民纷纷依附冼夫人，出现数郡供奉冼夫人为"圣母"，以求保境安民的现象。

隋文帝命陈后主写信给冼夫人，随信送去的还有冼夫人献给陈朝皇帝的扶南犀杖及兵符。冼夫人见到犀杖，确信陈朝已经亡国，她集合数千首领，尽日恸哭。

这又是一个抉择的时刻。

是在岭南自立，还是归顺隋朝？冼夫人擦干眼泪后派孙子冯魂率众迎接隋军到广州，在冼夫人的帮助下，岭南全部归附隋朝。

开皇十年（590），江南的叛乱刚刚平定，岭南又爆发叛乱，王仲宣（原陈朝镇南大将军王勇的部将）率众反叛。

隋文帝以柱国、襄阳公韦洸为行军总管，慕容三藏为副总管，讨伐王仲宣。在广州交战时韦洸中流矢身亡，王仲宣围攻广州和东横州（治今广东省韶关市）。慕容三藏继续坚守广州。

冼夫人派孙子冯暄率兵增援广州。冯暄倾向于造反，还和王仲宣手下交好。所以他对冼夫人的命令阳奉阴违，逗留不进。冼夫人大怒，派人把冯暄抓回来关进监狱，改派另一个孙子冯盎统兵，与隋朝派来的大臣一起讨伐王仲宣。

在冼夫人的支持下，王仲宣之乱很快被平定。

为使岭南尽快安定下来，冼夫人亲自身披铠甲，骑着战马，张着锦伞，带领骑兵护卫隋朝派来的使者裴矩巡抚岭南诸州。苍梧首领陈坦、冈州冯岑翁、梁化邓马头、藤州李光略、罗州庞靖等皆来参谒。

岭南平定。

隋文帝因冼夫人的卓著功勋，拜冼夫人之孙冯盎为高州刺史，赦免了冯暄，拜为罗州刺史。追赠冯宝为广州总管、谯国公，册封冼夫人为谯国夫人。开谯国夫人幕府，置长史以下官属，给其印章，可以调动部落六州兵马，遇到紧急情况，可以便宜行事。

冼夫人历经梁、陈、隋三朝，先后得到七位君王敕封，《隋书》《北史》均为她立传。

冼夫人把梁、陈、隋三朝赏赐之物分别用箱子收藏，每逢重大节日，就命人搬到庭院中，以此教育子孙后代。

冼夫人说："汝等宜尽赤心向天子。我事三代主，唯用一好心。今赐物具存，此忠孝之报也，愿汝皆思念之。"（《隋书》卷 80《谯国夫人传》）

冼夫人的忠，是以爱民为前提的忠，不是对某一个人、某一朝的愚忠，她致力于保护岭南百姓，维护国家统一，促进民族团结。为推动岭南文明发展进程、促进民族融合做出了不可磨灭的贡献。

五、各族人民总皇帝——圣人可汗隋文帝

当都蓝可汗献上的于阗玉手杖送进隋朝皇宫时，隋文帝意识到，突厥再次变得强大，虽然他现在还表现得十分温顺。

开皇七年（587），突厥沙钵略可汗病逝，其弟处罗侯接班，是为叶护可汗。一年后叶护可汗去世，汗位给了沙钵略的儿子雍虞间，是为都蓝可汗。大义公主（即千金公主）依据风俗，先改嫁给叶护可汗，又改嫁给了都蓝可汗。

都蓝可汗是个强悍的人物。他表面对隋朝很恭顺，"每岁遣使朝贡"，实际是为借隋朝威望向西扩张。开皇十年（590），都蓝可汗的势力已经到达天

山地区。隋朝的皇帝统一南北时，突厥的可汗也准备一统草原。

早在灭掉陈朝时，隋文帝就从陈后主的宝物堆里挑出了一架屏风，送到了突厥，赐给自己的干女儿大义公主。

大义公主看着屏风，心中无限感伤，她本是北周的千金公主，嫁到突厥之后杨坚取代北周，宇文皇室宗亲尽被屠灭，她当时的丈夫沙钵略起兵却败给隋朝，在万般无奈的情况下，她才改做了隋朝的公主。

隋朝哪是她的国家呀？那是她的仇家！为了保住丈夫的性命和地位，她才委曲求全。现在隋文帝把另一个灭亡国家的遗物送到她这来，这是让她不要忘记自己是个亡国的公主吗？

大义公主想起宇文家族的亲人们，想起自己曾经的封号千金，想起这些年的痛苦与屈辱，提笔在屏风上写了一首诗：

> 盛衰等朝暮，世道若浮萍。
>
> 荣华实难守，池台终自平。
>
> 富贵今何在？空事写丹青。
>
> 杯酒恒无乐，弦歌讵有声。
>
> 余本皇家子，漂流入虏廷。
>
> 一朝睹成败，怀抱忽纵横。
>
> 古来共如此，非我独申名。
>
> 惟有明君曲，偏伤远嫁情。

这首凭寄哀思的诗，传到了隋文帝耳中，他意识到大义公主还在想着为北周复仇。现在她的丈夫都蓝可汗势力居然已经扩张到了于阗，隋文帝对突厥再次提高了警惕。

都蓝可汗势力壮大后，也想脱离隋朝的控制，他也在等待一个合适的时机。

开皇十三年（593），隋朝一个叫杨钦的犯人逃窜到突厥，他说西河公主和驸马刘昶准备起兵反隋，派他来联络大义公主，希望能和突厥联手。西河公主是大义公主的姑母。

这是个谣言，不管是隋文帝派人编造出来的，还是杨钦为了在突厥立足自己编造的，或是他道听途说来的，这都不是事实。

都蓝可汗信以为真，不再向隋朝纳贡。因此，隋文帝派长孙晟出使突厥，探听动向。

长孙晟到突厥一看，都蓝可汗气焰见长，大义公主言辞不逊。他立即暗中调查，很快探听到大义公主和她的情人安遂迦、隋朝逃犯杨钦极力煽动都蓝可汗攻打隋朝。

长孙晟赶回长安，汇报了探听到的情况，带着隋文帝的使命再次出使突厥。他向都蓝可汗索要杨钦，都蓝可汗还想通过杨钦联络所谓的隋朝内应，便谎称："检校客内，无此色人。"

长孙晟在突厥的人脉非常广，眼线非常多。他很快探听到杨钦的藏身之处，将其抓获。长孙晟把杨钦带到都蓝可汗面前质问，还当面揭发了大义公主与安遂迦私通之事。都蓝可汗的脸面这下可挂不住了，他把安遂迦也拘捕起来交给了长孙晟。

隋朝成功地离间了大义公主和都蓝可汗。

隋文帝认为留着大义公主迟早是个祸害，所以派内史侍郎裴矩出使突厥，送了四位美女给都蓝可汗，宣布废黜大义公主的封号，让都蓝只见新人笑，不闻旧人哭。

当时处罗侯之子突利可汗（名染干）派遣使者向隋朝求婚，隋文帝命裴矩对突利的使者说："当杀大义公主，乃许婚。"

突利可汗不断向都蓝可汗诋毁大义公主，终于激怒都蓝可汗，将大义公主处死了。处死大义公主后，都蓝可汗派使者向隋朝求娶公主。

突利可汗和都蓝可汗都向隋朝求娶公主。长孙晟又提出了新的离间计划，他认为都蓝可汗反复无信，不能再壮大他的声威，突利可汗是个诚信的人，不如和他通婚，招他往南迁徙，他兵少力弱，易于安抚控制，让他在北面帮隋朝守边疆再合适不过了。

隋朝拒绝了都蓝可汗的请婚，还故意许诺把隋宗室女安义公主嫁给突利可汗，都蓝因此怀恨在心。

开皇十七年（597），突利可汗亲自入朝迎娶安义公主，为了进一步离间突利和都蓝的关系，隋朝给了突利非常高的接待规格，仪式都搞得特别隆重，又给安义公主带上厚厚的嫁妆，和亲使者的规格也特别高，婚后又让突利南迁，定居在都斤山（今蒙古国杭爱山）。

这可把都蓝惹恼了，都斤山那是都蓝可汗的旧地盘，隋朝如此抬高突利的地位，这显然是不把他这个大可汗放在眼里。

都蓝可汗愤怒地说："我大可汗也，反不如染干！"

此后都蓝不再朝贡，并屡屡入寇隋朝。

开皇十九年（599），都蓝可汗大肆打造攻城器械，准备进攻大同城（今内蒙古自治区乌拉特前旗），突利可汗通过长孙晟把情报送到了隋朝。

隋文帝下令兵分三路，讨伐都蓝。尚书左仆射高颎出朔州（今山西省朔州市）道，右仆射杨素出灵州（今宁夏回族自治区宁武县）道，上柱国燕荣出幽州（今北京市）道。

都蓝可汗见隋朝抢先动手，知道一定是突利告的密，他派人给老对头达头可汗送了大量的牛马，联合达头进攻突利。

两大可汗联手突然进攻突利，突利被打得大败，部众全部溃散，只带了五个亲兵。他跟着长孙晟往南逃，逃到蔚州（今山西省灵丘县附近）才敢停下来歇歇脚。

突利沿途收集被打散的部众，只有几百人。

突利开始思考自己将向何处去的问题：真的要投靠隋朝吗？自己只剩下这几百人了，到了隋朝，汉人的皇帝还能像之前那样善待自己吗？

突利对部下说："我现在兵败入朝，只是一个投降者，毫无用处，大隋的天子还会以礼相待吗？达头虽然这次和都蓝一起攻打我，但是我们之前没有仇怨，如果投靠他，他还是会给我容身之地的。"

这个对话，又被长孙晟知道了。长孙晟的眼线真的是遍布突厥，他马上想出了应对之法。长孙晟秘密派人到伏远镇，让他们马上举烽火。

突利看到四柱烽火被点燃，忙问长孙晟发生了什么事。

长孙晟骗他说："这个要塞地势高，一定是发现了大批敌军。我们国家规定，若贼少，举二烽；贼多，举三烽；如果发现大队敌军，举四烽。这是他们看到了非常多的敌人，而且离得很近了。"

突利被吓得忙跟着长孙晟继续逃命，一路跑到隋朝境内，长孙晟让自己的手下把突利的部众就地安置，他"自将突利驰驿入朝"。

突利就这样被连哄带骗，裹挟到了长安。

隋文帝大喜，晋升长孙晟为左勋卫骠骑将军。

隋文帝派出的三路大军，从幽州出兵的燕荣因为没有遭遇突厥人，很快收兵。另两路都取得了丰硕的战果。

中路军高颎一路，出朔州后一路北上，前锋赵仲卿率三千兵马在族蠡山（今山西省大同市北）与都蓝可汗前锋交战七日，隋军大胜，追击突厥到乞伏泊（今内蒙古自治区察哈尔右翼前旗），双方再战，隋军又胜，俘虏突厥千余人，各种牲畜数以万计。

突厥主力大举而至，赵仲卿组织士兵结成方阵，四方拒敌，顽强地坚持了五天。第六天，高颎率主力赶到和赵仲卿合兵一处，大败突厥。突厥败走，高颎率军一路追击，翻过秦山（今阴山山脉东段大青山）七百余里才停住脚步。

杨素一路出灵州，在灵州以北地区与达头可汗遭遇。

突厥素来擅长野外骑兵作战，过去隋军与之交战，都采取消极防御的战术，用战车和骑兵结成方阵，精锐骑兵在中间，四周用突出的鹿角防御。

杨素说："此法只能自保，却不是取胜之道。"

他命骑兵组成军阵，走在队伍的最前方。

达头可汗听说后，非常开心，他说："天赐我也！"高兴得下马仰天而拜，感谢苍天给他送来一个隋朝傻瓜。随后，带着骑兵十余万，杀向隋军。

隋朝上仪同三司周罗睺主动请战。周罗睺率精锐骑兵迎头冲向突厥，杨素率主力在后面接着冲杀，突厥被打得大败，达头可汗被重创后逃走。达头的十几万骑兵被杨素杀伤不可胜计，残部"号哭而去"。

都蓝和达头的实力都被大大削弱，隋军也在战斗中建立起可以战胜突厥骑兵的信心。

开皇十九年（599）十月，隋朝封突利为意利珍豆启民可汗，一般简称为启民可汗，突利成为隋朝承认的合法突厥政府。

因为安义公主已死，隋文帝册封宗室女儿为义成公主，嫁给启民可汗为可贺敦，再次跟启民和亲。

启民召集散落的突厥百姓，陆陆续续有一万多人归附。隋文帝在朔州新建一座大利城（今内蒙古自治区和林格尔县西北），让他们回到草原，有家可归。

隋文帝接受长孙晟的建议，把夏州和胜州之间（今内蒙古自治区鄂尔多斯市）的牧区划给了启民可汗，让启民可汗成为隋朝长城之外的又一道屏障，并开凿了一条深沟作为保护。隋朝还派出赵仲卿、韩洪两员大将分别进驻河套地区西面和恒安（今山西省大同市），分别防御达头可汗和都蓝可汗。

夏州和胜州之间的牧区位于黄河"几"字突出的位置，水草丰美，又有长城、黄河、深沟作屏障，隋朝军队策应保护，启民真是安居乐业了。

启民可汗在多重保护下，带着突厥百姓开始繁衍生息，实力恢复并有所壮大。

开皇十九年（599）十二月，隋文帝又集结大军，准备兵分四路出兵突厥，消灭都蓝可汗。

越公杨素出灵州，行军总管韩僧寿出庆州，太平公史万岁出燕州，大将军武威姚辩出河州。

这时，突厥传来消息，都蓝可汗被部下所杀，达头自立为步迦可汗，突厥国内大乱。

长孙晟向隋文帝建议："隋军数次与突厥作战都取得胜利，突厥内部已经分崩离析，现在都蓝可汗被杀，我们趁乱招抚突厥各部，各部定会前来归附。可以派启民可汗部下分道招慰。"

隋文帝采纳了长孙晟的建议，突厥果然纷纷南下，归降隋朝。

开皇二十年（600）四月，达头可汗兵分两路，再次南下。隋朝也兵分两路迎击达头可汗。

晋王杨广率领的一路以长孙晟为前锋，长孙晟熟悉突厥人的行军作战和生活习惯，知道他们都是走到哪里，就地取水饮用。所以，在多条河流上游投毒。达头的军民牲畜因中毒大量死亡。

突厥人以为是天降灾祸，说："天雨恶水，其亡我乎？"突厥人以为是上天降罪，连夜撤军。长孙晟率部追击，斩杀了一千余人。

史万岁率领的一路出朔州，和达头可汗在大斤山相遇。

达头派人问："隋军的将领是谁呀？"

隋军答："是史万岁。"

突厥又问："是那个敦煌戍卒吗？"

隋军答："是的！"

来人连忙跑回去向达头汇报。

达头和突厥士兵吓坏了。敦煌戍卒转眼间砍下他们骑兵脑袋的一幕不断在脑海中闪现。他们真是快被吓死了，赶紧拔营逃命。

史万岁是来打仗的，没想到达头却跑了，还跑得飞快，他率军追了几百里才追上，大败达头，斩首数千级。突厥继续往北跑，史万岁又追了数百里。后来达头逃得实在是太远了，史万岁只好班师回朝。史万岁的仗还没打痛快，他感到十分惋惜。

达头回去后很不甘心，过了一段时间又派侄子俟利伐试探性地去攻打启民，隋军派人帮启民可汗守住要害，击退了俟利伐。

启民可汗真心诚意地上表说："大隋圣人可汗怜养百姓，如天无不覆，地无不载。染干（启民可汗的名字）如枯木更叶，枯骨更肉，千世万世，常为大隋典羊马也。"

终启民可汗一生都与隋朝保持着良好关系。隋文帝也是古代帝王中第一个被少数民族政权视为他们可汗的中原皇帝。

六、白天不懂夜的黑——隋初名臣的困境

高颎、苏威、虞庆则和杨雄四人是隋文帝开皇初期执政的得力助手，也是隋初朝廷上说话最有分量的四位大臣，号称"四贵"。

隋初四贵

隋文帝因"刘昉牵前，郑译推后"，取代北周，建立大隋。建国的功臣，按理说应该获得非常高的地位，为什么隋初四贵中却没有刘昉和郑译？

因为他们在关键时刻，选择了明哲保身。

三总管叛乱时，老将韦孝宽奉命率军征讨尉迟迥，七十多岁的韦孝宽在前线生病卧床。隋文帝还收到密报，说老将军手下的梁士彦、宇文忻和崔弘度私下收了尉迟迥的贿赂。梁士彦、宇文忻和崔弘度不是小卒，是三员大将，他们要是阵前倒戈，卧病在床的韦孝宽恐怕难以应对。

形势危急，隋文帝准备派人替换可能收受钱财的三员大将。

北齐才子李德林对此提出反对意见。

李德林说："现在您虽然挟天子以令诸侯，但您本和诸将一样都是国家贵臣。怎么能保证后派去的人就比先派出去的人忠心呢？收取贿赂的事，虚实难明，真假难辨。临阵换将，这几位大将或将惧罪逃逸，为防他们逃走，就要将他们禁锢起来。到时候上自主帅韦孝宽，下至普通士兵，都将惊疑自危。临敌代将，自古所难，乐毅所以辞燕，赵括以之败赵，前朝临阵换将招致败亡的例子，要引以为鉴。"

隋文帝当即醒悟，忙问对策。

李德林说："按我的愚见，公可派一心腹前往，这个人要有智谋，又在军中素有威信。派他到军中观察情况的真伪，众将即使有异志，也不敢轻举妄动。"

当时谁是杨坚的心腹？当然是刘昉、郑译。杨坚能在周宣帝死后迅速掌握朝廷，都是他们主动到府上请出来的。

没想到这两个人，搞政变有一套，上战场都不行，全掉了链子。刘昉说他没有带兵的经验，郑译说他的母亲年龄大了，他要照顾老母亲。

刘昉、郑译搞阴谋内行，干实事外行，真出了事躲事，从此失去了隋文帝的信任。

这时丞相府的录事高颎主动请缨。

高颎的父亲高宾是上柱国独孤信的僚佐，赐姓独孤氏，如同杨坚以前叫普六茹坚，高颎以前叫独孤颎。所以高颎和独孤信一家的关系非常近。宇文护专权，独孤信被迫自杀，门生故吏都渐渐疏远了独孤家。高颎却和独孤伽罗照常往来。

杨坚准备取代北周，独孤伽罗不仅在精神上支持杨坚，言语上鼓励杨坚，她还为杨坚执政提供实质性的帮助。高颎就是她推荐的人才，《隋书》记载高颎"少明敏，有器局，略涉书史，尤善词令"。

高颎收到杨坚夫妻的橄榄枝，说："愿受驱驰。纵令公事不成，颎亦不辞灭族。"

高颎不是嘴上说说，现在杨坚遇到危机，他接到命令就奔向前线，派下属回家告诉老母："忠孝不能两全。"然后流着眼泪出发了。

到达前线，高颎不仅起到了稳定军心的作用，还在后续战斗中发挥聪明才智，为韦孝宽指挥作战出谋划策，在沁水一战大败叛军。

高颎不仅有勇有谋、忠心，还善于发现人才、举荐人才。

虞庆则是胡化程度较深的汉人，虞庆则的祖先曾侍奉建立过大夏国的匈奴族赫连氏，是北方豪族、将门虎子。父亲虞祥，在北周时曾出任灵武（今宁夏回族自治区吴市忠境内）太守。《隋书》评价虞庆则"幼雄毅，性倜傥，身长八尺，有胆气"。将门出虎子，附近的豪侠都对他既敬又怕。

北周宣帝时，虞庆则任并州总管长史，镇守太原。太原附近的石州（今山西省吕梁市）发生稽胡叛乱，高颎当时受命和越王宇文盛平叛。叛乱平定后，高颎向朝廷推荐虞庆则担任石州总管。虞庆则到任后，恩威并施，境内清肃，稽胡慕义归降的就有八千多户。

高颎决定辅佐隋文帝后，就推荐了文武干略的虞庆则。

四贵中的苏威也是高颎举荐的。

苏威，出身关中大族武功苏氏，是三国时曹魏侍中苏则的十世孙，西魏度支尚书苏绰之子，北周大冢宰宇文护的女婿。苏家历代都出任高官。

苏威的父亲苏绰曾为西魏定治国之策"六条诏书"，辅佐宇文泰治理西魏，因积劳成疾于西魏大统十二年（546）病逝，终年四十九岁。北周明帝二年（558），配享周太祖（宇文泰）庙庭。

苏威深得北周权臣宇文护赏识，为拉拢苏威，宇文护将女儿宇文氏嫁给苏威，授予苏威官职，苏威都托病拒绝。他因宇文护专权，唯恐被连累，避世而居住在山寺中，声望因此越来越高。周宣帝即位，封苏威为开府。

隋文帝就任北周大丞相后，高颎向隋文帝推荐了苏威，没想到苏威在隋朝建立前夕，突然跑回老家种田去了。苏威谨小慎微，看重名节，不想卷入王朝更替的斗争中。

开皇元年（581），杨坚接受北周禅位后，征拜苏威为太常卿、太子少保，追赠苏绰为邳国公，食邑三千户，由苏威承袭爵位。

四贵中的杨雄和杨坚关系最近，杨雄是杨坚的族侄。

杨雄的父亲杨绍，北周时历任八州刺史、傥城县公，赐姓叱吕引氏。《隋书》记载杨雄"美姿仪，有器度，雍容闲雅，进止可观"。北周武帝时，杨雄任太子司旅下大夫。

一次，北周武帝巡幸云阳宫，卫王宇文直趁机作乱，率军攻打肃章门，杨雄率军迎战，击败宇文直。杨雄因功进位上仪同，封爵清水县公，食邑一千户，累迁至右司卫上大夫。北周宣帝时，晋封杨雄为邗国公，食邑五千户。

隋文帝担任北周丞相期间，杨雄助隋文帝清除北周宗室毕王宇文贤，因功授任柱国、雍州牧，兼任丞相府虞候。并在北周宣帝灵柩安葬期间，负责保卫工作，防范北周宗室。

这就是隋初四贵：高颎、苏威、虞庆则和杨雄。但隋文帝开国的宰相班子里，没有杨雄，是高颎、虞庆则和李德林、苏威。

开皇元年（581）二月，隋文帝任命相国司马高颎为尚书左仆射（尚书省长官）兼纳言（门下省长官），相国司录京兆虞庆则为内史监（中书省长官）兼吏部尚书，相国内郎李德林为内史令（中书省长官）。

三月，任命太子少保苏威兼纳言（门下省长官）、度支尚书（户部尚书）。

高颎是尚书省和门下省长官，虞庆则是内史省（即中书省）长官兼吏部尚书，李德林是内史省长官。

排座次的时候高颎第一，虞庆则第二，李德林第三。

李德林为什么不是四贵之一？

李德林，字公辅，出身博陵李氏，是名满天下的北齐才子。祖父李寿，曾任湖州户曹从事。父亲李敬族，历任太学博士、镇远将军。

李德林按现在的话来说就是神童。《隋书》说他"幼聪敏"，几岁的时候读左思的《蜀都赋》，十多天就烂熟于心了。事情一传出来，远近的名士都到他家来看神童，来访的车马络绎不绝。

李德林十五岁时，开始阅读"五经"和古今文集，阅读量达到每天几千字，取得了"该博坟典，阴阳纬候，无不通涉"的学习成绩。他擅长写作，文章逻辑非常清晰。少年成名的李德林还是出名的孝子。在北齐官至中书侍郎，参与国史修撰，编纂《齐史》二十七卷。

周武帝灭北齐，进入邺城当天，郑重地派人到李德林家中"宣旨慰喻"，称"平齐之利，唯在于尔。朕本畏尔逐齐王东走，今闻犹在，大以慰怀，宜即入相见"。

他在隋文帝建立隋朝时，起到过非常关键的作用。

杨坚决定矫诏辅政后，要对自己所担任的官职重新做出安排，刘昉和郑译提出由隋文帝担任大冢宰，这是宇文护曾担任的官职。大冢宰在名誉上位置很高，但宇文护被铲除后，北周武帝对大冢宰的权力进行了削弱，所以现在大冢宰这个职位的权力，对准备挟天子以令诸侯的杨坚来说太小了，不够用。

同时，刘昉和郑译还提出由他们出任小冢宰和大司马。小冢宰分割相权，大司马分割军权。两个人的如意算盘打得噼里啪啦响。

杨坚不想得罪给他作嫁衣的刘昉和郑译，苦思解决之道。还是李德林给杨坚出的主意，让他不要在北周的六官体系里打转，另设大丞相一职，假黄钺，都督内外诸军事。杨坚因此出任北周右丞相，郑译为相府长史，带内史上大夫，刘昉为丞相府司马。

隋朝建立后，北周皇室是一个必须面对的问题，虞庆则的意见是斩草除根，隋文帝深以为然。宗室不同于大臣，宗室的存在就是一种号召力，斩草不除根，难免遗留后患。

这是件大事，隋文帝又询问了高颎和李德林的意见，高颎虽然内心不想大肆杀戮，但也违心地附和了隋文帝的主张。

李德林是仁厚君子，哪能理解政治家的权谋猜疑，也不能理解抢了人家皇位，还要杀光前代皇族的流氓逻辑。他苦苦争辩、劝阻，希望可以用怀柔的办法解决这个问题。隋文帝说："你是个书呆子，这事没法和你讨论。"

据统计，隋文帝一共杀掉宇文氏皇室宗亲四十余家，北周皇室几乎被屠杀殆尽。千金公主为什么终其一生都在想着灭隋报仇？"宗祀绝灭"四个字里，那是多少鲜血和眼泪，大义公主的封号就像一个嘲讽着她的紧箍咒，时刻折磨着她鲜血淋漓的内心。

书生永远无法理解杀人的逻辑。

对北周宗室的处理上，可以看出隋文帝和虞庆则的意见相同。隋文帝在执政初期，还能听取意见，后期越来越独断专行，随之而来的就是这批在隋初建功立业的人，一个个被排挤出权力中心，甚至失去了性命。

七、隋文帝：谁都别想轻松地活着

劳神苦形的皇帝

隋文帝的勤政，是公认的。

贞观四年，唐太宗问大臣们认为隋文帝是个什么样的皇帝。

萧瑀认为隋文帝是位励精图治的好皇帝。说他从早晨开始上班，到晚上太阳都下班了，隋文帝还没下班。参与讨论朝政的官员范围，也从皇帝和宰执重臣议事，扩大到五品以上官员全部列席会议。皇帝和大臣忙得只能在办公室里吃工作餐。

这样的皇帝用勤政已经无法概括了，应该说是工作狂。

唐太宗当即指出隋文帝的问题所在。

隋文帝为什么这么拼命地工作？因为他得位不正，所以对谁都不信任，只能件件事都自己过问。自己很累，处理得还不一定合理，大臣们有想法又不敢说。上自宰相，下至百官，都只能当个应声虫。朝政的处理，十条里有五条都不得当，经年累月下来，问题越来越多，这怎么能不亡国呢？

逐一落马的功臣

盛世的官员不好当，面临的是猜忌和杀戮。

隋初四贵之一的杨雄是第一批落马的。

杨雄因为是隋文帝的族侄，开始很受倚重，历任左卫将军、宗正卿、右卫大将军。杨雄手中握有兵权，性格宽容，为人豁达，礼贤下士，很得人心。隋文帝"恶其得众，阴忌之"，给了他一个司空的荣誉头衔，以示优崇，实际是夺他的兵权。

杨雄没了实职，在家中闭门谢客。

力主杀光北周宗室的虞庆则，却丢掉了性命。

虞庆则深得隋文帝偏爱。开皇二年（582），突厥沙钵略可汗率十多万大军入寇，隋文帝派兵迎战，虞庆则被任命为元帅之一，他的部下达奚长儒率两千步卒与突厥主力遭遇，虞庆则紧闭营门，见死不救致使达奚长儒孤军独战，部下战死了十之八九，达奚长儒身负重伤。战后隋文帝非但没有降罪，还擢升虞庆则为尚书右仆射。

后来，隋文帝对虞庆则不满，也与突厥有关，开皇四年（584），隋文帝派虞庆则出使沙钵略可汗，临行前一再叮嘱虞庆则，如果沙钵略献马，只要三五匹就可以，虞庆则满口答应。

突厥是游牧民族，马匹的数量对战斗影响非常大，沙钵略可汗的势力当时大为削弱，内忧外困。如果其他可汗强大起来，隋朝"离强合弱"，让突厥长期分裂内斗的计划就会受到影响。

虞庆则出使突厥，沙钵略为表诚意，果然忍痛献上了一千匹马。没想到虞庆则见财眼开，全收下了。

虞庆则此举影响国策，违背圣意。隋文帝大为不满。被偏爱的人常常有恃无恐，时间一长，隋文帝对虞庆则的不满之处越来越多。

虞庆则最后是被小舅子赵什柱害死的。他的小舅子和他的爱妾私通，赵什柱和虞庆则的小妾双宿双栖，最终决定干掉姐夫。

开皇十七年（597）七月，岭南人李贤据州谋反，隋文帝要派兵征讨，诸将纷纷请命，虞庆则没有请命。隋文帝看了一眼虞庆则问："位居宰相，爵乃上公，国家有贼，遂无行意，何也？"

虞庆则以前一直是被偏爱的宠儿，哪被这样质问过？他惶恐不已，叩首谢罪。隋文帝任命虞庆则为桂州道行军总管，赵什柱为随府长史。

赵什柱散布谣言，说虞庆则心怀怨怼，根本不想出征。隋朝大将奉命出征前，皇帝都要设宴壮行。壮行宴会上，隋文帝一直黑着脸，给的赏赐也非常少。虞庆则带着一肚子惶恐出发了。

平叛非常顺利，虞庆则很快得胜班师。回军的路上，走到潭州（今湖南省长沙市）的临桂镇，虞庆则带着赵什柱四处观察山川地势。

虞庆则是将门虎子，对地形、地势、军事地图一类的东西，有着高度兴趣。观察了几天后虞庆则说："这地方真是险要，如果囤足粮食，再派得力的将士驻守，一定不会被攻破。"

虞庆则想起出征前隋文帝的态度，非常忧虑。他派赵什柱先行回京禀报，想探探隋文帝的态度再做打算。赵什柱正苦思冥想要怎么弄死姐夫，他飞奔回京，向隋文帝举报虞庆则要谋反。

隋文帝让赵什柱把虞庆则骗回京城，经过调查，认定虞庆则谋反罪名成立，虞庆则被斩首，赵什柱被封为柱国。

李德林从未得到重用。

李德林因坚持以怀柔政策处理北周宗室问题，遭到猜忌。《资治通鉴》说，李德林因此"品位不进"。《隋书》中也说："少以才学见知，及位望稍高，颇伤自任，争名之徒，更相潜毁，所以运属兴王，功参佐命，十余年间竟不徙级。"李德林因此没能进入隋初四贵的行列，取代他的是高颎推荐的苏威。

后来，李德林因坚持劝阻隋文帝随意更改已经颁行的政令，惹得隋文帝勃然大怒。隋文帝对李德林策划他辅政、受禅上的功劳，为平陈出谋划策的苦劳，早已抛诸脑后，寻了个错处，就把他贬官外放了。

开皇十一年（591），李德林被贬为湖州刺史，再贬为怀州刺史。开皇十二年（592），李德林在怀州刺史任上郁郁而终，终年六十一岁。

李德林编纂的《齐史》未能全部完成，由他的儿子李百药继续编纂。李德林一生撰文集八十卷，因遭乱亡失近半，仅存五十卷。

《隋书》评价李德林"美容仪，善谈吐""文诰之美，时无与二"。

高颎向隋文帝推荐了苏威，苏威也展现了他极强的施政能力，在隋初的赋税制度、法律制度、地方行政制度的改定时，苏威都参与其中，建言献策，成效颇丰，为隋朝制度的完备做出了重要贡献。

开皇二年（582），苏威身兼纳言、民部尚书、大理卿、御史大夫、京兆尹五职。纳言是门下省长官，民部尚书是六部长官，大理卿管刑狱，御史大夫管监察，京兆尹是京城的行政长官。五个职务全是实职，五个部门都是要害部门。开皇九年（589），苏威又升任尚书右仆射，成为第二号宰相。

苏威的儿子苏夔"少有盛名于天下，引致宾客，四海士大夫多归之"。

开皇十二年（592），苏夔时任太子通事舍人，与国子博士何妥共同负责制定音律，二人对一些细节看法不同，发生争执，讨论时朝廷大臣多数都支持苏夔。

何妥愤怒地说："我读书四十多年，反被一个毛头小儿所辱！"

大臣们为什么都支持苏夔？苏威已经在朝廷中枢身兼多个要职多年，他想不被巴结，也难哪！

何妥上书弹劾苏威，说他与礼部尚书卢恺、吏部侍郎薛道衡、尚书右丞王弘、考功侍郎李同和等人结交朋党，曝光了大量黑料。

何妥说："大臣们都称呼王弘为'世子'，称李同和为'小叔'，意思是他们就如同苏威的儿子和兄弟。"

何妥还指控苏威滥用职权，为他的堂兄弟苏彻、苏肃等人谋取官位。

隋文帝看到奏章，派内史令、蜀王杨秀调查。结果，所有举报全部坐实，隋文帝革除了苏威的所有官职，只保留了开府仪同三司的勋职，让他回家待着去。

隋文帝又下旨把和苏威有关的一百多名官员全部治罪。

但是，隋文帝对苏威的器重，仍不同常人，苏威很擅长执行上级命令，在执行的过程中，能发挥自己的能力，把事情办得非常漂亮。

隋文帝不喜欢想法多的人，但是喜欢给他办事时能独立思考，高度贯彻皇帝精神的人，苏威就是这种官员。

不久，隋文帝再次起用苏威，官拜纳言，恢复了其邳国公的爵位。

但是，隋文帝对苏威的信任已经大打折扣，苏威今天复职，过几天又被免官，隋文帝想想苏威也没什么大错，又把他召回来，苏威就这样在朝廷里来来回回、起起落落。

这些曾经荣宠至极的功臣一个个失去了隋文帝的信任，到隋文帝晚年时，他身边最信任的只有女婿柳述（兰陵公主驸马），是一个没想法、没能力、没经验，只知道应声附和的毛头小子。

《隋书》评价隋文帝："然天性沉猜，素无学术，好为小数，不达大体，故忠臣义士，莫得尽心竭辞。其草创元勋及有功诸将，诛夷罪退，罕有存者。"

八、天下戚戚，脱离法律束缚的皇权

隋文帝严于律己，更加苛以待人，隋文帝对大臣、对百姓都非常苛刻。

隋文帝开皇年间颁布的《开皇律》，带着宽容的气质，让人看到一个王朝欣欣向荣的气象。但隋文帝却常常做出违背《开皇律》精神的事情。

他的严苛、暴虐，就像一个分身，总想冲破宽容这个躯壳的束缚，给王朝蒙上个肃杀严酷的阴影。

《资治通鉴》在记载隋文帝颁布新律法的下一条，就记载了隋文帝随意打人的事情。

隋文帝因为一件小事，在殿前痛打一个小官。谏议大夫刘行本劝谏说："这个人为官素来清廉，过错又小，希望陛下能从轻处罚。"

隋文帝根本不听，让人继续打。

刘行本站在隋文帝面前说："陛下您不嫌弃臣愚钝，让臣在您的左右侍奉，臣说得如果对，陛下您怎么能不听？如果臣是错的，应当把臣送到大理寺去。您怎么能轻视臣，不看臣一眼呢？"

说完，刘行本把笏板放在地上，退了出去。隋文帝这才原谅了那个被打得半死、只犯了小错的小官。

这件事发生在开皇元年（581）十月，隋文帝还能有所克制。到隋文帝晚年，他动辄在朝堂上大怒杀人。

一次元旦朝会，有些武官衣冠不整地进入朝堂，佩剑的方式也不符合当时的礼仪规范。御史有对大臣礼仪规范监察的职责，按规定应该对这些武官进行弹劾。当天当值的御史，没有及时弹劾，隋文帝下令把这个御史斩首。谏议大夫毛思祖出言劝阻，也被一起斩首。

这哪是朝堂啊？

这是古今暴君的行径！

隋文帝不仅自己法外施刑，还给了各级官员随意处罚下属的特权。

开皇十七年（597）三月，隋文帝下令："诸司论属官罪，有律轻情重者，听于律外斟酌决杖。"

按这条诏令，各司长官可以在律法外随意杖打下属。诏令下达后，长官们争相凌虐下属。

"于是上下相驱，迭行捶楚，以残暴为干能，以守法为懦弱。"

皇帝带头罔顾国法，泱泱大国的法制精神被棍棒凌辱。朝廷中上下级矛盾越发严重，对国家的治理产生了极为负面的影响。

隋文帝还在同一时间颁布了极其严酷的刑法。

隋文帝认为天下的盗贼实在是太多了，他下令："盗一钱以上皆弃市，或三人共盗一瓜，事发即死。"

偷一分钱，就要被砍掉脑袋扔在市场上，三个人一起偷一个瓜，三个人的头都要被砍下来。

这条诏令一颁布，全国的百姓都晚晚地起床，早早地睡觉，能不出门就不出门，能不说话就不说话，生怕无缘无故惹上麻烦，被砍了脑袋。

如此严酷苛责的法律条文，严重违背了《开皇律》的精神，使得"天下懔懔"。百姓什么都没做，还是觉得后脊梁冒凉风。

随即发生了一起绑架案。被绑架的是管理盗窃案的官员，绑架他的人不要钱，也不要物，也没砍掉官员的脑袋，只是让他给隋文帝传个话。

这几位大侠说："我们是为了求财吗？我们是为天下人而来！你回去和皇帝说：'自古以来，国家立法，没听说过盗一钱而死者。'你要是不帮我们把话送到，下次来，我们可就不客气了。"

被绑架的官员，马上向隋文帝做了汇报，隋文帝听后陷入了深思。皇帝不会认为自己有错，但他知道这样做可能会引发百姓反抗，他的皇位就坐不稳了。

"盗一钱以上皆弃市"的法令被撤销了，新的法令又颁布了。

隋文帝还规定官员贪污，处死官员，家属全部没入官中。对贪污知情不报的人，连坐处死。量刑标准实在是太重了。

隋文帝用打板子的方法约束官员，用严刑峻法消灭犯罪，出发点看似是整肃吏治、为民除害，实质是他膨胀的皇权在脱离法律的束缚。

隋朝的残暴，在隋文帝时就已经显露出来。

隋文帝对百姓，只是表现出一些廉价的同情，没有真正的关心、爱护。

开皇十四年（594）秋，关中大旱，发生饥荒，隋文帝派人去看百姓吃的什么，左右拿回来的都是豆屑和杂糠，隋文帝"涕以示群臣，深自咎责"，因此不吃酒肉。

隋文帝带着老百姓去洛阳就食，也就是由官府组织出去要饭。

要饭的路上，隋文帝遇到扶老携幼的百姓就把自己的马拉到路边，给百姓让路，遇到路不好走的地方，看到挑着担子的百姓，让左右去扶助。

表面看，真是位好皇帝，关心爱护百姓。

要是真的关心，府库的钱粮为什么不拿出来赈济灾民呢？隋朝官方粮仓的粮食储备量是惊人的，国家不是没有粮食，也不是没能力赈济灾民，隋文帝就是要让全国老百姓都勒紧裤腰带过日子，有困难挺一挺，但装进他仓库的东西，谁也别想拿出去。

这是爱护百姓吗？这就是廉价的同情！甚至可能是一种政治秀！

唐太宗对这件事的评价是："隋开皇十四年大旱，人多饥乏。是时库房盈溢，竟不许赈给，乃令百姓逐粮。隋文不怜百姓而惜仓库，比至末年，计天下储积，得供五六十年。"

隋文帝"好为小数，不达大体"。

他的节俭，不是个人的节俭，也不仅仅限于要求官员们廉洁，他是要求全天下人都过清苦的日子，把天下的财富都囤积到他建的一座一座仓库中。

他自己严肃刻板，就让全天下人和他一样。

开皇三年（583），大臣柳彧上书说：每到正月十五，百姓都出来了，街道上全是人，燃放花灯，做各种游戏，锣鼓喧天，火炬相连，为了相互攀比，很多人家因此倾家荡产。无论男女贵贱都混杂在一起，秽行因此而生，盗贼由斯而起。这种节日，有伤风化，损害百姓，请陛下颁布旨意，予以废除。

这封奏章，太合隋文帝的心意了，这么浪费钱财，热闹聒噪，没有尊卑贵贱之分的民间娱乐活动，怎么能让它存在呢？

于是，隋文帝下令把元宵节取消了。以后谁都别过元宵了。

隋唐时期和现在不同，当时京城实行宵禁。平常日子里，百姓晚上是没有任何娱乐活动的，唯一的一个没有宵禁的夜晚，就是元宵节，现在也给取消了。

这是让百姓都变成只会种地、服役、纳租的机器。在隋文帝眼里，百姓的喜好一文不值。

天下，变成了一座偌大的监狱！本应生机勃勃的帝国，被搞得生气全无。

开皇十五年（595），隋文帝命杨素主持修建仁寿宫，正值暑天，"役夫死者相次于道"，杨素命人焚烧尸体消除痕迹。隋文帝听说了，只是"不悦"。

宫殿建成，隋文帝看到仁寿宫建得非常壮丽，当即大怒，质问杨素，耗费民力建离宫，是为他与天下结怨吗？

杨素害怕了，找到封德彝想对策，封德彝让他不用着急，等独孤皇后来了，必有恩诏。

第二天，隋文帝召见杨素。独孤皇后说："你知道我们夫妇已经年老，没什么可以自娱，把宫殿修饰得这样豪华，真是忠孝。"赏赐了杨素钱百万，锦绢三千段。

开皇十八年（598），隋文帝又命人从京城到仁寿宫的路上，建造十二座行宫。

隋文帝的节俭不是发自内心的，是怕与天下结怨，他的克制来自对失去权力的担忧。所以，当他执政时间越来越久、皇权稳固时，他也开始放松了对自己的要求。

隋朝从开皇初期，以强悍的姿态建立起众多利在千秋的新制度。

到开皇末年，表面天下承平，实则已经在肃杀的氛围下渐渐失去生机。

公元 601 年，隋文帝改元仁寿，以尚书右仆射杨素为左仆射，纳言苏威为右仆射。

此前一年，太子杨勇被废，晋王杨广被立为太子。

新的政治格局开始形成。

第六章

命终仁寿宫

一、贤后还是妒妇，独孤伽罗的爱情故事

一门三皇后

独孤皇后很有名，她的父亲独孤信也很著名，因为生了三个皇后女儿，被称为千古第一老丈人。

长女独孤氏，北周明帝宇文毓皇后，谥号明敬皇后。

四女独孤氏，唐高祖李渊之母，谥号元贞皇后。

七女独孤伽罗，隋文帝杨坚皇后，谥号文献皇后。

独孤信在世时，没有因此得到任何好处。北周孝闵帝元年（557），独孤信被宇文护逼迫在家中自尽。

独孤信长女，史称"明敬皇后"。明敬皇后是北周明帝宇文毓的妻子。明敬皇后以皇后之尊也保护不了她们的父亲，因为周明帝是个被堂兄宇文护控制的傀儡，枉有皇帝之名，最后连自己都被一杯毒酒送走。

独孤信去世的第二年，明敬皇后因难产去世，很多人怀疑明敬皇后的死与独孤信被杀一事有关。

史书中对她的记载非常简略："明帝独孤皇后，太保、卫国公信之长女。帝之在藩也，纳为夫人。二年正月，立为王后。四月，崩，葬昭陵。武成初，追崇为皇后。世宗崩，与后合葬。"

所以，我们不知道她生于哪年，也不知道她的名字。

独孤信的四女儿，史称元贞皇后。

元贞皇后嫁的是唐国公李昞，她是唐高祖李渊的生母，唐太宗李世民的祖母。唐高祖武德元年李渊追谥自己的母亲为元贞皇后。元贞皇后的生卒年均不详，史书中也没有记录她的名字。

据《旧唐书》记载，元贞皇后身体非常不好，经常病到要撒手人寰的地步，她极为严厉，儿媳妇们全都称病不来侍奉。只有李渊的妻子窦氏（北周武帝外甥女）不分昼夜，衣不解带地尽心服侍。

独孤信的七女儿，史称文献皇后。

《北史》中记载了文献皇后的名字：伽罗。伽罗，是梵语 tagara 的略译。又作多伽罗、伽南、伽蓝，意为香炉木、沉香木、奇楠香。这个名字极富佛教色彩。因此，影视剧中给伽罗的姐姐们取名字时，使用了般若、曼陀这样的佛教词语。般若有智慧之意，曼陀有圆满之意。

独孤伽罗的母亲是北魏新州刺史崔稚的孙女，出身清河崔氏。清河崔氏是魏晋至隋唐时期的著名大族。独孤伽罗从小受到鲜卑族和汉族两种文化的影响，是汉化的鲜卑族人。明敬皇后、元贞皇后的母亲是郭氏。

独孤伽罗出生后就被许配给杨忠的嫡长子，因为当时对结婚年龄的规定，杨家一直等到独孤伽罗长到十四岁，才把这个期盼几年的儿媳妇娶过门。

恩爱两不疑

杨家和独孤家联姻是以父辈们同生共死的情谊为基础，我们无法排除其中政治联姻的成分，但从结果来看，杨坚和独孤伽罗是对极为恩爱的夫妻。

据《隋书·后妃传》记载："帝未登庸，早俪宸极，恩隆好合，始终不渝。""高祖与后相得，誓无异生之子。"

杨坚一直坚守无异生之子的诺言，登基后六宫也是常年虚设，十个孩子，全部为独孤伽罗所生。他们的儿子分别是：房陵王杨勇、隋炀帝杨广、秦孝王杨俊、蜀王杨秀、汉王杨谅。女儿有乐平公主杨丽华、襄国公主、广平公主、某公主、兰陵公主杨阿五。

杨坚坚守承诺，不是因为惧内。

独孤信自杀，独孤伽罗实际已经没有家族势力可以依靠。后世所谓的一门三后，明敬皇后是前朝的皇后，又因难产去世。元贞皇后要到唐高祖李渊登基才被追封为皇后，活着的时候成日地卧病在床。

在当时，独孤家族为求自保，一直非常低调。

杨家没有因为独孤家族家道中落，而影响对独孤伽罗的态度。杨坚对妻子是真心爱怜。

两个人感情好到什么程度？

《旧唐书》中称年近花甲的独孤伽罗为"宠妇"。

《资治通鉴》中说两个人"甚相爱重"。

据《隋书》记载，杨坚每次上朝时，两个人都要同乘轿辇，由独孤伽罗把他送到朝堂前。杨坚在朝堂处理政务，两个人还会传字条。退朝的时候，独孤皇后还要来接杨坚，两个人"同反燕寝，相顾欣然"。

即使是在现代，在一夫一妻无妾制已经成为法律和道德标准的今天，又有多少夫妻可以几十年如一日地像新婚夫妻一样"相顾欣然"呢？

杨坚坚守承诺，除了夫妻间情真意笃的感情原因外，还因为杨坚认为妾室众多，孩子们不是一母所生，是祸乱的根源，是亡国之道，他本人是反对多纳妾室的。

《隋书》中有多处记载了杨坚后宫虚设的原因。

《隋书·后妃传》："高祖（杨坚）思革前弊，大矫其违，唯皇后正位，傍无私宠，妇官称号，未详备焉。"

《隋书·房陵王杨勇传》："上（杨坚）尝从容谓群臣曰：'前世皇王，溺于嬖幸，废立之所由生。朕傍无姬侍，五子同母，可谓真兄弟也。岂若前代多诸内宠，孽子忿诤，为亡国之道邪！'"

还有一层原因，可能是因对女儿的愧疚，对疼爱女儿的独孤伽罗也心怀愧疚。

杨坚建立大隋，全家都跟着荣宠加身，整个家族从外戚变成了皇族宗室，一夜之间，地位升到了最高点。只有爱女的人生由高处跌落，杨丽华是北周的太后，宇文家族的媳妇。

独孤伽罗宁可自己死，也要保全女儿的性命。杨坚夺走的是女儿和外孙的江山，杨丽华该用什么身份继续以后的生活？他想办法尽力弥补。

杨坚封杨丽华为乐平公主，在生活上极尽恩宠。从太后到公主，也是古今奇谈。

因为这层愧疚，杨坚对独孤伽罗的感情又多了一层补偿的意味在里面。

堪称贤后

独孤伽罗也用自己的能力，辅助杨坚建功立业，攀登权力巅峰，治理国家。

在周宣帝要赐死他们的女儿杨丽华时，是独孤伽罗入宫，保住了杨丽华和杨家全家的性命。

在杨坚当上大丞相，对称帝犹豫不决时，独孤伽罗勉励自己的丈夫既然已经骑虎难下，不如往前一步，加油！

杨坚简约，不好奢侈，独孤伽罗也夫唱妇随，在后宫大力提倡简朴，她自己也以身作则。

突厥和隋朝有贸易往来。突厥人有一盒明珠，价值八百万钱，幽州总管阴寿劝独孤伽罗将其买下。

独孤伽罗说："现在戎狄屡屡入寇，将士们非常辛苦，不如把这八百万赏赐给有功的将士。"

一次杨坚得了痢疾，需要一两胡粉配药。胡粉是当时女性用的化妆品，杨坚想着皇后那儿一定有，结果皇后宫中居然一两也找不到。

独孤伽罗成为皇后恩宠不衰，但她仍能以国家法度为重，约束自己的家人。在隋文帝时"内外亲戚，莫预朝权，昆弟在位，亦无殊宠"。

大都督崔长仁是独孤伽罗娘舅家的表兄弟，犯法当斩。杨坚考虑到皇后，想赦免崔长仁的死罪，独孤伽罗说："国家之事，焉可顾私！"

独孤伽罗还很重视亲情。

父亲独孤信到关中后，又娶了两位妻子郭氏、崔氏。

郭氏生下六儿两女，分别是独孤善、独孤穆、独孤藏、独孤顺、独孤陀、独孤整、明敬皇后、元贞皇后。

崔氏生了独孤伽罗。

郭氏所生的独孤陀，以巫蛊之术诅咒独孤伽罗。巫蛊在古代是重罪，论罪应当处死，独孤伽罗这次选择为独孤陀求情，她说："独孤陀如果乱政害民，我不会为他求情。但他是因为诅咒我，我请求赦免他的死罪。"独孤陀因此被减罪一等，没有被处死。

独孤伽罗甘做幕后英雄。

独孤伽罗受汉文化影响颇深，她从不到前朝出风头。

一次，一个大臣为讨好皇后，上奏说根据《周礼》，百官之妻的命妇头衔都应该由皇后授予，应该恢复这样的制度。独孤皇后认为这样做，会开妇人干权的口子，她不能打开这个源头。

独孤伽罗的学识、见地，都足以辅佐杨坚执政。

《北史·后妃传下》评价独孤伽罗："后雅好读书，识达今古，凡言事皆与上意合，宫中称为二圣。"

《隋书·后妃传》也说："后每与上言及政事，往往意合，宫中称为二圣。"

与其说杨坚是因为怕老婆才听老婆的话，不如说是他们夫妻三观高度一致，总能想到一处去。

《隋书》说杨坚对独孤伽罗"甚宠惮之"，可见"宠"在前，"惮"在后。

杨坚对独孤伽罗爱之、敬之、宠之，所以惮之。

宫中将他们合称为"二圣"，杨坚在很多事的决断上，都会和独孤伽罗商量，听取她的意见。

每次上朝时，独孤伽罗虽然人不在朝堂上，但是对朝堂上发生的事情了如指掌，如果发现隋文帝在处理朝政上有不妥，她马上就会纠正劝谏。

《隋书》认为她对隋文帝执政"多所弘益"。

我们担心杨坚被老婆管得太严，日子不好过。杨坚却因事业上有老婆协助"多所弘益"，家庭生活也甜蜜美满，夫妻二人"相顾欣然"，感情历久弥坚。

妒妇之名

事情的转折发生在开皇十九年（599），独孤伽罗因生病，只能卧床休养，杨坚突然就没人管了。他到仁寿宫溜达，看到一个小美人，非常喜欢。这个小美人是尉迟迥的孙女，因为尉迟迥获罪，没入宫廷。杨坚临幸了这个宫女。

奉行一夫一妻制是独孤伽罗和杨坚达成的共识，现在杨坚居然违背诺言，宠幸罪臣之后，尉迟迥兵败自杀，还是杨坚调兵遣将的结果，尉迟氏也是杨隋政敌之后，她可不仅仅是一个插足者。

尉迟氏得宠后的一天，独孤伽罗像往常一样送杨坚去上朝，当她返回后宫时，命人杖杀了尉迟氏。

史书记载独孤伽罗因为妒忌杀掉了尉迟氏，难道仅仅是妒忌吗？

隋文帝的两个宠妃宣华夫人陈氏、容华夫人蔡氏，都是独孤伽罗推荐的。

陈氏和蔡氏都是江南女子。史书说陈氏"性聪慧，姿貌无双"，蔡氏"容仪婉嫟"。陈氏由"后选入宫为嫔"，蔡氏"以文献皇后故，希得进幸"。

可见独孤伽罗对妃嫔、妾室的出身、品貌、德行都是有要求的，你可以有妾室，但是不能哪儿弄来个女人都放到床上去，有了妾室也要牢记尊卑嫡庶之别。妾就是妾，妻就是妻。

"无异生之子"乃是杨坚和独孤伽罗定的国策，就如同北魏初期的子贵母死，都是为了保障皇权。它在杨坚夫妇看来非常重要，符合杨坚的治国理念。

这就是精神上的契合。杨坚以此为荣，独孤伽罗也以此为原则严格监督杨坚，他们也这样要求朝廷的大臣。

如果哪个大臣的小妾怀孕了，独孤伽罗就劝杨坚不要重用这个人，甚至要贬官、降爵，严加处罚。杨坚都按皇后的意思处理，满朝文武一个个都谨小慎微，唯恐因为私生活影响了仕途。

有两个人就因此影响了仕途。

高颎，丢掉了宰相的位子。

杨勇，丢掉了太子之位。

二、杨勇，爱时尚、爱自由的太子

太子是个危险的职业，尤其是早早被册立为太子的人，通常没有善终。

太子，相当难以自处。

身为太子，首先要有能力，不能唯唯诺诺的办不成事，这就得展现自己强的一面。但又不能太强，也不能表现得太积极，否则皇帝老爹就会怀疑：

“你是不是盼着我早点死，好坐到我的位子上来？”

太子的兄弟们，说是兄弟，其实全是竞争对手。他们可能个个都在筹谋怎么把太子拉下马来，自己住进东宫。就算个别兄弟没想法，太子也免不了担心、疑惧。

太子对身边的人就更得小心了，在他们面前必须谨言慎行。他们极有可能是父皇派来的监视者，或是兄弟安插的间谍。即使他们现在还是忠心可靠的，也难保以后遇到事情时不会爆料往事。

各朝太子，有的被兄弟所杀，如秦朝的扶苏、唐朝的李建成；有的被小娘陷害，如唐玄宗的太子李瑛，死的时候还捎带走两个兄弟；有的被大臣构陷，如汉武帝的太子刘据；有的被叔伯算计；有的被父皇猜忌。

太子顺利熬到安全即位，实在不是件容易的事。

隋朝建国，杨勇就被立为太子。

因为隋文帝和独孤皇后“无异生之子”，杨勇不用担心被小娘算计，兄弟姐妹都是一母同胞。

按隋文帝的预想，他的太子应该是最安全的。杨勇却走了老路——被废黜。

杨勇，字睍地伐，隋文帝和独孤皇后嫡长子。北周时，因祖父杨忠的功勋，封为博安侯。杨坚执政后，册立为随国公世子，拜大将军、左司卫、长宁郡公。北周大象二年（580），晋升为洛州总管、东京小冢宰，总管北齐故地。北周大定元年（581），杨坚被封为随王，杨勇为随王世子，回京进位上柱国、大司马，领内史御正，管理宫禁防卫。同年，杨坚代周建隋，册立杨勇为皇太子。

可见，杨坚一直把杨勇当接班人培养。杨坚是随国公，将来杨勇就继承随国公爵位。杨坚是随王，杨勇就接班当随王。杨坚现在当了皇帝，杨勇以后就应该接班当皇帝。

开皇元年到开皇十年间，杨勇的地位一直很稳固。

杨勇被册立为皇太子时，隋文帝对他十分信任，非常想培养好这个帝国接班人，所以“军国政事及尚书奏死罪已下，皆令勇参决之”。

杨勇的表现也可圈可点，得到了隋文帝的认可。

当时北齐故地的山东地区，因为经济发展较关中地区要好，一部分农民就脱离了土地的束缚，成为工商业者。工商业者流动性强，所以山东"民多流冗"。

隋文帝认为这些人不种地，也不在当地，四处溜达，游手好闲，是社会的不稳定因素，他准备把山东地区的人都迁徙到北部边塞去，这相当于流放。

太子杨勇提出了不同意见。他认为让百姓安定下来固然是好的，但移风易俗不可能一蹴而就。如果操之过急，百姓"恋土怀旧，民之本情"，陡然远离家乡，"波迸流离"，可能会引发变乱。"若假以数岁，沐浴皇风"，这些百姓自然会安定下来。他把自己的想法写下来，上书劝谏隋文帝。

隋文帝看到上书，对杨勇的想法很认同，听取了他的建议。

此后，在朝政处理中，杨勇也经常提出自己的想法，经常被隋文帝认同、采纳。

杨勇当太子的前十年，隋文帝、独孤皇后对杨勇还是认同的。

因开国就被立为太子，杨勇在朝廷文武大臣中也获得了广泛的支持，积累了很多政治同盟。

太子当的时间一长就容易出事。皇太子，古代也叫储君，就是提前储存在那儿的君主，现任君主如果去世，就把他提溜出来放到皇位上去。但是，当今皇帝在的时候，他就得被储存着。这个储存的过程中，是最容易出事的。

就像地窖里储存久了的萝卜，看起来还是萝卜，外表绿莹莹的，里面的水分已经大量流失，切下一片来尝尝，不甜脆，也不辛辣，如同棉絮，难以下咽。

时间越长，出事的机会越多。

为什么开皇十年之后，隋文帝和独孤皇后对杨勇的态度会出现转折？

开皇十一年（591）正月，杨勇的太子妃元氏去世了。从生病到去世只有两天，史书记载是死于心疾。

一旦说谁暴病而亡，一定会有关于死因的种种猜测，死得太突然，免不了让人怀疑。

元妃死得如此突然，也有人怀疑她是被害死的。

怀疑这件事的人，是太子杨勇的母亲独孤皇后，她怀疑自己的儿媳妇是被杨勇和他的妾室云昭训所害。

太子妃元氏，是北魏皇族之后，北魏景穆帝拓跋晃玄孙元孝矩之女。

元氏是隋文帝和独孤皇后为杨勇精心选择的太子妃，原本希望他们小夫妻能和和美美，互敬互爱，兴隆家业，没想到杨勇不喜欢元氏，把太子妃晾在了一边。

这还不算，杨勇有很多内宠。

隋文帝的十个孩子都是独孤皇后所生，杨勇因为内宠多，光儿子就生了十个。十个儿子分别是五个女人生的：

云昭训生长宁王杨俨、平原王杨裕、安城王杨筠。

高良娣生安平王杨嶷、襄城王杨恪。

王良媛生高阳王杨该、建安王杨韶。

成姬生颍川王杨煚。

后宫生杨孝实、杨孝范。

另外还有两个女儿：丰宁公主杨静徽，下嫁韦孝宽之孙韦圆照。大宁公主，下嫁左仆射高颎之子高表仁。

云昭训是杨勇内宠之一，乖巧懂事，特别得杨勇喜欢，杨勇给她的待遇和正室的太子妃一样。

云昭训生下杨勇的长子杨俨时，杨坚问："朕的皇太孙，怎么生得不是地方？"

杨勇偏宠妾室，是不礼不智。慢待太子妃，是不仁不义。违背父母意愿，是不忠不孝。如果再和宠妾谋害妻子，那就是天理难容了。

杨勇的喜好，总能踩到父母的雷区上。

隋文帝夫妇崇尚节俭，他却喜欢奢侈。杨勇是走在时尚前沿的人，纯手工制造了一件孤品奢侈艺术品：一副装饰得非常漂亮的蜀铠。

隋文帝哪能看得惯杨勇这种行为。铠甲装饰得再漂亮有什么用？铠甲上多装珠宝能帮助多杀敌人吗？铠甲好看就能不战而屈人之兵吗？

这种毫无用处、浪费钱财的行为，让隋文帝极为不满。隋文帝决定管一管太子。

隋文帝对杨勇说："我闻天道无亲，唯德是与，历观前代帝王，未有奢华而得长久者。汝当储后，若不上称天心，下合人意，何以承宗庙之重，居兆民之上？吾昔日衣服，各留一物，时复看之，以自警戒。今以刀子赐汝，宜识我心。"（《隋书》卷45《房陵王杨勇传》）

中心思想就是告诫杨勇，应该居安思危，戒奢以俭。你看看你爸爸我，多么节俭，现在把我这把旧刀给你，你看到老爸的刀，就要想起应该节俭着过日子。

杨勇听是听了，改没改呢？没改！

《隋书》评价杨勇"颇好学，解属词赋，性宽仁和厚，率意任情，无矫饰之行"，这全是夸他的话，说他好学，善写词赋，个性还宽厚温和，人率真，不矫揉造作。

坏就坏在"率意任情"上了。皇帝老爸的劝告他没听，杨勇继续过着时尚奢侈的生活，宠溺姬妾的日子。

隋文帝夫妇对杨勇深为不满。

元妃的死，导致独孤皇后彻底愤怒了。

她认定了元妃是杨勇和云昭训合谋害死的。开始派人监视杨勇，专职观察杨勇有没有犯错，有什么缺点。

什么人也架不住这么观察呀！小问题放到显微镜下也变成了大问题。

独孤皇后觉得他已经不适合继续当太子，让他接班对国家和杨家都不利。隋文帝也对杨勇的行为很不满，爱妻一说，他就觉得问题更大了。但杨勇是他倾注心血培养了十几年的接班人。作为父亲，他也必须为儿子的未来考虑。废立太子的决心并不好下，人在付出了极大努力的时候，总想着极力挽救。

独孤皇后为什么派人去监视杨勇，难道是为了害儿子吗？她是希望约束杨勇，管教他，让他能够成长为合格的接班人。

这就是太子，想抢你位子的人会盯着你，希望你好的人也盯着你。身在东宫注定会被过度关注，太子注定是众矢之的。

三、杨俊之死

太子杨勇的奢侈，隋文帝是要负责的，老二晋王杨广，老三秦王杨俊，老四蜀王杨秀，老五汉王杨谅生活上也都很奢侈。也就是说，他的五个儿子个个奢侈，是什么原因导致节俭的隋文帝夫妇养出五个奢侈的儿子呢？

隋朝建立后，隋文帝吸取北周灭亡的教训。北周因为宗室力量衰弱，才让他有机会夺下江山。隋文帝决定加强杨隋皇室宗室的力量，派儿子们分别镇守四方。

老二杨广，开皇元年，立为晋王。历任并州总管、河北道行台尚书令、淮南道行台尚书令、雍州牧、内史令、扬州总管等职。

老三杨俊，开皇元年，立为秦王。历任河南道行台尚书令、洛州刺史、秦州总管、山南道行台尚书令、扬州总管、并州总管。

老四杨秀，开皇元年，立为越王。历任益州刺史、总管，西南道行台尚书令，内史令，右领军大将军等职，后出镇蜀地。

五子杨谅，开皇元年，立为汉王。历任雍州牧、并州总管。

杨广喜欢奢侈，但"弥自矫饰"；

杨俊"盛治宫室，穷极侈丽"；

杨秀"奢靡骄纵，妄行不法"；

杨谅备受宠爱，隋文帝特许他铸钱。

皇子们小小年纪就出任封疆大吏，掌管着兵马钱粮，虽然还有对陈和突厥的战争，但是皇子出征都是挂名，和突厥作战的时候，杨谅把名一挂，连前线都没去。

没有危机，又有权力，生活上难免奢侈。

他们根本无法理解创业者的艰辛和隋文帝的苦心。

杨俊任并州总管，管理今山西地区。

在任上，杨俊大造宫殿，敛财无度，百姓和官吏都叫苦不迭。杨俊还四处搜罗美女，王妃崔氏一怒之下送给了杨俊一剂毒药。不知道是崔氏第一次谋害人命没掌握好剂量，还是杨俊身体太好，杨俊居然没被毒死。

按过去的说法，崔氏是妒忌成性，按现在的说法，杨俊是个渣男。

崔氏可能是古代难得的搞清楚斗小三不如制服渣男这个道理的女人，斗赢了这个，明天还会有另一个，渣男不除，这个循环无法结束。放在现代还可以分手或者离婚，不至于闹出人命。

其实，崔氏的问题不在于会不会下毒，而是不应该谋害人命。人不论多生气，都不能冲动，在古代和在现代都一样，国有国法，家有家规，渣男要解决，妒妇要整治，但不能违法犯罪。合得来欢欢喜喜，合不来各生欢喜。

崔氏下毒的事很快就被查出来了，隋文帝处死了崔氏，谋杀亲夫，谋害皇子，谋人性命，必然是死罪。

让人意外的是隋文帝不仅处死了崔氏，还免去了杨俊的官职，把他囚禁起来。

原来，一查之下隋文帝发现了杨俊奢侈腐化、搜罗美女的事情。杨俊被毒得已经重病卧床了，又被父亲责怪，丢了官职。

杨俊被免官后，左武卫将军刘升劝隋文帝赦免杨俊。

刘升说："秦王犯的不是什么大错，不过是花官家的钱给自己盖房子而已。"

隋文帝说："国家的法律不能违反。"

随后，杨素也劝隋文帝赦免杨俊，认为他虽然有错，但是不至于处罚得这么重。

隋文帝反问："那为什么不单独给天子的儿子制定一套法律？"

杨俊上表谢罪后，隋文帝又下诏书痛骂他："我戮力关塞，创兹大业，作训垂范，庶臣下守之而不失。汝为吾子，而欲败之，不知何以责汝！"

杨俊收到诏书，内心恐惧，病情加重，到开皇二十年（600）六月就一命呜呼了。

　　隋文帝得到儿子的死讯，只哭了几声，意思了一下。毕竟儿子死了，应该伤心难过，他虽然心里绝情，表面还是装了一下。

　　秦王府的僚佐请求为杨俊立一块碑。

　　隋文帝说："想要求名，一卷史书足矣，何须立碑？如果子孙不能保住家业，立的石碑也是给别人当镇石。"

　　杨俊有两个儿子，长子杨浩是崔氏王妃所生，次子杨湛是庶出。

　　群臣揣摩皇帝的意思，上奏说："母以子贵，子以母贵。汉朝的栗姬所生的刘荣，郭皇后所生的儿子，都因为母亲犯罪，随母亲一同被废。现在秦王的两个儿子，杨浩是罪人崔氏所生，杨湛是庶子，他们都不宜主丧。"

　　结果，杨俊的丧主竟然是秦王府官员，而不是儿子。杨俊死都死了，葬礼上连个送他的亲人都没有。

　　隋文帝对皇子们的管理严苛到了绝情的地步。

　　这不是王子犯法与庶民同罪，这是心里根本就没有了人伦亲情。

　　一个对儿子没有感情的人，对臣子能宽容吗？对百姓能真心爱护吗？

　　太子难当，皇子难做，臣子和子民也一样艰难。

四、杨广夫妇，影帝影后

　　杨广，作为皇子绝对优秀。

　　因为优秀，杨广很受隋文帝信任，任命他为并州总管，镇守北部边疆，防范突厥。

　　平陈的时候，杨广又被调往江南，担任隋军主力的行军元帅。

　　平陈后，杨广下令斩杀陈朝的奸臣湘州刺史施文庆、散骑常侍沈客卿、市令阳慧朗、刑法监徐析、尚书都令史暨慧，以谢三吴父老。这对安定江南做了不小的贡献。他下令封存府库，里面的资财一样也没动，因此"天下称贤"。

　　平陈后，杨广将陈叔宝等人带返长安，因功进位太尉，隋文帝赐辂车、乘马、衮冕之服、玄珪、白璧各一。

因为并州的重要性，南北统一后，杨广又被调回并州，担任并州总管。

江南复叛后，又被调到江南，任扬州总管。安抚江南的任务，杨广完成得非常出色。

开皇二十年（600）四月，突厥达头可汗南下入寇隋朝。杨广率领大军迎击，使用长孙晟的投毒计策，迫使突厥连夜撤军。

杨广有很高的政治素质。

一次，杨广外出围猎，遇到大雨，手下连忙取出雨衣给杨广。

杨广说："将士们都在淋雨，我怎么能独自穿雨衣呢？"

能和士兵们同甘共苦的皇子，在军中一定很受爱戴。

据《隋书》记载，杨广性格"沉深严重，朝野属望"。他在大臣中也素有威望。

杨广，北周天和四年（569）出生于长安。一名英，小字阿摩。史书说杨广"美姿仪，少敏慧""好学，善属文"（《隋书》卷3《炀帝纪上》）。

长得漂亮，聪明，好学，文章也写得好，这样的儿子谁能不喜欢？

喜欢归喜欢，功劳归功劳，因为杨广是老二，所以被立为太子的不是他。

杨广经过和陈、突厥的作战，又有十年治理江南的经验，已经是政治成熟、老练深沉的政治家。

太子杨勇失宠，杨广的机会来了。

杨广当太子的想法，可能早在杨坚当大丞相时，或者在杨坚登基后，杨勇被册立为太子之时，就已经萌芽。

太子和皇子，一字之差，天差地别。一字之差，太子是储君，皇子是臣子。一字之差，将来自己就要跪在朝堂上，杨勇就可以坐在皇位上。

是俯视群臣，傲视天下，还是当个宗室大臣，被猜忌、排挤，夹着尾巴做人？

与其以后当个夹着尾巴的臣子，不如现在夹起尾巴，夺取太子之位。父皇和母后喜欢什么，杨广就着意表现什么。父母不喜欢的，他也不喜欢，即使喜欢，也装作不喜欢。

父母喜欢夫妻伉俪情深，杨广就和王妃萧氏出双入对，你侬我侬。

父母讨厌皇子和大臣宠爱姬妾，杨广的姬妾就都成了摆设。杨广很喜欢音乐，但是府中的乐器他却故意不用，等着落灰。隋文帝到晋王府的时候，看到乐器上落满了尘埃，认为他不好声妓，非常满意。

父母喜欢节俭，杨广回京觐见时，"车马侍从，皆为俭素"。

父母喜欢有礼节的人，杨广"敬接朝臣，礼极卑屈"。

父母喜欢孝顺的孩子。所以每次隋文帝和独孤皇后派使者来时，他和王妃早早就到门口恭迎，迎进门后好吃好喝好招待，走的时候再给装上一份厚礼。对父母派来传话的人都如此礼遇，这得多孝顺。

杨广这个心机男孩，演技绝对称得上影帝，绝对够资格获得一个"著名表演政治家"的称号。

演戏的时候，搭戏的对手很重要。

晋王妃萧氏和杨广两个人配合得天衣无缝。萧氏是西梁孝明帝萧岿之女。

萧氏出生在二月，当时江南认为二月生的孩子不吉利，出生在二月，是要被溺死的。萧岿看着软糯糯的小生命，实在不忍心，就把她送到了自己弟弟萧岌家中抚养。后因萧岌夫妻双双去世，萧岿只好又把她托付给舅舅张轲抚养。

萧岿廉洁持正，没有特别照顾外戚张轲，张轲家里很穷困，萧氏出嫁前"躬亲劳苦"。

隋文帝待西梁国主恩礼弥厚。开皇二年（582），隋文帝准备给晋王杨广在西梁皇室公主中选一位王妃，诸公主的占卜结果都是不吉。萧岿把萧妃从舅舅家接了回来，令使者占卜，结果是"吉"。萧氏因此被册立为晋王妃。

据《隋书·后妃传》记载，萧氏出身高贵，又历经贫寒，养成了婉顺的性格，她知书达礼，聪慧而有智谋，精通医术，颇知占候。

杨广镇抚江南时，萧氏萧梁皇室后裔的身份对他多有助益。萧氏全力支持杨广夺嫡，在丈夫演出的时候，她全力配合。杨广曾以她的医术为掩护，假称萧氏为郭衍之妻治病，和郭衍商讨夺嫡之计。

萧氏和独孤皇后派来的宫人同吃同住，收买了宫女，又讨好了独孤皇后。

隋文帝夫妇觉得杨广和萧氏这两个孩子也太好了，真是越看越欢喜。

晋王夫妻的谦卑有礼也让他们在大臣和后宫中都广受好评。

有一次，杨广从扬州回到长安朝拜父母，假期结束时他进宫向母亲辞行。

于是，杨广表演的时间又到了。

杨广拜见独孤皇后时说："我镇守在外地，回来没几天，又要辞别母亲，我实在是想念母亲，今天拜别母亲，不能在您身边侍奉，下次回来，还不知道要等到什么时候。"

说完，杨广泪流满面，哭得没法直起身子。

独孤皇后说："你在方镇镇守，我年龄又大了，我也舍不得让你离开。"

说完，独孤皇后也潸然泪下。

母子二人，相对唏嘘。

杨广又说："我虽性识愚下，但一直谨守为臣、为弟的本分，不知道怎么得罪了东宫，大哥他非常生气，想要杀了儿子。我每天都担心他在父皇面前进谗言，或者给我下毒，我每天都担心自己活不长了，害怕再也见不到母亲您了。"

杨广为什么这次离开京城前，要演这么大一场戏呢？因为太子妃元氏刚刚去世，独孤皇后正在气头上，那么好的媳妇，杨勇不喜欢，非要喜欢云昭训那个小妖精。

独孤皇后听杨广说太子要害他，她没调查，也没有理智去细想了，就认定了杨勇一定会这么做。

有"前科"的人会在别人潜意识里成为被怀疑的对象，这是一种有罪推定。这个锅，杨勇背定了。

独孤皇后说："睍地伐（杨勇小名）真是让人无法忍受，我为他选的元家姑娘，希望可以兴隆家业，没想到他对元氏竟不以夫妻之礼相待，专宠阿云（云昭训），让阿云生了那么多猪狗出来。我那可怜的儿媳妇无病无痛的，突然就死了，一定是杨勇和阿云派人害的。事已至此，我也没法追究，现在他怎么连你也要谋害？现在我还活着呢！我要是死了，他还不知道怎么鱼肉你们兄弟呀！一想到东宫里居然没有正室所出的嫡子，至尊（隋文帝）千秋万岁之后，你们要向阿云生的那些猪狗跪拜，我真是太痛苦了！"

杨广"呜咽不能止"，独孤皇后"悲不自胜"。母子二人，呜呜咽咽，痛哭不已。

独孤皇后彻底失望了，杨勇彻底被母亲放弃了。

隋文帝又是什么态度呢？他虽然对杨勇的生活作风不满意，但废立太子这个决心可不容易下。有两件事能反映隋文帝的想法。

隋文帝秘密地让擅长相面的来和看皇子们的相貌。

来和说："晋王眉上双骨隆起，贵不可言。"

隋文帝还接见了一个术士韦鼎。

隋文帝问："我的儿子哪个能继承我的位子？"

韦鼎答："您和皇后喜爱谁，就是谁来继承，这不是臣所能预知的。"

显然，隋文帝已经想换掉杨勇了。

皇帝和皇后已经统一思想，杨勇被废已成定局。

五、高颎，死在尽忠职守上的好宰相

高颎也要下台了。

因为他和太子杨勇是儿女亲家，高颎的儿子高表仁，娶了太子杨勇的女儿。

当外戚，不是都像隋文帝一样能捞个皇帝当，有时候连权臣都没得做，搞不好还要丢官、丢命。

高颎先丢了官，又丢了命。

把他拉下台的是隋文帝、独孤皇后、杨广、杨谅，杀他的是隋炀帝，真是一家子齐心协力，一致对外。

保护太子，得罪皇帝

高颎和杨勇做亲家，是一次政治联姻，目的是给太子杨勇巩固地位。现在这个联姻成了废黜太子的阻碍，因为高颎不是一般的朝廷命官，他在朝廷权力中枢做了近二十年宰相，政治影响力非常大。

隋文帝想试探下高颎的想法。

他假装漫不经心，很从容地对高颎说："晋王妃梦到有神告诉她，晋王杨广必有天下，爱卿有何看法？"

高颎马上跪倒在地，说："长幼有序，其可废乎！"

隋文帝被噎得没话说。

有了废太子的想法，隋文帝就琢磨着怎么削弱太子势力。他以给自己挑选卫士的理由让人到东宫去挑选强壮的卫士。高颎说："如果把强壮的卫士都调走，东宫的宿卫就太弱了。"

隋文帝阴沉着脸说："我经常出入宫廷，宿卫须得勇毅。太子整天待在东宫，哪里需要这么多壮士？这个做法弊端太大，我看不如把卫士分为两班，在我这儿和东宫轮流值守。我看前代的大臣都早早心向着太子，为自己之后的仕途铺路，爱卿可不要跟着他们学。"

隋文帝知道想废黜太子，就得先扳倒高颎。

当和事佬，得罪皇后

隋文帝在仁寿宫临幸了尉迟氏，两相欢好，爱意正浓，海誓山盟。没想到下朝回来，软玉温香的小美人已经成了血肉模糊的尸体，隋文帝的痛惜和愤怒无处诉说，"单骑从苑中而出，不由径路，入山谷间二十余里"。

听说皇帝离家出走，跑到山沟沟里去了？大臣们得去追呀！追赶皇帝，给皇帝、皇后当和事佬，只能两个宰相出马，尚书左仆射高颎和右仆射杨素骑马一路奔着山谷追了出去。好容易找到了隋文帝，隋文帝还在伤心之中，高颎和杨素扣马苦谏。

隋文帝叹息着说："吾虽然贵为天子，却不得自由！"

高颎说："陛下怎能因为一个妇人抛弃天下呢？"

有人安慰，隋文帝心情稍微缓解了一些，在山谷里待到半夜才回宫。

独孤皇后一直在宫中等着隋文帝，见隋文帝回宫，独孤皇后哭着赔了不是。赔礼道歉不代表独孤皇后认为自己做错了，就像很多男同胞不知道自己哪里错了，还是会道歉哄老婆。夫妻之间要和好，总得有一个人先低头，何况尉迟氏已经死了，目的已经达到。

高颎和杨素又从中说和，大家"置酒极欢"。

事情过去后，高颎劝隋文帝那句话传到了独孤皇后耳中，高颎居然敢说自己是"一妇人"，这么瞧不起自己，独孤皇后因此对高颎产生了不满。

这可能是件冤案。

《隋书·后妃传》记载高颎说的原文是："陛下岂以一妇人而轻天下！"

这句话怎么理解，有两种可能：

一是"一妇人"指尉迟氏。陛下您犯不上为了个小宫女抛弃天下！

另一个可能"一妇人"指独孤皇后。陛下您怎么能因为一个妒忌的后宫妇女而抛弃天下？

再看高颎有没有可能说独孤皇后是"一妇人"，恐怕不太可能，高颎能在多疑猜忌的隋文帝身边当二十年首席宰相，他说话用词一定谨慎惯了，怎么会用"一妇人"来称呼皇后，还是当着皇帝的面？

疏不间亲，皇帝皇后才是一家人，高颎会不懂这么浅显的道理吗？所以高颎在这个语境里说的"一妇人"更大的可能是尉迟氏。

那隋文帝理解的"一妇人"又是谁？

隋文帝因为尉迟氏死了而伤心，因为独孤皇后妒忌，管得严而难过。他在听高颎说完这句话后"意少解"。

"意少解"是因为想通了哪个部分？

应该是想通了尉迟氏一个宫女死了也就死了。所以隋文帝"意少解"。

之后"驻马良久"，这个时间才是缓解因为被独孤皇后管着，回去了就没自由这件事。

如果隋文帝理解的"一妇人"是独孤皇后，他就不用"意少解"后，又"驻马良久"了。

但谁也阻止不了独孤皇后把"一妇人"理解成是她自己。这可能和她获取信息的渠道有关，如果传递消息的人，故意让独孤皇后误解是很容易的事。传递消息的人是谁，属于哪方势力，已不得而知。我们只知道，高颎因此得罪了独孤皇后，一个曾经对他非常器重的人，一个对隋文帝决策能产生重大影响的人。

高颎是首席宰相，又曾是独孤皇后娘家的家臣，独孤皇后虽然对他不满，但也不至于因为一句话，就把多年的情谊全消磨掉。因此，开皇十九年（599），高颎的夫人去世后，独孤皇后还是帮着他张罗续弦。

独孤皇后对隋文帝说："高仆射年龄大了，夫人亡故，陛下再帮他娶一房吧。"

隋文帝把独孤皇后的意思和高颎说了，高颎流着眼泪拜谢，说："臣已经年老，退朝回家，只是吃斋礼佛而已。虽蒙陛下垂哀之深，至于再娶，非臣所愿。"

高颎不愧是隋文帝夫妇信任了这么多年的人。深爱妻子不想再娶，是呀！谁能替代自己最爱的那个人呢？独孤皇后被高颎的伉俪情深所感动。

没过多久，高颎的府上添丁了，是个小公子，隋文帝很为高颎开心。

独孤皇后对高颎特别失望，高颎的小公子是他爱妾所生。后宫的小美人自己抬抬手除掉了，大臣家里的小妾不能挨家去收拾呀！一夫一妻无妾毕竟不符合当时的主流思想。最让人生气的是高颎还在隋文帝面前装得清心寡欲，好像他是专一的圣人一样。再联想到高颎之前说自己不过是"一妇人"，独孤皇后太生气了，后果很严重，她断然不能容忍这样的人留在朝廷。

独孤皇后对隋文帝说："陛下还敢信高颎说的话吗？之前陛下要给高颎再娶，高颎因为惦记家里的小妾，当面欺骗陛下。现在他的谎言被戳穿了，陛下还能再信任他吗？"

这是丈夫对妻子的忠诚问题吗？

这是臣子对皇帝的忠诚问题！

高颎竟然欺骗隋文帝，生活上能欺骗，国家的大事上是不是也会欺骗？隋文帝猜忌的神经受到了猛烈的刺激。从此，隋文帝开始疏远高颎。

信任建立起来很难，崩塌只需要一瞬间。

为国效力，得罪皇子

在此之前，高颎还得罪了隋文帝的儿子。

开皇十八年（598），高句丽伙同靺鞨带着一万多人入寇辽西地区，营州总管率军击退了高句丽。

小小的高句丽胆敢主动攻打大隋帝国，朝鲜半岛曾划入过汉朝的版图，在中原王朝的统一计划中，高句丽一直是被统一的对象。

隋文帝大怒，准备派兵收拾高句丽。当时攻打高句丽的实际条件其实尚不成熟，朝鲜半岛特殊的地形，山水阻隔，运粮运兵都非常困难。高颎不赞成在没有充足准备的情况下出兵，因此极力劝谏隋文帝不要出兵。

盛怒下的隋文帝坚持出兵，他任命皇五子汉王杨谅、王世积为行军元帅，以尚书左仆射高颎为汉王长史，周罗睺为水军总管征讨高句丽。

出兵后，隋军果然遇到河水泛滥，粮食运输困难，军中缺粮严重。军中还暴发了传染病。水军在海上遭遇大风，船多漂没。隋军无功而返，士兵死了十之八九。

打了败仗，隋文帝非常沮丧。独孤皇后趁机说："高颎本来就不愿意打高句丽，陛下强行派遣他出征，我早就知道会无功而返。"

一句话，把战争失败的责任，从决策失误的隋文帝身上，转嫁到了高颎身上。

隋文帝不仅认为失败的原因在高颎，还认为他这是阳奉阴违，不执行皇帝的决策，影响了他作为伟大帝王的功绩。

皇子挂名出征，王府长史是战斗的实际指挥者。这和平陈时杨广任行军元帅、高颎任晋王元帅府长史是一样的。但是杨谅和杨广可不一样，杨谅是被宠坏的小儿子，他自我感觉非常良好，提出了很多建议，因为过于幼稚，高颎都没采纳。

杨谅因此怨恨高颎。

杨谅回京后，向母亲独孤皇后哭诉："儿子差点就被高颎杀了。"

皇子，隋文帝自己可以杀、可以打。大臣对皇子的态度，在隋文帝看来是对皇权的态度。所以，隋朝要求大臣见到皇子要行跪拜之礼。高颎敢对汉王无礼，这也太嚣张跋扈了。

在隋文帝这儿，高颎已经从一个备受信任、倚重的股肱之臣，变成了一个阳奉阴违、欺上瞒下、骄横跋扈的权臣。

高颎已经成为隋文帝要清除的对象。

众人推墙，除名为民

被皇帝盯上的人，落马是迟早的问题。机会接连到来。

开皇十九年（599），高颎奉命率军追击突厥，高颎中途请求派兵增援，朝中有机灵的大臣，揣摩上意，诬告高颎谋反。隋文帝正在犹豫要不要借机动手。犹豫的时候高颎已经凯旋。事情不了了之。

开皇十九年（599），凉州总管王世积被人告发谋反。王世积是北周旧臣，心眼比较直，隋文帝受禅前，曾对高颎说："吾辈俱周之臣子，社稷沦灭，其若之何？"

高颎没有做出回答。王世积的心情和很多北周臣子一样，深感不安，纠结又无力。所以，高颎没有和隋文帝提起过此事。时隔二十年，没想到因为王世积被诬告，牵连了高颎。

举报王世积的是他的亲信皇甫孝谐，他因犯罪被追捕，逃逸后投奔王世积，王世积没有收留他，皇甫孝谐因此怀恨在心，被捕后诬告王世积谋反。

皇甫孝谐说王世积曾经请人看相，看相的道人说王世积贵为国主，妻子当为皇后。还说他担任凉州总管期间，有人和他说河西之地是天下精兵所在，可以此为基地图谋大事。

全是某某说这种无法查证的事情。

王世积被告谋反，隋文帝马上警觉起来。

因为王世积是高颎举荐的，王世积谋反，高颎有没有参与？难道高颎才是主谋？高颎是宰相，王世积是大将，两个人一个在朝廷，一个在地方，莫非内外勾结，真的图谋反叛，像自己取代北周一样？

隋文帝敏感的神经被触动，命人彻查王世积。

负责查案的官员为了早点拿到口供，给皇帝交差，就给王世积用上刑了。棍棒之下，王世积招供出一些宫禁中的事情，并说是从高颎那里听来的。又查出了高颎和左卫大将军元旻、右卫大将军元胄等人私下结交。王世积曾馈赠名马给高颎等人。

隋文帝下令处死王世积，撤销元旻、元胄的职务，拜皇甫孝谐为上大将军。隋文帝接着就要对高颎下手了。

这时，京师内外许多大臣为高颎求情。上柱国贺若弼、吴州总管宇文弼、刑部尚书薛胄、民部尚书斛律孝卿、兵部尚书柳述等人纷纷上疏，证明高颎无罪。

隋文帝看着这些上疏，陷入了沉思：原来我杨坚的员工，暗地里是给他高仆射打工呢！

求情的人越多、职位越高，隋文帝越要定高颎的罪。

隋文帝下旨把求情的人全部交给执法官员处理，朝中再也没人敢给高颎求情了。

隋文帝罢免高颎上柱国、左仆射之职，仅以齐国公公爵身份回到自己的府第。

高颎已经退休在家，隋文帝还要在他心上戳一刀。

不久后的一天，隋文帝到秦王杨俊府上时，特意召高颎去侍宴。高颎悲不自胜，独孤皇后呜咽流涕。大臣们以为风向要有变化，皇帝难道是想重新起用高颎？

没想到隋文帝说："我待高颎，比对自己的儿子都好，几天看不到，就会想他，希望他总在眼前。可是现在，我已经彻底忘掉他了，就像他没存在过一样。为人臣子，最重要的是不能自恃功劳，要挟君主。"

这哪是叙旧哇？这是皇帝亲自下通知，让他的臣子们来给高颎补上一刀。

高颎是齐国公，他的齐国令看准风头，率先发难。齐国令实名举报高颎的儿子高表仁曾对高颎说："司马仲达初托疾不朝，遂有天下。公今遇此，焉知非福！"

高表仁把高颎比作司马懿，隋文帝大怒，马上下令让内史省把高颎抓到了监狱之中。

墙倒众人推。

马上又有人来举报了，说有一个叫真觉的沙门，曾对高颎说："明年国家会有大丧。"还有一个叫令晖的尼姑说："十七、十八年，皇帝有大厄，十九年不可过。"

国有大丧就是暗示皇帝驾崩，十九年不可过是说皇帝活不过开皇十九年，这就是诅咒隋文帝呀！高颎整天求神问佛，就想着皇帝早死，他好学司马氏夺曹魏天下，来一个高家夺杨隋天下。

隋文帝愤怒地环顾群臣说："皇帝难道是可以求得的吗？孔子以大圣之才，犹不得天下。高颎和他儿子，自比晋朝的皇帝，这是什么居心？"

有关部门请旨处斩高颎。

隋文帝说："去年杀了虞庆则，今年又斩了王世积，再杀高颎，天下人会怎么看我？"

于是，高颎被除官为民。

重新起用，终被处斩

开皇初年，高颎刚当上仆射的时候，他的母亲就告诫他："汝富贵已极，但有一斫头（砍头）耳，尔其慎之！"

高颎一直谨记母亲的教诲，小心翼翼，认真做事，低调为人，最后还是免不了被罢废的命运。如果这是最后的结局，那也将是最好的结局。

然而，高颎的故事还没有完结。

隋炀帝上台后，任命高颎为太常，下诏让他征召北周、北齐的音乐人，搜集天下即将散失的乐曲。隋炀帝把高颎抬出来，是想让大家看看自己对之前的老臣很好，摆摆样子，让高颎负责礼乐，给的是个闲散的差事，没准备让他参与朝廷大事。

高颎是什么人？一个认真负责的老宰相，干一行爱一行，做什么都要做好，他老人家想法还多，要不也不能在隋初辅佐隋文帝制定出那么多制度来。

收到命令，高颎脑袋就飞速旋转起来了，提出了自己的意见："这些民间乐曲，荒废已久。现在由官府征集，恐怕那些无识之徒，弃本逐末，把这些递相教习。"

隋炀帝听了很不高兴。

隋炀帝的奢靡作风，高颎很看不惯，修长城征召了很多民夫，高颎就更加担心了，他对太常丞李懿说："周宣帝因为好乐而亡，殷鉴不远，怎么能不吸取教训呢？"

隋炀帝对启民可汗非常好，用《资治通鉴》的话说是"恩礼过厚"。高颎又有意见了，他对太府卿何稠说："启民可汗，了解中国的虚实、山川险易，恐为后患。"

高颎还和观王杨雄说："近来朝廷殊无纲纪。"

这些话都传到了隋炀帝耳朵里。

大业三年（607）七月，隋炀帝以"谤讪朝政"罪，下诏诛杀了高颎，子孙流放。

多年前高颎母亲的告诫，还是成了现实。高颎谨慎小心地当了多年的好孩子。老了，老了，忘记了母亲说过的话。

高颎终年六十七岁，光禄大夫贺若弼，礼部尚书宇文弼，也以"谤讪朝政"罪同口被诛。

高颎的去世，代表一个时代的逝去，隋朝最有能力、有道德的宰相去世了，一个能把握政治方向，辅佐皇帝掌舵的定盘星陨落了。高颎曾为隋朝的治理发展做出了不可磨灭的贡献，他的功绩应当被铭记。

李世民评价高颎："高颎有经国大才，为隋文帝赞成霸业，知国政者一十余载，天下赖以康宁。"

《隋书》给了高颎极高的评价："颎有文武大略，明达世务。及蒙任寄之后，竭诚尽节，进引贞良，以天下为己任。苏威、杨素、贺若弼、韩擒虎等，皆颎所推荐，各尽其用，为一代名臣。自余立功立事者，不可胜数。当朝执政将二十年，朝野推服，物无异议。治致升平，颎之力也，论者以为真宰相。及其被诛，天下莫不伤惜，至今称冤不已。所有奇策密谋及损益时政，颎皆削稿，世无知者。"

六、晋王杨广的统一战线

杨广常年在外地，京城里需要一个地位高，又被皇帝信任的人帮他说话。

杨广快速锁定了一个人选——杨素。

杨素，出身弘农杨氏，北周车骑大将军、仪同三司。是隋朝著名军事家，隋文帝任北周丞相时，杨素主动投靠，深自结纳。北周时崭露头角，隋初各大战场都有他的身影。

北周灭北齐时，随上大将军王轨救援彭城，俘虏陈朝主将吴明彻。后随上柱国韦孝宽攻打陈朝淮南（泛指今淮河以南地区），杨素率军攻克盱眙（今江苏省盱眙县东北）、钟离（今安徽省凤阳县东北）。隋文帝平定三总管叛乱时，杨素是韦孝宽手下行军总管，斩杀据守武牢的荥州刺史宇文胄，因功改任徐州总管，进位柱国，封清河郡公。

隋文帝登基后，加封杨素为上柱国，让他参与制定隋朝律法，开皇四年（584），杨素升任御史大夫。后任信州总管，经略长江上游，做灭陈准备。灭陈之战，杨素任长江上游一路大军行军元帅，拜荆州总管，晋封越国公。江南复叛时，杨素率军平定叛乱。

开皇十二年（592），在苏威第一次落马后，两平江南的杨素成为尚书右仆射，取代了苏威的位置。杨素和时任尚书左仆射的高颎同掌朝政。

高颎坚定拥护嫡长子杨勇，他又是杨勇的亲家，于公于私，高颎都不可能支持杨广当太子。杨素在政治上不是个有操守的人，他的功名心很重，这样的人可以被利用，容易被公关。

杨广选中了一个公关小能手宇文述，让他想办法和杨素结盟。

宇文述，本姓破野头，字伯通，武川镇（今内蒙古自治区呼和浩特市武川县）人。北周上柱国宇文盛之子，是隋朝名将。

平陈的时候，他任行军总管，负责从六和出兵的那路大军。杨广发现他头脑很灵活，战役结束后就把他留在了手下做军师，给了个寿州总管的职务。

宇文述建议，从杨素的弟弟大理寺少卿杨约身上下手。

杨约心思缜密，性格阴鸷，经常给杨素出谋划策，杨素对杨约言听计从。宇文述对杨约不仅了解，而且熟悉。

杨广给了宇文述一大笔金银财宝，让他回京收买杨约。

宇文述来到京城，请旧友杨约吃饭并和他把酒言欢。杨约的财运随之而来，逢赌必赢，金银财宝源源不断地从赌桌上搬回府中。

盆满钵满的杨约赢了宇文述这么多钱，感到很不好意思，对宇文述表示感谢。宇文述看到时机已经成熟，说："这都是晋王给的，让我与你同乐。"

赌桌赢钱，不是庄家的套路，也一定是别人的套路。当一个人逢赌必赢的时候，后面一定是一个巨大的陷阱，可能是倾家荡产，可能是赔上性命。

宇文述说了很长的一段话，表达了三个层次的内容：

一是识时务者为俊杰。

老老实实当个臣子固然很好，想闻达天下则需要另辟蹊径。贤人君子都是因势而动。

二是太子登基你们就完了。

你们兄弟一个是仆射，一个是大理寺少卿，身居要职，功名盖世，这么多年得罪过的朝臣能数得过来吗？太子在东宫，提出的想法总不能如愿，经常怨恨当朝的宰相。一旦皇帝不在了，你们没了保护伞，太子和之前你们得罪过的人，能放过你们吗？

三是如果辅佐晋王登基你们不仅安全了，还能飞黄腾达。

综上所述：扶保晋王，干掉太子。

杨约深以为然，再加上拿人家的手短，他回家马上和杨素说了此事。

杨素听了是什么反应？

杨素大喜，开心到拍大腿。他说："我确实不如你聪明，怎么早没想到呢？亏得你提醒我。"

杨约又说："现在皇后的话，皇帝没有不依从的，得找机会早点和皇后通通气。如此定能长保荣禄，传祚子孙。兄若迟疑，一旦有变，让太子登基，恐怕祸患马上就会降临！"

杨素马上行动，他到独孤皇后那儿一探口风，独孤皇后果然是支持晋王，不喜欢太子。杨素进一步试探着说他也认为太子不才，独孤皇后还送了杨素一笔钱，让他想办法配合皇帝，废黜杨勇，立晋王为太子。

一个由皇帝、皇后、宰相杨素、晋王组成的"倒太子联盟"正式成立。

七、杨勇，待宰的羔羊

杨广磨刀霍霍，难道杨勇只能做待宰的羔羊吗？

是的！

《资治通鉴》记载此时杨勇"颇知其谋，忧惧，计无所出"。

杨勇已经察觉到了危险，担忧，害怕，但他毫无办法。杨勇找了一个叫王辅贤的新丰人，搞起了厌胜。厌胜，即厌而胜之，以法术诅咒或祈祷为手段，达到制胜所厌恶的人、物或魔怪的目的。

电视剧里常见的"扎小人"就是厌胜，还可以用木头雕刻，或画在纸上。然后写上要诅咒的人的生辰八字，通过刺心钉眼、系手缚足等方法，诅咒对方多病或者早死。

古人笃信此法灵验，认为厌胜是一种恶毒的杀人手段，律法定罪时一般是按谋杀罪减二等论处，如果被诅咒的对象是至亲长辈，则不可减罪，依律当斩。

杨勇还在东宫的后园建起一座庶人村，也就是老百姓住的村子，屋子建得矮小简陋，杨勇每天穿着布衣，盖着草席，到村子里躺几个时辰，希望能抵挡灾祸。

原理是：提前过一下庶人的生活，消除罪业，就不会被废为庶人了。

堂堂太子，遇到危机没有任何应对能力，找来个什么新丰人王辅贤商量对策，这个人不是朝廷官员，也不是东宫官属，很可能是个神棍，太子听信他的话搞厌胜，真是自寻死路。

杨勇的心思和精神都用在研发时尚铠甲、打造奢侈品上了。

二十年的太子呀！

政治上一点都没成长，明知道隋文帝夫妇崇尚节俭，他还是我行我素；明知道隋文帝夫妇最厌恶人宠爱小妾，他还是宠妾灭妻；明知道隋文帝夫妇已经厌恶自己，非但不能及时设法挽救，反而昏招迭出，自寻死路。

杨勇七搞八搞的风声，很快传到了隋文帝耳中，隋文帝为了安全，搬到仁寿宫去居住，派杨素去东宫观察杨勇在做什么。这不就是派苍鹰去观察兔子，派猎豹去观察羚羊？

杨素带着圣上旨意到了东宫，派人通报杨勇后，他故意待在外面，让杨勇久等。

杨勇接到旨意，马上换好衣服，穿得整整齐齐，腰带打得板板正正，等着皇帝的使者。左等不见人来，右等不见人影，杨勇的心情逐渐烦躁。杨素估量着杨勇已经很生气了，才磨磨蹭蹭地进来。

果然，如杨素所料，杨勇非常生气，"形于言色"，甩脸子，炻蹶子，说话·蹦二尺高。

杨素都不需要添油加醋，把他说的话、做的表情如实汇报就可以了。

杨素说："勇怨望，恐有他变，愿深防察！"

孤独皇后派人侦察、窥视东宫，不论多小的事情都要向她汇报，她再包装成杨勇的罪责，汇报给隋文帝。隋文帝对杨勇更加疏远、忌惮。

隋文帝在玄武门、至德门之间的街坊上安插了很多密探，监视太子动向。

还把太子卫戍部队侍官以上的指挥人员全部调离东宫，身体勇健的精锐士兵也全部调走。东宫左卫率苏孝慈被外放为淅州刺史。

晋王杨广又派段达收买东宫幸臣姬威，让他在太子身边做奸细，一旦太子有什么动静，就密告杨素。

如此上下联手，内外一心，效果非常显著：内外喧谤，过失日闻。

段达又对姬威说："东宫的过失，皇帝都知道，我们已经得到密诏，一定要废黜太子，另立他人；你要是能在此时检举揭发太子，会有大富贵等着你！"

隋文帝很快就看到了姬威的举报信，废黜杨勇的准备工作已经完成。

秋天的肃杀之气，铺天盖地地充斥着整个大兴城（长安，隋称大兴）。

开皇二十年（600）九月末的一天，隋文帝从仁寿宫返回大兴城，和天气同样肃杀的是隋文帝的脸。

大兴殿上，隋文帝对侍臣说："我刚回到京师，应该开怀欢乐。不知道为何却满心愁苦。"

文武百官面面相觑，不知道该怎么回答。吏部尚书牛弘说："臣等不称职，才让至尊如此忧劳。"

隋文帝每天都能听到太子的过失，以为太子的过错人尽皆知，他一问，大臣们一答，踊跃举报，他再顺水推舟，可以轻松废掉太子。

没想到平时背后告状的那些人，现在都把头缩回了壳里。还有很多官员完全不知道隋文帝要做什么。

隋文帝只好点明主旨。

他对东宫官属说："仁寿宫离京城不远，可是我每次回京师，都要严备仗卫，如入敌国。我最近腹泻，只能和衣而卧。昨夜我本想睡在靠近厕所的后房，可又担心有紧急的事情发生，怕后殿防护力量不够，只好睡在前殿。我每天如临大敌，难道不是因为你们想要破坏我的国家吗？"

说完，隋文帝下令逮捕太子左庶子唐令则等数人，交给有关部门严厉查办。又命杨素把东宫的丑事告诉群臣。

杨素站出来公布杨勇的罪状。

一是，拒不配合清查刘居士余党，公然抗旨罪。

刘居士，是彭国公刘昶之子，任太子千牛备身，是掌管皇太子宿卫的七品官。他组建了一个三百多人的黑暗组织，寻衅滋事，违法乱纪，为非作歹，扰乱京师治安。因被人举报图谋不轨，隋文帝下令将刘居士斩首。

杨素奉命请太子检校刘居士余党。太子奉诏，居然怒容满面，暴跳咆哮地说："刘居士的余党不是都正法了吗？还让我到哪里去抓什么余党？你是右仆射，担着重责大任，有遗留问题也应该是你去处理。关我什么事？"

二是，心怀怨望，大发牢骚罪。

太子还当着杨素的面说："当初在北周谋求天下，如果大事不遂，还不是我这个嫡长子先被砍头。现在他当了天子，竟然对我不如那些弟弟好。我没有一件事能自己做主，感觉像坐牢一样。"

隋文帝也配合杨素，继续列举杨勇的罪状。

隋文帝说："我早就知道杨勇不堪承嗣大统，皇后也经常劝我废掉杨勇。我念着他是我布衣时所生，又是长子，总期盼着他能改过，才隐忍至今。"

三是，惦记母亲婢女罪。

隋文帝又说："杨勇曾指着皇后的侍女说：'这将来都是我的。'大家听听这说的是什么话？他的太子妃暴病而亡，我怀疑是有人投毒，说了他几句，他竟然撑我说：'有机会我连元孝矩（太子妃之父）也要杀掉。'这是要杀元孝矩吗？他是想要害我，才迁怒他的岳父哇！"

四是，意图剥夺爷爷奶奶探视权。

隋文帝又说："我的孙儿杨俨（封长宁王，云昭训所生）出生时，我和皇后把他抱进宫中，亲自抚养，他因为和我生了龃龉，派人来要把孩子抱回去。哪有这样防备自己父母的人？之前晋朝的太子，娶了屠夫的女儿，生下的儿子即好屠割。云家家风不正，云昭训生的孩子岂不是乱了皇家的血统？我虽无尧、舜之德，也不敢把社稷交给杨勇这个不肖子！我畏惧他的加害，每天如临大敌。"

接着，隋文帝宣布他的决定："现在，我决定废黜他，以安天下！"

大臣们是什么反应呢？没反应，只有左卫大将军五原公元旻发言了，还是反对意见。元旻说："废立大事，诏旨如果颁布，后悔就来不及了。谗言无孔不入，还请陛下明察。"

隋文帝没理元旻，让姬威出列，继续列举太子的罪状。

姬威的反应也快，迅速组织语言，罗织出杨勇的六大罪状：

一是，太子和我说，我当了皇帝，一定好好享受，一年四季大修离宫别馆。

二是，太子说谁敢劝谏，我就杀了谁，杀他一二百，自然没人提意见了。

三是，太子左卫率苏孝慈被解职时，太子说大丈夫总有一天要出了这口恶气。

四是，因为尚书没有按太子的要求，给东宫拨款，太子就说，宰相我也要杀他一两个，让他们知道轻慢我是什么下场。

五是，太子经常说皇帝总怪我孩子都是侧室生的，高纬、陈叔宝都是嫡出，还不都是孽子。

六是，太子召了个老巫婆算卦，说皇帝会死在开皇十八年，死期就快到了。

听到这里，隋文帝流下了眼泪，说："谁不是父母所生，太子怎么会悖逆到这个程度？朕最近看《齐书》，见高欢纵其儿子，不胜愤愤，我怎么能效仿他呢？"

说完，隋文帝下令包围东宫，囚禁杨勇和他的儿子们，在京城搜捕太子党羽。

旨意颁布，应和旨意的人就来了。有关部门上奏，说元旻早就和杨勇有勾连，他们有书信往来，信上还写着"勿令人见"。

隋文帝恍然大悟说："难怪朕在仁寿宫，发生一点小事，东宫都知道，比驿马传递消息都快，我奇怪了好久，原来是这样。"

隋文帝命人逮捕元旻。右卫大将军元胄刚好要下班，见元旻被捕，立刻留下，奋笔疾书，奏疏上说："我最近到了下班时间都不回家，就是为了防备元旻。"

现在所有的罪状都是某某说，没有落到实处的罪证，废黜太子，只有口供不好和天下人交代。隋文帝命人到东宫搜查，寻找物证。

物证很快就拿到了：槐树棍数千枚，艾草数斛，一千匹马。

杨勇也是倒霉，前段时间他出门，路上一棵枯死的老槐树引起了他的兴趣，杨勇问："枯死的槐树能有什么用？"左右说："槐树生火是最好的。"当时卫士身边都佩戴有火燧。杨勇下令把老槐树砍成木棍分给左右，拿回家去生火用。所以东宫的仓库就多出了几千根槐树木棍。

东宫的药藏局里还储存着数斛艾草。

槐树棍和艾草，看着有些奇怪，但又说不出哪里不对，隋文帝问姬威，这都是做什么的？

姬威说："太子别有用心。不光准备这些东西，还养了一千匹马呢！您在仁寿宫时，太子从仁寿宫回京城，总是快马疾行，一晚上就到了。太子曾对臣说：'如果派人去守住仁寿宫城门，皇帝就饿死在里面了。'槐树木棍、艾草、火燧这都是点火用，晚上行军，可以做火把。"

杨素诘问杨勇养这么多马做什么。

杨勇反问："听说你杨素家养得更多，养了数万匹。我是太子，只养了一千匹，就是要造反了吗？"

杨素又把东宫那些奢侈品、服饰、文玩、被装饰的蜀铠等全拿到庭院里陈列，向文武百官展示太子的罪行。

隋文帝和独孤皇后轮番派人责问杨勇，杨勇不服。除了不服，也没别的可以做了。

皇帝要废立太子，负责观测天象的太史令（天文台台长）提供了天意。

太史令袁充对隋义帝说："臣观大文，皇太子当废。"

隋文帝怨愤地说："上天早有示意，就是群臣不敢说出来罢了。"

开皇二十年（600）十月，秋风如同冬日的寒风一样凛冽，帝国太子居住的东宫已经生气全无，当杨勇看到隋文帝的使者时，他想象了一下自己的死法。白绫三尺？鸩毒一杯？毕竟是太子，总会给留个全尸。

杨勇没有被杀，他被带到了武德殿上。

隋文帝身穿戎服，陈兵殿上，文武百官立于东面，诸位宗室皇亲立于西面。杨勇和他的儿子们被摆放在殿庭中间。

隋文帝命薛道衡宣读废太子诏书："太子之位，实为国本，苟非其人，不可虚立。自古储副，或有不才，长恶不悛，仍令守器，皆由情溺宠爱，失于至理，致使宗社倾亡，苍生涂地。由此言之，天下安危，系乎上嗣，大业传世，岂不重哉！皇太子勇，地则居长，情所钟爱，初登大位，即建春宫，冀德业日新，隆兹负荷。而性识庸暗，仁孝无闻，昵近小人，委任奸佞，前后愆衅，难以具纪。但百姓者，天之百姓，朕恭天命，属当安育，虽欲爱子，实畏上灵，岂敢以不肖之子而乱天下。勇及其男女为王、公主者，并可废为庶人。顾惟兆庶，事不获已，叹言及此，良深愧叹！"

隋文帝又令薛道衡质问杨勇："你的罪恶，人神共弃，欲求不废，可能吗？"

杨勇本以为今天要没命了，现在隋文帝只是把他废为庶人，他马上认罪："臣按罪应该弃尸于市，为后来人鉴戒，幸蒙哀怜，得全性命。"

说完杨勇泣下流襟，行了舞蹈之礼后离开大殿。

群臣黯然无声。

杨勇被囚禁在东宫。

元旻、唐令则及太子家令邹文腾、左卫率司马夏侯福、典膳监元淹、前吏部侍郎萧子宝、前主玺下士何㧑都被处斩，妻妾子孙皆没官为奴。车骑将军榆林阎毗、东郡公崔君绰、游骑尉沈福宝、瀛州术士章仇太翼各打一百廷杖。本人和家眷没官为奴，资财、田宅全部充公。副作大匠高龙叉、率更令晋文建、通直散骑侍郎元衡被赐自尽。

十一月初三，晋王杨广被立为皇太子。

杨广奏请，降低册立仪式上太子的礼服等级。太子东宫的官员，在太子面前不再自称为臣，只向皇帝称臣。

隋文帝非常满意，新皇太子真是个合格的接班人。

公元601年，隋文帝大赦天下，改元仁寿。以尚书右仆射杨素为左仆射，纳言苏威为右仆射。

至于杨勇，除了看守他的新太子杨广，谁还会在意他的死活？

杨勇在东宫凄厉地号叫，他爬上大树，大喊："父皇，儿臣冤枉。父皇，儿臣冤枉。"

他屡次申请觐见父皇，当面陈述自己的冤屈。看守他的现任太子怎么会给他这个机会？

杨勇爬过的那棵树被砍断，隋文帝也收到了关于杨勇的新消息：杨勇疯了。

杨素对隋文帝说："杨勇情志昏乱，为癫鬼所缠，不能痊愈了。"

隋文帝再也没见过杨勇。

仁寿末年（604），隋文帝去世后，杨勇被杨广矫诏赐死，后被追封为房陵王。

总有人设想，如果杨勇没有被废，隋朝是不是不会二世而亡？但一个没有危机意识的太子，一个遇到危险只会厌胜的太子，当了皇帝就能治理好国家了吗？

八、皇后病逝，杨秀被废

仁寿二年（602）八月，独孤皇后病逝于永安宫，终年五十九岁，谥号"文献皇后"。

独孤皇后去世，最伤心的莫过于隋文帝，唯一能够理解他的人离开了人世，隋文帝感到莫大的孤独，他试图在人间寻找独孤伽罗的影子。

然而，别的女人只能和他同居共寝，却不能与他并辇上朝。纵然后宫中有百花争艳，哪能比得上伽罗的情深意长？不论是夜半私语，还是共论朝政，能全心为他着想，总是能合他心意的人，再也没有了。

他开始在百花丛中寻找独孤伽罗的影子。贵人陈氏、蔡氏都得到了宠幸。

随之，老皇帝的身体也一天天地变差，病危的时候，隋文帝对身边的人说："如果皇后还在，我不会走到今天这个地步。"

独孤皇后去世，表现得最伤心的是皇太子杨广。

人前，哀恸绝气；人后，饮食言笑如平常。妥妥的演技派。

杨广继续伪装仁孝太子，暗中手也没闲着。独孤皇后病逝不久，蜀王杨秀也被废为庶人，囚禁宫中。

杨秀被废是自寻的，也是被设计的，更是必然的。

杨秀"有胆气，容貌瑰伟，美须髯，多武艺，甚为朝臣所惮"。

他是隋文帝和独孤皇后的第四个儿子，儿子优秀是好事，但一个皇子霸气外露，为朝臣所惮，坐在皇位上的人难免会不安，准备坐上皇位的那个人，就更加不安了。

现任皇帝隋文帝说："秀必以恶终！我在的时候没事，等他的兄弟当了皇帝，恐怕他会造反。"

杨秀当时镇守在蜀地，为益州（今四川省成都市）总管。总管府长史元岩，是隋文帝派到益州辅佐杨秀治理蜀地的。元岩威严稳重，刚正耿直，被认为才华可以和高颖相比，他在的时候还能约束杨秀的行为。

开皇十三年（593），元岩去世，杨秀开始随心所欲地作死，生活越来越奢侈，把车马被服都搞得和天子一样。他还造了一台浑天仪，浑天仪在古代只有皇帝可以使用，杨秀的做法是僭越礼制，

开皇十七年（597），大将军刘哙之讨伐西南蛮夷爨的叛乱，隋文帝又命上开府仪同三司杨武通出兵讨伐。

叛乱发生在杨秀管理的地盘上。杨秀任命亲信万智光为杨武通的行军司马。这相当于皇子派亲信去监视皇帝派的大将。

隋文帝谴责杨秀"任非其人"，对群臣说："坏我法者，子孙也。譬如猛虎，没什么动物能伤害它，反为皮毛间的虫子所损食。"

隋文帝认为，杨秀就是他这头猛虎皮毛间的虫子。

杨勇被废时，杨秀愤愤不平。杨广知道后，决定清理掉这只虫子，现在不清理，以后他可不是啃自己的皮毛那么简单了。

杨素又担负起重责大任，搜集了杨秀的种种罪证，递给了现任老虎隋文帝。

隋文帝大怒，下旨召杨秀入京。杨秀也察觉到了危险，犹犹豫豫，想以生病为由延缓返京。益州总管司马源师劝谏其奉诏即刻回京。

杨秀甩个脸子说："这是我的家事，和你有什么关系？"

源师哭着回答："我是大王的幕僚，怎敢不尽心为大王着想？圣上下旨召大王回京，已有一些时日，现在迁延不去，百姓不识王心，倘若传出去，内外疑骇，皇帝发雷霆之诏，降一介之使，大王何以自明？愿大王深思明鉴。"

隋文帝担心杨秀生变，任命原州（今宁夏回族自治区固原市）总管独孤楷为益州总管，疾驰入蜀，取代杨秀。

独孤楷到了益州，杨秀还是不肯走。独孤楷劝了很久，杨秀才启程回京。

独孤楷察觉杨秀可能反悔，勒兵备战。

杨秀走了四十多里，果然后悔，想回头来打独孤楷，派人打探了一下，知道独孤楷严阵以待，高度戒备，只好作罢。

仁寿二年（602）十月，杨秀回到长安，隋文帝召见了他，却不和他说话。

第二天，隋文帝派使者大骂杨秀。杨秀慌忙谢罪，说："我承蒙国恩，忝居要职，不能奉法，罪当万死。"

皇太子杨广带着诸王一起跪在大殿上哭着求情。

隋文帝说："前不久，秦王杨俊靡费财物，我以父道训之。现在杨秀蠹害生民，当以君道绳之以法。"

随后，隋文帝下令让有关部门逮捕杨秀。

大臣庆整劝谏："杨勇已经废为庶人，秦王已经亡故，陛下您的儿子本就不多，何至于如此严厉？蜀王性格耿介，现在被重责，臣恐怕会出意外。"

隋文帝晚年经常大怒，大怒的时候常常就要杀人。这次大怒的隋文帝要割掉庆整的舌头，还暴跳地说："应该杀了杨秀，以谢百姓。"

群臣苦苦劝谏，才保住庆整的舌头。

随后，隋文帝派杨素、苏威、牛弘、柳述、赵绰等人调查审理杨秀。

杨广抓住机会，派人制作木偶，写上隋文帝和汉王杨谅的名字，缚手钉心，埋在华山之下，又让杨素派人挖出来。又说杨秀自己伪造图谶，称京师出了妖异，蜀地出现祥瑞，暗指杨秀意图谋反。

杨广还伪造了一篇檄文，檄文中有"逆臣贼子，专弄威柄，陛下唯守虚器，一无所知""指期问罪"等语，放进杨秀的文集中，由杨素去发现。

隋文帝惊诧地说："天下竟然有这样的事？"

十二月，隋文帝下诏废蜀王杨秀为庶人，幽禁在内侍省，不得与妻儿相见，只给獠婢二人，连坐者达百余人。

九、隋文帝死亡疑云——隔着面纱猜猜看

竟然有人诅咒当今皇帝，还是当着皇帝的面。

而且，皇帝真的死了，诅咒他的人却被饶恕。

仁寿四年（604）正月，隋文帝要到仁寿宫休养，术士章仇太翼苦苦劝阻，隋文帝还是坚持要去。章仇太翼只好把心中的担忧直言相告。

他说："陛下，您这次去仁寿宫，恐怕就回不来了！"

被当面诅咒，隋文帝当然会大怒。他把章仇太翼丢进长安的监狱。大怒的隋文帝没有当场杀人，他想等自己回京，证明章仇太翼说的话不灵验后再杀他。

术士通常洞悉人性，精通医术，善于观察。章仇太翼看出了隋文帝身体的隐忧，也知道隋文帝去仁寿宫一定会饮酒纵欲，他的预言不是妄言，这位术士没骗人。

隋文帝在仁寿宫住了几个月后，真的生病了。弥留之际，隋文帝命杨广放了章仇太翼。

仁寿四年（604）七月十三日，隋文帝病逝于大宝殿，时年六十四岁。

《资治通鉴》给了隋文帝比较客观的评价：

"高祖性严重，令行禁止，勤于政事。每旦听朝，日昃忘倦。虽啬于财，至于赏赐有功，即无所爱；将士战没，必加优赏，仍遣使者劳问其家。爱养百姓，劝课农桑，轻徭薄赋。其自奉养，务为俭素，乘舆御物，故弊者随令补用；自非享宴，所食不过一肉；后宫皆服浣濯之衣。天下化之，开皇、仁寿之间，丈夫率衣绢布，不服绫绮，装带不过铜铁骨角，无金玉之饰。故衣食滋殖，仓库盈溢。受禅之初，民户不满四百万，末年，逾八百九十万，独冀州已一百万户。然猜忌苛察，信受谗言，功臣故旧，无始终保全者；乃至子弟，皆如仇敌，此其所短也。"

相对于如何评价隋文帝，隋文帝的死亡真相更加被关注。

隋文帝之死，官修正史《隋书》和《资治通鉴》的记载基本相同，都出现了两个版本。

一个版本，隋文帝是正常死亡。死亡过程清晰，隋文帝去世前得到了很好的临终关怀，君臣一体、父慈子孝、场面温馨。

正月二十七日，隋文帝抵达仁寿宫。

正月二十八日，隋文帝下诏把包括财政大权在内的一切大小朝政全部交给皇太子杨广。

四月，隋文帝生了重病。

六月，隋文帝宣布大赦天下。

七月初十，隋文帝病重，召见百官，君臣唏嘘，非常感伤，握手辞别。隋文帝想起长安监狱里的章仇太翼，命皇太子把他放出来。

七月十三日，隋文帝病逝于大宝殿。

另据《隋书·何稠传》记载，隋文帝病重期间，曾召何稠觐见，交代陵寝制度的安排。独孤皇后去世时，何稠曾和宇文恺（工程建筑专家）参典山陵制度。

隋文帝对何稠说："皇后的陵寝就是你建造的，现在我也要死了，把我的陵寝也交托给你吧！我怎么也忘不了皇后，希望你建造的陵寝能让我和皇后在地下相见。"

交代完，隋文帝又搂着杨广的脖子说："何稠做事很用心，我把身后事交托给他了，我死后，你跟他商量着办就可以了。"

从这个版本看，隋文帝走得从容、安详。

另一个版本，认为隋文帝是被害死的。

仁寿四年（604），隋文帝久病不愈，在仁寿宫休养。命左仆射杨素、兵部尚书柳述、黄门侍郎元岩等人入阁侍疾，太子杨广入居大宝殿。

皇位一天没到手，杨广都惴惴不安，为防止隋文帝改写遗诏，杨广要随时掌握隋文帝和朝廷百官的动向。杨广亲写书信一封，向杨素询问隋文帝的情况，杨素回复的密函被误送到隋文帝手中。

隋文帝还没死呢，太子已经和宰相联手！这是谋逆呀！太子是不是在盼着他早点咽气，好早点当皇帝？隋文帝又恨又恼。

隋文帝的宠妃陈氏早晨如厕时，遇到太子，太子要非礼她，她拼命抗拒才得以逃脱。恰在此时，陈氏神色慌张地走了进来，隋文帝追问之下，陈氏哭着指控太子无礼。

怒上加怒的隋文帝，用手拍着床板说："畜生何足付大事，独狐（独孤皇后）诚误我！"

隋文帝决定废黜杨广，再立杨勇为太子。

隋文帝紧急宣召兵部尚书柳述、黄门侍郎元岩，对他们说："召我儿！"

柳述等人自然以为隋文帝要宣皇太子杨广。

隋文帝接着说："杨勇。"

柳述和元岩对视一眼，当即明白，天可能要变。

柳述、元岩连忙拟写召见杨勇的敕书。此事被杨广一方的人所知道，杨广一方随即矫诏，调动东宫卫戍部队进驻仁寿宫，由左庶子宇文述、左宗卫率郭衍节度，封锁宫禁。

又遣右庶子张衡入寝殿侍疾，把侍奉的宫人全部遣退，关在别殿。

当天，隋文帝驾崩。

陈氏和后宫诸人，得到隋文帝去世的消息惶恐不安，脸色惨白，两股战战。

午后，杨广派使者送了一个赍金盒子给陈氏，盒子上贴着一张纸，纸上是杨广的亲笔签名。陈氏收到盒子惶恐害怕，以为里面装的是毒药，不敢打开。

使者一再催促，陈氏才颤抖地打开盒子。

哪是什么鸩毒，是数枚同心结。

宫人们都开心地说："这回不用死了。"

陈氏满脸气恼之色，背对使者坐着，不肯谢恩。宫人们一起逼迫她，她才勉强拜了一下使者。

当天晚上，杨广临幸了陈氏——他父亲的宠妃，他的庶母。

杨广残杀君父，奸淫庶母。

故事噱头十足，血腥香艳。

这个版本广为流传，记载于《隋书·杨素传》、《隋书·宣华夫人陈氏传》、《资治通鉴》卷180。另外在《隋书·张衡传》中有暗示。

最有意思的是《资治通鉴》卷180，先记载了第一个版本，接着就记载了第二个版本。

而《隋书》的记载不仅出现了两个版本，后一个版本的内容还前后矛盾，让人不禁产生疑问。

是杨素把事情告诉了杨广，还是杨广得到消息找杨素商量？

《隋书·宣华夫人陈氏传》载："素以其事白太子。"

《隋书·杨素传》载："太子谋之于素。"

派张衡进入寝殿的人到底是杨素还是杨广？

《隋书·宣华夫人陈氏传》载："太子遣张衡入寝殿。"

《隋书·杨素传》载："素矫诏追东宫兵士帖上台宿卫，门禁出入，并取宇文述、郭衍节度，又令张衡侍疾。"

隋文帝是怎么死的？是张衡进入寝殿后，日晡了隋文帝自然死亡，还是他通过武力手段杀了隋文帝？

《隋书·宣华夫人陈氏传》载："俄闻上崩。"

《隋书·杨素传》载："上以此日崩。"

疑问不只这几点。

杨广当时和杨素、柳述、元岩都在宫中侍疾，他们为什么不当面商量，非要通过书信传递消息？

而且，消息也不需要传递，他们同在宫中，杨素知道的事情，杨广也应该知道。

《隋书·杨素传》载："素与兵部尚书柳述、黄门侍郎元岩等入阁侍疾。时皇太子入居大宝殿。"

如果他们有紧急事情需要商议，有时间悄悄写信，难道就没有机会私下碰头？

就算他们确实传递了书信，送信的人难道是在宫中临时抓的小宦官、小宫女？否则怎么会出现如此重大的失误，把应该送给太子的信，送到了皇帝那里？

对女主角陈氏的记载，也让人感到她非常可疑。

通过《隋书·后妃传》，我们可以得到以下几条信息：

一是，陈氏是南朝陈宣帝的女儿，性格聪慧，姿貌无双。陈朝灭亡时，被没入掖庭，后选入隋文帝后宫为嫔。

二是，独孤皇后在世时，陈氏是个特例，在后宫中独得宠爱。

《隋书》载："后宫罕得进御，唯陈氏有宠。"

三是，杨广夺嫡，陈氏曾出力。

杨广还是晋王时，为了实施夺嫡之计，暗中送了金蛇、金驼等物，收买陈氏做他的政治盟友。在废杨勇、立杨广的事情上，陈氏是出了力的，可能是吹枕头风，可能是在后宫散布谣言，陈氏当时一定帮助过杨广。

《隋书》载："晋王广之在藩也，阴有夺宗之计，规为内助，每致礼焉。进金蛇、金驼等物，以取媚于陈氏。皇太子废立之际，颇有力焉。"

四是，独孤皇后去世后，陈氏负责主管后宫事务。

《隋书》载："及文献皇后崩，进位为贵人，专房擅宠，主断内事，六宫莫与为比。"

五是，隋文帝病重的时候，在遗诏中拜陈氏为宣华夫人。

通过以上信息，我们知道杨广和陈氏早就结成了政治联盟，杨广当太子，继承皇位，一定会对陈氏有所回报，杨广极有可能早就许诺过如果他当上天子，会给陈氏什么好处。

既然早就私下勾连，又何至于在陈氏如厕的路上见色起意？

杨广为了当上太子，已经倾情演出二十几年，节俭、孝悌、钟爱妻子，不亲近姜室，现在隋文帝已经病危，到了最关键的时刻，他会在此时突然放纵自己吗？

如果他认为隋文帝已经不久于人世，他已经胜券在握，不必再伪装了，又为什么悄悄写信给杨素询问情况？他为确保万无一失而联系杨素，却在后宫逼淫庶母，这种做法实在是前后矛盾。

陈氏是杨广的同盟，那是杨广当皇帝对陈氏有利，还是杨勇当皇帝对她有利呢？

杨广至少也会给点金钱上的好处，给她寻个妥当的地方好好过以后的日子。杨勇呢？杨勇上台后，如果知道陈氏做的事情，恐怕她连白绫和鸩毒都拿不到，会死无葬身之地。

所以，如果他们是同盟，即使杨广突然昏了脑壳，陈氏也不会到隋文帝面前去揭发杨广，这无异于自杀。

陈氏会因为杨广的无礼，一时气愤，失去理智做出这样的不智之举吗？

陈氏历经陈朝、隋朝两朝，陈宣帝、陈后主、隋文帝三任皇帝，在独孤皇后在世时，她都能在后宫保有一席之地，我们有理由相信她是个会审时度势、颇有政治眼光和智慧的女性。

综上所述，陈氏不可能举报杨广。

除非她是双面间谍。

有学者认为，不仅陈氏是杨勇的同党，兰陵公主也是杨勇一派。（此观点见袁刚《隋炀帝传》。）

所以，兰陵公主的驸马柳述也是杨勇的同党。这也就能解释为什么杨广登基后苛待兰陵公主。

如果是这样，那所谓杨素的回信，就是柳述伪造的。所谓陈氏被杨广无礼，不过是让隋文帝下定决心，废黜杨广。

陈氏可能一直是个两面派，杨勇的同党视她为同谋，与她一起商定并执行了这次任务。

陈氏也可能是临时倒戈，她看到杨广要失势，急中生智，谎称被杨广无礼，帮柳述等人火上浇油，好在杨勇复辟后保命或者获利。

下一个问题，杨广到底有没有弑父？

很大可能是没有。

理由有三：

一、唐高祖李渊讨伐隋朝的檄文里没有提到杨广弑父，这么有力的武

183

器，大唐的开国君臣会不用吗？

二、隋文帝和大臣们一一告别是在七月初十，当时隋文帝定然已经处于病危状态。七月十三日，隋文帝就病逝了。杨广根本没必要在隋文帝随时可能离世的情况下，冒着极大的风险去杀人，这除了给自己的政治对手送分，什么好处都没有。他的太子之位虽然是用手段谋夺而来，但他已经是正式册立的皇太子，隋文帝的法定继承人了。维持现状才是最保险的。

三、记载这件事较早的史料《大业略记》不可信。

《大业略记》是一本野史。作者赵毅是隋末唐初的人。

《大业略记》载："高祖在仁寿宫，病甚，炀帝侍疾，而高祖美人尤嬖幸者，惟陈、蔡而已。帝（隋炀帝杨广）乃召蔡于别室，既还，面伤而发乱，高祖问之，蔡泣曰：'皇太子为非礼。'高祖大怒，啮指出血，召兵部尚书柳述、黄门侍郎元岩等令发诏追废人勇，即令废立。帝（杨广）事迫，召左仆射杨素、左庶子张衡进毒药。帝（杨广）简骁健宫奴三十人皆服妇人之服，衣下置杖，立于门巷，以为之卫。素等既入，而高祖暴崩。"

据《大业略记》所说，被杨广无礼的是蔡氏，不是陈氏。蔡氏是隋文帝的另一个妃子，在隋文帝病重时被封为容华夫人。

隋文帝大怒的反应也不是捶床板，而是咬手指头。

对隋文帝的死因明确记载为"进毒药"。

控制宫禁的办法也不是调动东宫卫戍，而是三十个矫健的宫中奴隶，穿着女人的衣服，把棍子藏在衣服里，站在门巷。

然后，杨素这些人一进去，隋文帝就死了。

在《大业略记》里，皇帝发怒啃手指头，太子逼宫连一个卫士都没有，弄了三十个大男人，穿上女装作为伪装，要杀皇帝他们连把刀都没有，武器就是三十根木头棍子。太子没有毒药，是和宰相要的毒药，宰相一到皇帝就死了。

这个过程太不合常理，太让人怀疑了。

正是因为这段野史漏洞太多，不容易取信于人，所以魏徵等人对它进行了加工，去掉了明显造谣的"进毒药"环节。对寒酸搞笑的控制宫禁方法予以替换，换成了左庶子宇文述等人节度东宫兵士，把不符合隋文帝身份和行为习惯的动作咬手指换成了捶床板。增加一个环节，让隋文帝说："独孤误我！"这样处理后事情已经变得可信多了。

蔡氏换成陈氏，可能有两个原因：一是蔡氏此前和杨广没有往来；二是独孤皇后去世后，陈氏在后宫专房擅宠，主断内事，她在隋文帝身边的时间更多。

还有一个问题要解决，《隋书·张衡传》中似乎暗示他帮杨广做了不可告人的事情。

据《隋书》记载，大业八年，张衡的小妾举报他谤讪朝政，隋炀帝赐张衡在家中自尽，临死之前张衡说："我替别人做了什么事呀，还指望能活得长久？"

原文是："我为人作何物事，而望久活！"

监督行刑的人不敢听下去，马上塞住耳朵，催促着下令杀了他。

这是不是说明张衡奉命进入隋文帝寝宫后，动手结束了隋文帝的性命？他说的导致自己活不长久的事是不是指这件事？

答案就在《隋书·张衡传》中。

张衡曾劝隋炀帝减轻百姓的劳役，惹得隋炀帝很不高兴。之后，隋炀帝看着张衡对侍臣说："张衡自以为因为他的谋划，才使我拥有天下。"

原文是："张衡自谓由其计画，令我有天下也。"

"计画"，才应该是张衡指的事情。临死前后悔为这样一个残暴不仁的君主出谋划策取得了太子之位，让他杨广取得了天下。

义宁年间，张衡被追赠为大将军、南阳郡公，谥号为"忠"。

如果张衡杀了隋文帝，隋文帝的孙子会赐张衡"忠"这个谥号吗？

而且，当时的小皇帝都是傀儡，如果张衡杀了隋文帝，或者有杀隋文帝的嫌疑，那些实际掌权的人，为了宣传隋炀帝的劣迹，表示自己对隋文帝的尊崇，也不会给张衡"忠"这个谥号。

魏徵以直言敢谏名留青史，司马光是一流的史学家，他们为什么要在史书中动这样的手脚？

是为了以史为鉴，警醒后来人。

隋炀帝弑父和武则天杀女属于同类事件，隋炀帝亡国、武则天篡唐，有他们这类人物在，对当朝者是巨大的威胁。

所以要让他们被男人唾骂，女人不齿，变成臭狗屎，成为反面典型。是为了不亡国，是为了政权不被篡夺。

正所谓"亡国之君不闻善"。

最后一个问题，如果隋文帝是自然死亡，是不是能说明杨广他什么都没做？

当然也不能。

杨广极有可能为确保顺利继位，调动东宫卫戍部队执行任务。如果还出现了杨勇一党复辟的危险，他也确实有可能派兵控制整个皇宫。

所以，隋文帝虽然不是死于谋杀，但杨广最后的行动，有极大可能间接加速了隋文帝的死亡。

对于此事，易中天先生认为："文帝驾崩当晚一定发生了什么事情，这些事情正是杨勇和杨广夺嫡斗争的延续。"（《易中天中华史》卷13《隋唐定局》）

至于具体细节，我们已经无法知晓。由于史官的加工，这段历史永远戴上了面纱。

十、杨谅，本钱不少，赔了个精光

仁寿四年（604）七月二十一日，杨广在仁寿宫举行登基大典，成为这个强大帝国的新一任君主。杨广是为隋炀帝，登基时三十六岁。

隋文帝和独孤皇后均已去世，他再也不需要伪装自己，不用再考虑什么道德，什么礼法，什么舆论，他露出了心狠手辣的一面。他摘下仁孝的面具，兄弟子侄一个个惨死。

先走到生命尽头的是他大哥杨勇。

一道假圣旨，一杯毒酒，杨勇看着圣旨和毒酒，不甘心，不相信，不想死，他拒绝喝下毒酒，一根绳子勒住了他的脖子，他的双脚不停地蹬着地面，他的手抓着凶手的手，终于他不再挣扎，带着遗憾与怨恨离开了人世。

杨勇死后，送他上路的凶手杨约（杨素之弟）陈兵朝堂，集合百官，公布隋文帝死讯，宣布新皇已经登基。

大兴城顺利被隋炀帝控制。

杨广对杨素说："你这个兄弟，果堪大任。"杨约因为在大兴城的出色表现，从伊州刺史一跃升为内史令。

已经作古的杨勇被追封为房陵王，子孙不能承袭爵位。杨勇的十个儿子，都被二叔隋炀帝处死，无一善终。

杀戮才刚刚开始，连他妹妹也被他逼死。

兰陵公主，是隋文帝和独孤皇后最小的女儿，字阿五，她"美姿仪，性婉顺，好读书"，是最受宠爱的小女儿。公主最初嫁给了仪同王奉孝，王奉孝早亡，公公为公主请求再寻一个人家，不要白白耽误了大好青春。

隋文帝为兰陵公主重新选的夫婿是柳述。出嫁后的兰陵公主，没有因为自己的公主身份而自恃娇贵，侍奉公婆非常勤谨、孝顺，公婆生病，她都必亲奉汤药。

因隋文帝离世前命柳述、元岩撰写召回废太子杨勇的诏书，隋炀帝把二人贬为平民，柳述流放广东龙川（今惠州市），元岩流放广东南海（今广州市）。

柳述被贬往岭南，隋炀帝命兰陵公主离婚，改嫁他人。公主自请放弃公主称号，随丈夫一起去岭南。

隋炀帝大怒说："天下难道没有男人了吗？居然要和柳述一起去流放？"

兰陵公主答："先帝把我嫁到了柳家，现在他有罪，我愿意一同承担，不愿陛下屈法申恩。"

隋炀帝下令软禁兰陵公主。公主因此忧愤而死，时年三十二岁。兰陵公主临终上表，请求和柳述合葬。

听到妹妹的死讯，隋炀帝没有一丝的哀伤、怜悯，他吝啬到连一滴虚假的眼泪都没流。隋炀帝命人把兰陵公主葬在洪渎川。

洪渎川既远离杨隋皇室陵寝，又远离柳述家族墓地。

我们都知道一般这种情况，皇帝还是会下旨厚葬，装装样子，但兰陵公主的"资送甚薄。朝野伤之"。

隋文帝一共五个儿子，老大杨勇已死，隋炀帝是老二，老三杨俊被隋文帝逼死，老四杨秀因谋反被废为庶人，老五杨谅在并州担任总管。

杨谅现在是隋炀帝的心头大患。

杨谅是最受宠的小儿子，隋文帝为加强宗室力量，杨广、杨俊、杨秀十二三岁就出阁，坐镇地方。只有杨谅到开皇十七年，二十二岁时才出任并州总管。开皇十八年，以杨谅为行军元帅征讨辽东，出兵不利，他还跑到母亲独孤皇后那去告宰相高颎的刁状。开皇十九年，突厥侵犯北部边塞，隋文帝封杨谅为行军元帅，杨谅根本就没去前线。

杨谅在隋文帝的偏宠之下，获得了非常多的本钱。

杨谅有特权。

隋文帝还特许杨谅可以便宜行事，不受法律约束。

杨谅有地盘。

隋文帝把北齐旧境五十二州之地全部划给杨谅管辖。西自崤山，东至大海，整个黄河以北地区，全归杨谅管辖。这片区域被称为"天下精兵处"。

杨谅有兵马。

杨勇被废后，杨谅感到自己也有危险，以防控突厥为名，向隋文帝申请整修武备。征调大批工役，锻造兵器，藏在并州。广招亡命之徒，作为自己的私人武装，人数达到数万。这还不包括并州原有的兵马。

杨谅有经济实力。

隋文帝特许杨谅可以自己铸钱。

杨谅手下有人才。

王颎是梁将王僧辩之子，熟读兵书，《隋书》评价他"少倜傥，有奇略"，当时是杨谅的咨议参军。萧摩诃是原陈朝大将。总管府兵曹裴文安也是个人才。

杨谅即使不造反，也事实上形成了一个实力强悍的割据政权，一个独立在中央之外的诸侯国。

隋炀帝伪造了一份隋文帝的玺书，命车骑将军屈突通送到并州，宣杨谅回京。

隋炀帝没想到，隋文帝和杨谅有过密约："若玺书召汝，敕字傍别加一点，又与玉麟符合者，当就征。"每次隋文帝给杨谅下敕书的时候，"敕"字旁边都会多加一个点，隋文帝还将玉麒麟的兵符，分为两半，父子二人各执一半。隋文帝对这个小儿子是真的疼爱，他担心有人像他对付北周宗室五王一样，骗杨谅回京。没想到想骗杨谅回京的不是哪个掌权的大臣，是他的二儿子杨广。

杨谅意识到一旦回京，就是羊入虎口。恪守臣节，奉诏回京的事他肯定不干。留在并州杨谅有兵有钱，杨谅反定了！

杨谅拿着假玺书质问屈突通。屈突通坚持说玺书是真的，被赶出了并州，得以返回长安。

真要起兵，杨谅反而犹豫了。他准备了兵马、武器，但他缺少勇气。

杨谅犹豫不决，他的属下也面临艰难的抉择。

总管司马皇甫诞力劝他不可起兵，被抓了起来。王颎、萧摩诃因为出身南方，在隋朝受到排挤，二人俱不得志，之前已经"郁郁思乱"，现在两个人极力撺掇杨谅起兵。

一到这种微妙的时候，就会有歌谣传出来："一张纸，两张纸，客量小儿作天子。"杨谅小名杨客，杨谅觉得"客量"就是"客、谅"，"小儿"是说小儿子，这不就是说他应该做天子嘛！

杨谅信心陡然倍增，野心家的目的达到了。

杨谅起兵后有两条路可以走。王颎给他分析了这两个选择：

一是使用家在关西的将吏，长驱深入，以迅雷不及掩耳之势，直据京都大兴城；

二是提拔关东人士，在旧齐之地建立割据政权。

杨谅遇事不能决断，左想右想，不知道该怎么办。他是早早准备了造反，但是对于具体行动方案，压根儿没想，就知道多攒人，多造武器。战略战术上的事情，一点没有谋划过。

　　杨谅最后的决定是两者兼顾，接下来他做了一件非常愚蠢的事。打出了"杨素造反，清君侧"的口号。

　　这是给隋炀帝送分哪！只要隋炀帝说，杨素没造反，你不用清君侧，杨谅不就只能去唱《凉凉》了？

　　他的口号应该直截了当，就只"清君"，清除杨广。理由大可捕风捉影、无中生有、穿凿附会。可以说他欺君罔上，才得到太子之位。杨俊不是中毒后被隋文帝逼死了吗？就说是杨广买凶投毒。隋文帝也去世了，还是在宫外去世的，就说杨广害死了隋文帝。他敢说，就有人敢信，可以是真信，也可以是假信。只要套上这件"伐无道"的外衣，就能争取到更多人支持。

　　南北朝的战乱好不容易结束，百姓享受着难得的和平岁月，人心向往安定统一。杨谅起兵本来就没有群众基础，现在又在政治宣传上把分丢了个精光。

　　但是他有兵、有地盘，手下还有人才，只要接下来在战场上能把分赢回来，结果还很难预料。

　　总管府兵曹裴文安为杨谅提供了一个作战方案，可以兼顾夺权和割据，又侧重于夺取京城。

　　裴文安说："井陉关以西（今山西省），在大王的掌握之内，山东的军队，也为大王所有，应该全部调集起来；分遣老弱病残屯守要害，顺便也攻城略地，另一方面，派精锐部队直入蒲津关（今山西省永济市西黄河渡口）。文安愿为前锋，大王等我渡河成功，率主力随后跟上，风行雷击，直抵霸上（今陕西省西安市灞河河畔）。咸阳（今陕西省咸阳市）以东地区，可以轻松平定。到时京师震扰，军队来不及集结，上下互相猜疑，群情离骇；大王借着军威号令天下，谁敢不从？用不了十天，大事可定。"

　　杨谅听完，仿佛已经看到自己住到了大兴城（长安）的皇宫里，他太兴奋了，马上开始调兵遣将。

　　大将军余公理出太谷（今山西省太谷县），挺进河阳（今河南省孟州市）；大将军綦良出滏口（今河北省武安市西南），挺进黎阳（今河南省浚县）；大将军刘建出井陉，向东控制燕、赵地区；柱国乔钟葵出雁门，向北控制代州地区；裴文安为柱国，与柱国纥单贵、王聃等直指京师。

裴文安率军直扑蒲州城，他选了几百个精锐骑兵，都蒙上幂篱（当时贵族妇女出门戴的面纱，长度可以垂到地上），谎称是汉王府女眷，要回京城，守城士兵不敢检查，打开城门放行。几百名士兵进城后，迅速拿下毫无准备的蒲州城，蒲州刺史弃城逃跑。

裴文安准备渡过蒲津关，直扑大兴城，在这个胜利在望的时刻，杨谅害怕了，他根本没来蒲津关，还命人拆掉黄河上的浮桥，守住蒲津关，挡住隋炀帝，同时召裴文安返回并州。

杨谅想缩回并州去，当个土皇帝。

他想回并州，也不想想他二哥杨广会不会放过他。杨谅刚起兵时，隋炀帝没有准备，被打了个措手不及，才会丢了蒲州城。现在他主动退回去，隋炀帝开始调兵遣将，召集兵马。

隋炀帝任命杨素为并州道行军总管、河北安抚大使，调集数万兵马讨伐杨谅。

杨谅不是说杨素造反，要清君侧吗？隋炀帝就派杨素去讨伐他，杨谅的政治口号不攻自破。

杨谅还妄想守住黄河渡口，他留下的那几个人，都不够杨素塞牙缝的。杨素位列隋朝四大名将之首，排名在史万岁、贺若弼、韩擒虎之前。

杨素率轻骑兵五千突袭蒲津关，夺回蒲州城。随后杨素派少量兵马牵制杨谅各城的守军，他率主力快速向并州推进。

杨谅没想到杨广反应如此迅速，杨素的大军这么快就要杀到他的老巢了。他派赵子开率十余万人马，据守高壁（今山西省灵石县西），布置了五十里的营阵，挡在杨素面前。

杨素留下主力从正面和杨谅军队对峙，亲率一支精锐，潜入霍山，沿着悬崖山谷，绕行到赵子开大营背后。进攻前，杨素命将士们先安下营寨，又故意说要留下三百人守营，让大家自愿报名，与赵子开的十多万兵马相比，杨素这点人显得实在太少，将士们都有怯战之心，三百名额很快就被抢光了。

杨素下令把这三百人全部斩首，然后问："还有没有人要留下守营了？"大家异口同声地说："没有！"再问谁愿意出战，只能听到一个"我"字。

杨素率军冲杀，一战攻破赵子开大营，杀伤敌人数万。

赵子开败走，杨谅亲自率领大军，到太原南的蒿泽（今山西省平遥县西）想要抵挡住杨素。恰逢天降大雨。一下雨，杨谅又害怕了，率军仓皇回撤。

杨素哪能让他逃走，率军追上杨谅，在太原南边的清源（今山西省清徐县）把杨谅打得大败亏输，杨谅只身逃回了晋阳，大将萧摩诃被俘。

杨素兵围晋阳，杨谅投降。

杨谅叛乱仅仅一个多月就以失败告终了。

隋炀帝留了杨谅一命，把他除名为民，绝皇族属籍，软禁起来，杨谅在幽禁中郁郁而终。

第七章

千秋大业

一、速度与激情，在闹市区飙车的隋炀帝

公元 605 年，隋炀帝大赦天下，改元大业。立萧氏为皇后，晋王杨昭为皇太子。废除各州总管府。

大业元年（605）三月，陈国的亡国之君陈叔宝寿终正寝，隋炀帝追赠他为大将军、长城县公，给他上谥号"炀"，所以陈叔宝其实是陈炀帝。但大家更习惯叫他陈后主，人们对陈叔宝的观感不算太坏，印象主要停留在他宠爱张丽华，带着一堆人写些淫词艳赋上。在陈叔宝从井里被提上来时，他的人生还增加了几分喜剧色彩。

隋炀帝认为陈叔宝好色、违礼、虐民、逆天，皇帝当得特别失败。"好内远礼曰炀，去礼远众曰炀，逆天虐民曰炀，好大殆政曰炀，薄情寡义曰炀，离德荒国曰炀。"

"炀"是个恶谥！

在隋炀帝眼中，南朝的皇帝都不称职。

隋炀帝说："自古天子有巡狩之礼，而江东诸帝（指南朝皇帝）多傅脂粉，坐深宫，不与百姓相见，此何理也？"

他没想到，自己送给陈叔宝的恶谥，会落到他自己头上。他也想不到有一天自己会和陈叔宝一样蜷缩在江南的一角。他更想不到自己会成为历史上著名的昏君、暴君。

隋炀帝的理想是成就"辐轹轩、唐，奄吞周、汉"的伟大功绩，成为"子孙万代，人莫能窥"的千古一帝。（辐轹，意为车轮碾过或践踏、欺凌。轩指轩辕，唐指唐尧。奄，意为覆盖，周指西周，汉指两汉。）

碾压轩辕、唐尧、西周、两汉这些隋以前的黄金盛世，这是多么伟大的梦想！当时很多人都给了隋炀帝非常高的评价。

他是一个志向远大的天子。

唐朝史官评价隋炀帝"志包宇宙""威震殊俗，过于秦汉远矣"。

历史学家岑仲勉先生曾做过统计，隋炀帝在位十四年，待在东都洛阳的时间累计不超过四年，在大兴城也只待了一年多。他三下江都，四巡塞北，西巡张掖，一直在四处奔波。

我们甚至有理由怀疑隋炀帝因为太过劳碌，没什么时间和精力宠幸后宫。

隋炀帝共有三个儿子，分别是长子杨昭，生于开皇四年（584），次子齐王杨暕，生于开皇五年（585），杨昭和杨暕都是萧皇后所生。登基后出生的皇子只有赵王杨杲，在大业三年（607），由萧嫔所生。据《续高僧传》记载，隋炀帝和萧皇后的嫡三子，在隋炀帝进位太尉那年夭折了。

他在做皇子、太子时，为了营造夫妻恩爱的假象，跟随隋文帝"无异生之子"的步伐，儿子都是萧皇后一人所生，这说明他的生育能力没有问题。为什么登基后嫔妃多了，反而只有一个儿子出生？

一种情况是生了很多孩子，但除了杨杲其他都是公主，隋书中没有公主传，所以不能确切知道隋炀帝到底有多少女儿。

另一种情况是确实只有杨杲这一个孩子出生。这又分为两种情况，其一是隋炀帝的后宫除了萧嫔都没有生育能力，这个概率实在太小。

最大的可能是隋炀帝对后宫妃嫔的选择也十分慎重，虽然史书没有明确记载，但一般认为萧嫔和萧皇后应该有比较近的关系。隋炀帝宠幸后宫是有选择，也有原则的。

隋炀帝后宫嫔妃众多，主要是场面上的需要。让她们化精致的妆容，穿着华丽的服饰，陪同宴饮，巡游四方，说白了，就是给别人看的。

隋炀帝营建东都、开凿运河、修筑长城、修筑驰道、打造龙舟、大修离宫别馆……他还主持编纂图书三十一部，共一万七千卷。

如此忙碌，分给后宫的时间也就少了。

三十六岁的隋炀帝，已经不年轻了（按古人的平均寿命来看），但他却有着年轻人的激情，他要解决看到的所有问题，他描绘着远大的政治蓝图，他有着崭新的政治理念，他慷慨激昂地演说，他的诏书打动了无数臣民。这些臣民相信自己的皇帝是一位伟大的君主。

隋朝就像上了一辆战车，风驰电掣般前进，不计后果，不顾忌路人的生命，也不管车上人的死活。

隋朝版的"速度与激情"，以志吞八荒、功盖宇宙的气势开始，走向了一条身死国灭的不归路。

隋炀帝，从一个人品端正的优秀皇子，最终变成了一个暴虐的昏君。可怕的是这个暴虐昏君，有想法、有才能，甚至有远略，这样的才能把百姓推向了更为悲惨的境地。他们挣扎着想要活命，为了活下去，他们砍掉自己的手、脚，逃避吃人的徭役。

运河、洛阳、长城，处处是白骨。超过人体负荷极限的沉重劳动，摧残着百姓的肉体和精神。

王朝的诏令，是用惨无人道的暴行来执行！

帝国的功绩，是以人民的哀号、鲜血、生命为代价！

君主的政治蓝图，描绘着美好的未来。

痛苦不堪的百姓，挣扎在生死的边缘。

打造帝国战船的民工，腐烂的身体被蛆虫啃噬。

他们活着，却宁愿自己已经是一具尸体！

他的罪行"罄南山之竹，书罪未穷；决东海之波，流恶难尽"。

他说："非天下以奉一人，乃一人以主天下。"

他曾是功勋卓著的皇子，南平陈朝、北破突厥、安抚江南。

他也曾是谨慎持重的太子，亲朋远佞，琴书寂然。

现在，从他登基那一刻起，他露出了心狠手辣的一面。

像一个地狱魔鬼来到人间。

为了他所谓的大业，肆意挥霍着这个伟大帝国的一切。

在杨广的"速度与激情"下，被碾压的不是轩辕、唐尧。

也不是西周、两汉。

他碾碎了一个统一、强大的国家。

他激怒了这片土地上的所有生民。

人民反抗，贵族起义。

当他发现自己成了独夫民贼，他蜷缩到陈叔宝曾经的小家。

龟缩着等待死亡的降临。

一生节俭的隋文帝辛苦积攒的国力被他挥霍一空。

俯瞰山河，民生凋敝、国库空虚、经济基础惨遭破坏。

全国人口户数锐减四分之三，内部群雄并起，外部强敌窥伺。

《资治通鉴》载："隋开皇中，户八百七十万。"

《通典》载："（隋）末年离乱，至武德有二百余万户。"

大运河的功绩震古烁今。

但，功绩是人民的。

隋炀帝逆天虐民的暴行，不配得到任何粉饰。

二、世界都市，繁华的背后是什么？

隋炀帝做的第一件大事——营建洛阳城。

政治上，营建东都是国家统一的需要。

隋炀帝意识到国家虽然在领土上已经统一，但是人心尚未完全归附。所以江南会复叛，杨谅叛乱时东部有十九个州响应，杨谅起兵时，他手下的大将王颎、萧摩诃都是南方人。安抚北齐旧地、南朝旧地的需要非常迫切。现在的都城大兴城（长安）距离山东地区、江南地区太远，遇到事情鞭长莫及。

经济上，营建东都是迫于生存的考虑。

隋朝建立后官僚机构规模巨大，都城人口众多，大兴城所处的关中平原，虽然土地肥沃，但面积太小，难以供养都城的人口。

这就需要运粮。

关中平原以西的河陇地区比较荒凉；东边主要产粮区的粮食要运到大兴城，必须走三门峡，三门峡的"三门"指人门、鬼门、神门，自古号称天险。漕运的船只走到这里无法通过，只能改走陆路，人挑肩扛，翻山越岭。

其至还要逃荒。

每次遇到水旱灾害，因为粮食运进来困难，只好改成人去找粮，即"移民就丰"。皇帝领着文武大臣、王孙公主，带着平民百姓，由官府组织逃荒、要饭。皇帝因此被称为"逐粮天子"。

鉴于以上原因，隋炀帝决定再建一座都城，就近加强对山东、江南地区的控制，同时解决灾荒之年朝廷的温饱问题。

洛阳成为东都，是因为它得天独厚的条件。

洛阳"控以三河（河东、河内、河南），固以四塞，水陆通，贡赋等"，是理想的建都地点。

洛阳"居天下之中"，有"九州腹地"之称，它不是绝对的地理中心，但以中原王朝可利用区域来看，洛阳是天下中心。

洛阳南、北、东、西都可交流沟通，地理位置优越。

洛阳背山带河，北靠邙山，南临伊水，利于防守。

洛阳在东汉、曹魏、西晋、北魏时都曾作为都城使用。

营建东都的条件成熟。

在洛阳另建一座都城，不是隋炀帝一个人的想法，但是"或以九州未一，或以困其府库"，才没能实现。隋朝南北东西空前统一，经过隋初的发展，隋朝农业生产发达，"户口益多，府库盈溢"。

隋炀帝决定在汉、魏时期的洛阳旧城之西，重新建起一座规模宏壮的新城。

仁寿四年（604）十月，杨谅叛乱刚刚平定，隋炀帝就下诏，征发丁男数十万，在洛阳城周围挖长堑。

长堑"自龙门（今山西省河津市）东接长平（郡治丹川，今山西省晋城市东北）、汲郡（治卫，今河南省浚县西南），抵临清关（今河南省新乡市东北），渡河至浚仪（今河南省开封市）、襄城（郡治承休，今河南省汝州市），达于上洛（郡治上洛，今陕西省商州市），以置关防"。

大业元年（605）三月，杨广下诏，命尚书令杨素、纳言杨达、将作大匠宇文恺营建东都。

新建的洛阳城后来被称为隋唐洛阳城，以区别于汉魏洛阳城。

隋洛阳城分为外郭城、皇城、宫城三重城垣。

外郭城，又称罗城，周长二十多千米，是官吏的住宅区、居民区、贸易区。分布有一百零三个坊，丰都、大同、通远三个市。

皇城，又称太微城，在外郭城西北，主要是王公宅邸、百官府署，是中央机关办公所在地，为都城的外朝。皇城围绕在宫城的东、南、西三面，其东西两侧与宫城之间形成夹城。

宫城，又称紫微城，位于皇城北。是皇帝所用的宫殿区，为帝国大朝正宫，是世界性政治中心和国家的象征。宫殿雄伟壮丽，高大巍峨，尽显皇家威仪。

洛阳作为都城，前后沿用了千余年，号称九朝理政之所，是中国历史上沿用时间最长、使用朝代最多的都城。

洛阳城西郊，建有西苑，西苑在唐朝被称为上林苑，是穷极华丽的皇帝私人禁苑。隋朝时西苑周长二百里，中间开挖的内海周长十余里。水中间所造的假山，高出水面百余尺。

洛阳城建成后，隋炀帝把原洛阳城的居民和天下诸州富商大贾数万家迁入城内。并把从并州（杨谅老巢）迁移到河南的百姓，集中安置在新建的洛阳城中，就近震慑。

新建的洛阳城，作为隋朝东都使用，有众多百姓、庞大的官僚机关，朝廷护卫京城，人口众多，必须考虑粮食供应的问题。因此隋炀帝又在洛阳附近兴建粮仓，贮藏各地运来的粮食。

在回洛城（今河南省孟津县东）设置回洛仓，回洛仓有三百口粮窖，粮食储存量在十万吨以上。

在今河南省巩义市东北设置洛口仓，又称兴洛仓，有三千口粮窖，每窖能容八千石，折合近一百万吨，设置监官，并派一千兵士镇守。

洛阳宫城以东是东城，东城之北，就是著名的含嘉仓。含嘉仓的粮食储存量达到五百八十三万多石，以一石折合八十一斤来算，大约为二十四万吨。

营建洛阳城是一个相当浩大的工程，但仅仅用了十个月，到大业二年（606）正月就全部完工，这无疑是个惊人的速度，放在现在也无法想象。

百姓为此付出了巨大的代价——生命的代价。

据《资治通鉴》记载，营建洛阳，"东京官吏督役严急"，每月役使民丁高达二百万，民丁死亡比例高达十分之四五，运送尸体的车辆，东至城皋，北至河阳，相望于道。

东都的设置固然适应了当时情势的需要，但隋炀帝为了满足个人奢侈享乐的欲望，好大喜功的需要，毫无限度地使用民力、物力，罔顾人民的生命健康和安全，致使大量民工死亡。

这仅仅是一个开始，更多的劳役、兵役将在未来持续摧残帝国的百姓。

三、伟大的运河，急政下的吃人河

在司马迁生活的年代，江南地广人稀，农民耕种还停留在火耕水耨的阶段。东晋、南朝时，因为北方农民不断渡江南下，世家大族举家南迁，带来了较为先进的生产技术和生产工具，南方的农业生产水平有了很大提高。

梁元帝时期，南方经济发展仍不均衡，还存在"家给火耕之田"。陈霸先也被隋朝人称为"火耕水耨之夫"。

为加强中央对地方的控制，使江南的粮食和财富为中央政府所用，大业元年（605）三月，营建东都洛阳的诏令发布四天后，隋炀帝颁布诏书开凿大运河。

隋朝大运河

中国大运河的开凿，始于公元前5世纪的春秋时期。各诸侯国出于战争的需要，竞相开凿运河，解决运输问题。著名的邗沟，就是在这一时期由吴国开凿。

隋炀帝时期开凿的大运河，利用天然河流和这些旧有渠道，由国家统一规划、建设，形成了一个沟通南北的运河体系。

大运河工程分四段进行。

通济渠：大业元年（605），隋炀帝征发河南、淮北一百多万人，在原有汴渠的基础上，开凿通济渠，由洛阳通到淮水（淮河）。

邗沟：大业元年（605），隋炀帝征发淮南十几万人重新疏浚邗沟，从山阳（今江苏省淮安市）到江都入江（今江苏省扬州市南）。邗沟宽四十步，渠旁修筑御道，栽种柳树。

永济渠：大业四年（608），隋炀帝征发河北一百多万人，在曹操时期开凿的原有运输航道基础上开凿永济渠，引沁水南达黄河，北通涿郡（今北京市）。涿郡是北方军事重镇，隋炀帝准备以涿郡为军事基地征讨辽东地区。

江南河：大业六年（610），隋炀帝利用原有运河河道开凿江南河，从京口（今江苏省镇江市）通到余杭（今浙江省杭州市），沟通三吴地区。隋朝还整治了原有的浙东运河航道，使运河水网越过钱塘江，沟通宁绍平原。

伟大的运河

隋朝大运河全长四五千里，分段设计施工，一次通航成功，是世界上最伟大的工程之一。

所谓" 江春水向东流"，我国自然山脉和水流多是东西走向，河流上游和下游沟通容易，对于南北却形成了天然的阻隔。隋朝大运河的开凿把海河、黄河、淮河、长江、钱塘江五大水系密切联系起来，打断了江河对南北的阻隔。

隋朝大运河以洛阳为中心，向南北呈辐射状，东北方向到达涿郡，东南方向延伸至江南。又通过黄河、隋文帝时期开凿的广通渠和大兴城建立联系，实现东西相连，南北沟通。

政治上：这是历史上首次建立的南方重要粮食产区、中原地区政治中心和华北地区军事重镇之间的内陆水运交通动脉。加强了南北的经济联系，利于政治统一。

经济上：隋朝大运河这条交通大动脉，畅通了南北物资交流，通过洛阳的水路，建立了陆上丝绸之路和海上丝绸之路的联系，是重要的国家经济命脉。

经济都会的发展：在运河沿岸发展起我国历史上第一批经济上的大城市。例如，处于运河和出海口交汇的扬州，现在仍是非常有活力的经济带。

大运河在政治上、经济上对后世产生了深远的影响，对中国经济文化的发展、国家的统一起到了非常积极的作用。

唐朝的繁荣、宋代的富庶，都有运河的功劳。

在隋唐时代遇到灾荒、战乱时，中央朝廷需要依靠运河把粮食从南方运抵京畿地区，运河的畅通成为维持京畿地区生计的必需条件。

战乱时，漕运还要承担兵士、武器等军事用途的运输功能。

宋太祖赵匡胤把北宋都城定在开封府，就是因为开封府在通济渠沿岸，通济渠的另一个名字就是汴河。

吃人的运河

这条让我们骄傲的大运河，在隋朝是一条吃人河。

大运河首期工程在大业元年（605）三月开工，当年八月就全部竣工，创造了人类开凿运河的奇迹。末期工程在大业六年（610）十二月开工。去掉无法施工的丰水期，全部工程竣工仅用了不到六年时间，放在机械化的现代也无法完成。

奇迹的创造，付出了血的代价。

据统计，隋炀帝开凿运河总共动用人工超过三百万人次，丁男不足，征调妇女服役，大运河的施工现场死尸遍野，惨不忍睹。

开凿运河，是用百姓生命这样高昂的代价换来的高效率。

当我们在运河岸边，抚今思昔时，更应该铭记河中曾经尽是人民的血泪。

大运河的作用要到唐朝才开始凸显出来。晚唐胡曾认为隋朝亡国的征兆已经出现："千里长河一旦开，亡隋波浪九天来。锦帆未落干戈起，惆怅龙舟更不回。"

四、水殿龙舟，终极暴发户的大金扳指

大业元年（605），是隋朝噩梦的开始。

三月十七日，隋炀帝颁布营建东都的命令。

四天后（三月二十一日），颁布了开凿运河的诏令。

九天后（三月三十日），颁布制造龙舟的命令。

浩大的工程，紧急的命令，各级官吏应接不暇，百姓被紧急征召服役。

大业元年（605）八月，大运河首期工程完工，隋炀帝迫不及待地开始第一次南巡。

这次南巡规格之高、规模之大、人数之多，旷古绝今。

"水殿龙舟事"，什么是水殿龙舟？

水殿，就是行走在水上的宫殿，因按宫殿设计而得名，是隋炀帝命人打造的专供皇帝和后妃乘坐的大船。水殿包括龙舟、翔螭（古代传说中没有角的龙）舟、浮景舟、漾彩舟。

龙舟，不是我们现在端午节赛龙舟用的那个敞篷船。龙舟专供隋炀帝使用，高四十五尺，长二百丈。共四层。顶层有正殿、内殿、东西朝堂，中间两层有一百二十间房，都以黄金、碧玉装饰，下层供服务皇帝的内侍使用。

翔螭舟，专供皇后乘坐，是小一号的龙舟，装饰的华丽程度和龙舟没有差别。

浮景舟，供高级妃嫔乘坐，高三层，共九艘。

漾彩舟，供中下级妃嫔乘坐，高两层，共三十六艘。

水殿级别的船，使用纤夫九千人，称为殿脚，为了好看，殿脚全都穿着锦彩做的袍子，走在运河两岸，犹如云锦。

供诸王、公主、百官、僧、尼、道士、蕃客乘坐，装载内外百司供奉之物的船有数千艘。名为朱鸟、苍螭、白虎、玄武、飞羽、青凫、陵波、五楼、道场、玄坛、黄篾等。

以上这些船只共用船工八万多人。

平乘、青龙、艨艟、艚艟、八棹、艇舸等数千艘船只，供十二卫禁军使用以及装载兵器幕帐等物资，由士兵自己拉纤。

如此浩大的船队，仅出发就用时五十天。

从洛阳显仁宫到江都，龙舟所过之处，五百里内的州县都要给船队供应食物。这可不是简单的后勤保障，这是一次表现的机会，各州县争相献上各种水陆奇珍，送饭的民夫人数达到十万以上。食物太多，根本吃不完，剩下的直接扔掉、掩埋，浪费严重。负责献食的官员，"丰办者加官爵，阙乏者谴至死"。

隋文帝时还要带着朝廷和百姓逃荒要饭，遇到灾荒农民只能吃一点豆屑、杂糠，独孤皇后连常用的化妆品都没有，这才过去多少年？开皇元年（581）到大业元年（605），隋朝建国才二十五年，皇帝就带头浪费珍贵的粮食。

除了浪费粮食，还要制作华贵的服饰。

大业二年（606）二月，隋炀帝命吏部尚书牛弘等议定舆服（车舆、冠服和各种仪仗）、仪卫制度。任命开府仪同三司何稠为太府少卿，负责营造，做好后送到江都。

舆服、仪卫制度可以体现礼仪，体现皇权，体现隋炀帝是汉族皇帝，代表中华文化正统。

他急切地想在江南士族面前表现。

制作舆服，需要水陆禽兽的羽毛、鳞片。捕捉飞禽走兽的任务，被摊派到百姓头上，"征发仓卒，朝命夕办，百姓求捕，网罟（捕鱼的网）遍野，水陆禽兽殆尽，犹不能给"。

任务紧迫，无法完成，百姓被迫向豪富蓄积之家购买，禽鸟价格暴涨，十匹缣只能买到一尾翟雉（鸟名），五匹缣才能买下白鹭羽一枚。

制作各种场合使用的辂辇车舆、皇后卤簿、百官仪服，以及可供三万六千人仪仗队使用的黄麾，使用役工十余万，靡费金银钱帛巨亿计！

农民都到山野去抓鸟了，谁去种地呢？购买珍禽的沉重负担，是一个普通农民能负担得起的吗？但谁会在意这些呢？

浪费这么多民间物资，仅仅是为了给隋炀帝摆阔、摆谱，为了博人眼球，满足他的暴发户心理，满足他的表演欲望。

当然，他也有政治目的，安抚江南，收买江南士人，收买陈朝皇室，稳定统治。

大业元年（605）十月，隋炀帝下令，免除扬州百姓五年的租赋，免除扬州总管府辖区内百姓三年的租赋，赦免江淮以南犯人。

十一月，隋炀帝请天台山僧人智璪到江都宫。隋炀帝在智璪面前自称子弟，非常恭敬。

大业二年（606），隋炀帝纳陈后主的第六个女儿陈婤为贵人。又下令赦免流放的陈朝宗室子弟，让他们"尽还京师，随才叙用，由是并为守宰，遍于天下"。

据统计，大业年间陈朝宗室子弟当县令的有二十一人，当郡守的有七人，官至三品的有五人。

为经营江都（今扬州市），在开凿运河的同时，隋炀帝还命人在大兴城到江都的运河沿途，建设了四十余所离宫别苑。

大礼送完，演出非常成功，隋炀帝要带着他的"豪华旅行团"返回洛阳了。

回去时，他改走陆路。大业二年（606），浩浩荡荡的队伍从江都出发，仪仗前后绵延二十多里。

此后，他每次巡游都是如此的高标准，或者是更高的标准。

隋炀帝第一次巡游江都的盛大场面，已经是亘古未有。他还要不断创新，不断突破自我。

除了水殿，他还命宇文恺制造了观风行殿。

水殿，是在水里走的宫殿；观风行殿，是在陆地上走的宫殿。

总之，隋炀帝走到哪儿，就把宫殿随身带到哪儿。

就像黄澄澄的大金扳指，是暴发户的标配。

五、北巡，就是问你服不服

隋炀帝从江都返回洛阳，志得意满。

南巡江都是一次令人满意的巡游，隋炀帝春风满面，琢磨着下一件大事业。

所以，又有了北巡。

北方的威胁，一直是中原王朝的心腹之患。经过二十多年的战争、离间、招抚、扶持、笼络、牵制，东突厥臣服于隋朝，北方众多少数民族也纷纷依附隋朝，隋文帝被尊称为"圣人可汗"，即北方各族人民的共同首领。

东突厥的启民可汗一直对隋朝忠心耿耿。大业三年（607），启民可汗入朝拜谒隋炀帝，隋炀帝"大陈文物"，把家里的好东西都拿出来显摆了一番。启民可汗仰慕中原文物，请求改穿隋朝的服饰冠冕，隋炀帝没有答应。

突厥是游牧民族，风俗难易，启民可汗如果穿着隋朝的服饰回到突厥，很可能受到突厥子民的排斥，甚至是唾弃。突厥仍是一个不稳定因素。

隋炀帝要通过北巡，展现综合国力，让突厥百姓和启民可汗一样衷心臣服。

巡行塞北草原，就是一个问突厥服不服的过程。

北巡的队伍由朝廷百官，五十万军队，十万匹战马，僧、尼、道士、女冠（女道士）以及百戏班子等组成。

五十万军队，十万匹战马，夸耀武力，展现硬实力，亮拳头震慑，让突厥臣服在大隋的军威之下。

僧、尼、道士、女冠等宗教界人士，带着发展程度较高的宗教哲学思想和突厥原始宗教交流，展现中原较高的宗教文明成果。

百戏班子展现多姿多彩的文化生活，让草原人民看看大隋子民的好生活。让他们羡慕，让他们也想过这样的好日子。

通过炫耀综合实力，达到不战而屈人心的效果。

国家最高元首要出行，隋朝的相关部门就要确定什么时间出发，走哪条路线，路况如何，中间在哪里停留，吃什么、用什么，有没有娱乐活动安排，搞不搞晚会，都由谁负责等一系列问题。

隋炀帝这次北巡准备在蒙古草原兜一个圈，从大兴城出发，先到榆林（今内蒙古自治区托克托旗黄河南岸），在榆林停留整顿之后出塞，深入蒙古草原，巡视位于大利城（位于今内蒙古自治区和林格尔县西北）的启民可汗牙帐，然后往东走到涿郡（今北京市），再从涿郡南下返回。

大业三年（607）四月，隋炀帝开始北巡。

因携带军队过多，为防止引起不必要的误会，隋炀帝派长孙晟先去通报巡视计划。启民可汗召集所部各国，奚、室韦等数十个部落酋长聆听各族人民总可汗的最高指示。

启民在突厥可汗的牙帐接待天子使者。牙帐，是突厥可汗办公、典礼所用的场所，是一个高级圆顶帐篷。因逐水草而居，突厥人不会特意清理帐篷外的青草，他们对此习以为常。

断壁残垣，杂草丛生，在中原人看来都是萧条破败的景象。长孙晟为"以明威重"，要让突厥人清理掉牙帐外的青草，而且要让启民可汗亲自动手，立大隋天子之威。

长孙晟指着牙帐前的青草说："这草可真香。"

启民可汗连忙闻了闻，一脸疑惑地说："我怎么没闻到香味？"

长孙晟说："天子行幸，诸侯都要亲自洒扫御道，铲除杂草，表达尊敬之心。大汗牙帐外长了这么多草，我以为这是你特意留的香草呢！"

启民可汗听后顿悟，说："我的罪过。我的骨肉，都是大隋天子所赐，能为天子效力，是我的荣幸。我是边疆百姓，不知礼数，赖将军恩泽愿意教导于我。这是将军的恩惠，我的荣幸。"

说完，启民可汗拔出佩刀，亲自除草。启民是突厥的大可汗，他亲自动手，突厥的贵族、依附于突厥的各部落酋长也争相效仿。

可汗、酋长弯腰除草，弯的不是腰，是一个态度。

长孙晟立威的目的达到了。

启民可汗高度领会了大隋天子的精神，对长孙晟说的话进行了发散性思考：要洒扫御道，突厥的大草原上没有路哇！没路上哪儿去扫御道呢？得先解决没有路的问题，然后洒扫御道。

所以要修路。

启民可汗带着突厥全体百姓，"举国就役而开御道"。

御道从榆林北部修到启民可汗牙帐，又向东一直修到涿郡（今北京市），长三千里，宽一百步。

古代的百步是多宽，有不同算法，但怎么算都在一百米以上。现代标准的高速公路双向四车道是 15 米宽，六车道是 22.5 米，八车道是 30 米。（单车道宽度为 3.75 或 3.5 米。不含绿化带、隔离带、路肩。）

启民可汗修的御道，就是一条超级高速公路。

隋炀帝非常满意，提拔长孙晟为淮阳太守，未赴任，又提拔为右骁卫将军。

元首离开京都出巡，还是到别的国家地盘上，安保是重中之重。

五十万军队，十万匹战马，力量绝对够用，怎么调度是个问题，调度不好，五十万大军也会变成乌合之众。

太府卿元寿建议像汉武帝出塞一样，把五十万军队分为二十四军，每天出发一支，前后两军相隔三十里，"旗帜相望，钲鼓相闻，首尾相属，千里不绝"。

排场够大，够威风，但一字长蛇阵首尾难以相顾。

定襄太守周法尚是三朝名将，熟读兵法，他出言反对。

周法尚说："不行！大军绵延千里，如果发生未能预料的情况，必将四分五裂。中间有事，首尾不知，千里之路，难以呼应，无法及时组织营救。虽然有汉武帝的先例在，但这是取败之道。"

周法尚给出他的意见：五十万大军结成方阵，六宫及百官家属都在方阵中间。如果遇到攻击，受到攻击的一面先行抵抗，再调度其他军队策应，用车子围成壁垒，守卫皇帝、内眷，就像守一座城池。打赢了，抽调骑兵追击贼人，万一没有打赢，则以壁垒为保护，进行防守。周法尚认为这是万全之策。隋炀帝采纳了周法尚的建议。

路的问题、安全问题都解决了，怎么走？坐什么交通工具？巡游江都用的是水殿龙舟，塞北没有运河，用不了水殿。

宇文恺再次出马。

宇文恺是什么级别的人物？一座城市从无到有，他都可以规划设计，隋文帝时建大兴城，隋炀帝建东都洛阳，宇文恺都是总设计师。他既是建筑学家，又是城市规划专家，而且前面要加上"杰出"，是杰出的建筑学家、城市规划专家。

杰出的人，一出手就非同凡响，宇文恺这次展现了他在机械制造方面极高的造诣，他造的东西一亮相，比军队都有震慑力。

一是大帐。

重点在这个"大"字。帐篷不是稀罕物，但是能容纳上万人的帐篷，连听都没听说过。

隋炀帝在帐篷中接见启民可汗，他带着文武百官、仪仗部队，列旌旗。启民可汗率领其部落三千五百人入大帐觐见。不是排排站拜见一下就走，是分宾主落座，还要谈话，还要看节目。

据《资治通鉴》记载，大帐使"诸胡骇悦，争献牛羊驼马数千万头"。

二是观风行殿。

就是行走的宫殿，上面是宫殿式的木构建筑，可以拆卸和拼装，内部可以容纳数百名侍卫。下层设置有轮轴机械，移动非常迅速，"推移倏忽，有若神功"。

突厥等北方民族又惊讶，又害怕，隋朝人的宫殿竟然会走，这是有天上的神灵相助吧？

三是行城。

行城，首先也是一个字，大。"周二千步，以板为干，衣之以布，饰以丹青，楼橹悉备。"

突厥人以为是神住在里面，远远地望见御营，在十里之外，就不敢骑马，趴在地上磕头。

大业三年（607）四月，隋炀帝开始北巡。

六月，到达榆林。启民可汗和义成公主到榆林迎接，献上三千匹骏马。隋炀帝赏赐给绢帛一万两千段。吐谷浑、高昌也派使者前来进贡。

七月，启民可汗上表请求变服饰，袭冠带，一同华夏，启民在上表中说："臣今非是旧日边地突厥可汗，臣即是至尊臣民。"隋炀帝认为君子教民，不求变俗。只要好心孝顺，不必改变衣服。

隋炀帝在大帐中备仪卫，建旌旗，接见启民可汗及其部落三千五百人，奏百戏之乐。各部酋长争献牛羊驼马数千万头。

隋炀帝赏赐启民可汗帛二千万段，路车乘马，鼓欢幡旗，宣布赞拜不名，位在诸侯王上。这说明突厥已经成为隋朝的附属国。启民下属各部落也有赏赐。

八月，隋炀帝从榆林出发前往大利城。隋炀帝临幸启民可汗牙帐，萧皇后临幸义成公主牙帐。启民可汗"奉觞上寿，跪伏甚恭。王侯以下袒割于帐前，莫敢仰视"。

隋炀帝心情大好，赋诗一首：

> 鹿塞鸿旗驻，龙庭翠辇回。
> 毡帐望风举，穹庐向日开。
> 呼韩顿颡至，屠耆接踵来。
> 索辫擎膻肉，韦韝献酒杯。
> 何如汉天子，空上单于台。

隋炀帝又赏赐启民可汗和义成公主两人金瓮各一只，还有衣服被褥锦彩。特勒（突厥官名，类似中原的诸侯王，由可汗子弟及宗室充任）以下也有赏赐。

因天气转冷，隋炀帝没有前往涿郡，而是从马邑返回塞内，突厥可汗一路护送隋炀帝回到塞内，才返回牙帐。

北巡突厥活动圆满成功，大隋帝国扬威塞北。

隋炀帝在北巡路上，于五月征发河北十余郡丁男凿太行山，修建通往并州的驰道。七月，下诏征发丁男百余万，修筑长城，西距榆林，东至紫河（今内蒙古自治区南部，山西省西北长城外的浑河）。

国力威慑，文化输出，战略防备多管齐下，真是完美。

隋炀帝大有天下无敌之感。

这次北巡，耗费大量资源，仅五十万大军、十万匹战马，一走几个月，所用粮草就不亚于一次战争。修筑长城，隋炀帝又秉承快速作战的风格，百余万人死了十分之五六。

大业四年（608），隋炀帝再次征发丁男二十余万，自榆谷（胡三省先生认为榆谷在榆林西）向东筑长城。

服役的民夫，关山跋涉，忍饥挨饿，夏受酷暑，冬忍严寒，过度劳累，受伤得病，死亡高达半数以上。

代价是巨大的！是百姓难以承受的！

六、致命驴友隋炀帝，用脚步丈量西域

隋炀帝是一个驴友，致命的那种。

东到洛阳，南到江都，北到突厥，西到西域。帝国的东西南北都在他的行程计划里。东、南、北都去过了，现在要往西走了。

他对西部充满了好奇。

隋炀帝听说吐谷浑在青海高原放牧的波斯马能生龙驹，一日可行千里，他就放了两千匹雌马去求龙种，尽管一匹龙驹也没看到，他仍然非常开心。

他还招募行人（使者），派他们远赴中亚、波斯等地了解风土人情。

西域，狭义上指从甘肃玉门关、阳关往西，直到葱岭（帕米尔高原）的广大地区，以今新疆维吾尔自治区为主体。广义的西域指凡是通过狭义西域所能到达的地区，包括中亚、西亚乃至南亚。

西域是他下一个旅行目的地。

去西域旅行，却不能说走就走。

洛阳、江都都在自家地盘上，想去就去；东突厥的启民可汗，是大隋一手扶持起来的，串门还是比较方便的；西域不一样，虽然这块地方曾被汉武帝征服，打通了著名的丝绸之路，但汉朝衰落后，中原政权逐渐丧失了对丝绸之路的掌控。

现在大隋和西域之间隔着两大障碍：吐谷浑、西突厥。

隋炀帝决定打！

先看西突厥。

东突厥和西突厥本是一家，虽然他们一直处于分家另过的状态。东突厥的势力范围主要在内蒙古高原，西突厥的势力范围在天山南北和中亚地区。

西突厥的现任可汗是处罗可汗，他生性残暴，刻薄寡恩，苛敛诸部，因此内部不稳。

大臣裴矩打探到一条非常有价值的消息，处罗可汗非常孝顺，而他的母亲向夫人现在就在隋朝的都城大兴城。

处罗可汗的母亲向夫人是中原人，在处罗可汗父亲去世后，依据习俗嫁给了处罗可汗的叔叔婆实特勤可汗。开皇二十年（600），隋朝打突厥的时候，向夫人和婆实特勤都投降了隋朝，他们到大兴城朝觐，因突厥内乱，留在鸿胪寺居住。处罗可汗治国无方，但是对母亲非常孝顺，他非常思念母亲。

隋朝决定利用向夫人，招降处罗可汗。

大业四年（608），隋炀帝派崔君肃出使西突厥，宣读大隋天子诏书。

崔君肃要求处罗可汗跪接诏书，处罗可汗是西突厥大可汗，又没战败，根本没有理由下跪。

崔君肃说：“突厥本是一个国家，分裂成东、西两个，每年都打仗，打了几十年，谁也灭不了谁。东突厥的启民可汗率百万之众，卑躬折节，臣服于大隋天子，是什么缘故呢？就是因为恨你呀！他自己的力量不足以消灭你，所以臣服隋朝要和隋朝借兵，好消灭处罗可汗你。大隋的满朝文武都认为应当帮助启民可汗，天子也应允了他的请求，已经定好日子准备派兵攻打你了。可汗的母亲向夫人得到消息，害怕你的国家被剿灭，从早到晚守在大隋皇宫门口，匍匐在地上谢罪，哭泣着向天子哀求，让我们派使者招降可汗，说可汗一定会接受招抚，归顺大隋。天子怜惜向夫人慈母之心，才派我到这里来。现在可汗如此倨慢，可见向夫人是在诓骗天子，天子一定会处死她，让她伏尸都市，再把首级送到可汗这里。天子将发大隋之兵，资助启民可汗剿灭你，那可汗你的国家恐怕就要灭亡了。何必因为面子，不肯行两拜之礼，绝慈母之命，惜一语称臣，使社稷化为废墟呢？"

两层意思：你不跪下接受招抚，天子会处死你的母亲，还帮你兄弟打死你。反之，你接受招抚，跪拜两下，不过就是个面子问题，没什么损失。

处罗可汗流着眼泪跪接诏书，西突厥归附大隋，不再阻挠隋朝和西域各国的交往。

另一个障碍吐谷浑，是个两面三刀、阳奉阴违的国家。

吐谷浑本来是个人名。吐谷浑是鲜卑慕容部的一支，西晋末期，慕容部的一个首领吐谷浑带着族人西迁到河西地区，建立国家。后来他的孙子叶延，以祖父的名字为族名和国号，组建吐谷浑族、吐谷浑国。

叶谷浑国的统治范围包括今甘肃省南部、青海省、四川省西北地区，向西到达塔里木盆地以东。

当时，吐谷浑的可汗是慕容伏允，伏允的可贺敦是隋朝的宗室女光化公主，可汗的儿子也在隋朝当人质，吐谷浑也会派遣使者到隋朝朝贡。吐谷浑表面上恭顺、友好，背地里售卖隋朝的情报给西突厥，从中渔利。

一个到隋朝请罪的民族成为大败吐谷浑的关键。

铁勒，草原民族，所处的位置非常尴尬，位于当时的新疆东部，在东突厥和西突厥之间，腹背受敌。他们一时冲动骚扰了隋朝的敦煌，回去越想越害怕，本来和东、西突厥的关系就糟糕，万一隋朝也攻打他们，他们不是等着被"包饺子"吗？铁勒的可汗派人到隋朝请罪，请求大隋天子原谅他的过失。

隋朝当即派裴矩出使铁勒，告诉他们，原谅你可以，但是你得帮我们打西突厥。否则，我们大隋就要打你们。

打别人，还是被打？

铁勒可汗选择打吐谷浑，戴罪立功。

大业四年（608），铁勒从且末（今新疆维吾尔自治区且末县）出兵，攻打吐谷浑，吐谷浑措手不及，被打得落荒而逃，一直逃到了吐谷浑国土边缘的西平（今青海省西宁市）。

吐谷浑可汗想，我们和隋朝表面是友好的，向隋朝求援吧！他哪知道隋朝和铁勒之间的约定啊！这一下羊入虎口，隋炀帝派大将宇文述率领大军前去接应。

等吐谷浑可汗看到隋朝的接应部队，就知道完了。之前都是他们忽悠大隋，这次让大隋给忽悠了。吐谷浑可汗带着人马掉头往西就跑，宇文述率军追击，攻下曼头、赤水两座城池，斩首三千余级，俘虏吐谷浑王公贵族二百人，男女百姓四千人。

这一战，隋朝得到了"东西四千里，南北二千里"的领土。隋炀帝设置州、县、镇、戍，把一些罪行较轻的罪犯迁徙到这里，戍边屯垦。

大业五年（609）五月初九，隋炀帝亲率兵马到达拔延山（今青海省化隆县马场山）进行大规模军事演习，震慑吐谷浑残部。

五月二十日，隋炀帝派出十几万大军对吐谷浑进行围剿。吐谷浑十万多人投降，败走的残余势力暂时无力构成威胁。对吐谷浑的战争中，左屯卫大将军张定和、左光禄大夫梁默战死沙场。

隋炀帝没有班师回朝，他要把青海和河西走廊连接起来。他要用脚步丈量西域。

祁连山脉，自西北至东南走向，绵延两千平方公里，海拔高达四千至六千米，终年积雪，仅在夏天积雪融化时有几条山谷可以通过。

隋炀帝选择了大斗拔谷。

汉朝时，霍去病就是通过大斗拔谷直捣匈奴单于老巢，大败匈奴。这条路非常艰险。

大斗拔谷，就是今天的扁都峡，位于甘肃、青海两省交界处，地势险要，两侧峭壁摩天，中间河流波浪汹涌。道路狭窄处，只能容许一个人通过。山谷中天气变化也难以预料。

隋炀帝一行进入山谷后，天色昏暗，刮着寒风，还下起了霰，霰是不透明的小冰粒。隋炀帝一行不是几十人的探险团队，带着充足的探险装备。他带着十几万大军，还有后宫女眷。

帐篷不足，严重缺乏必要的保暖装备。大军露宿山中，极端的地理环境下，遇到极端的天气，士兵冻死了一半以上。

走到张掖，跟在队伍中的乐平公主也一病不起，溘然长逝。乐平公主是隋炀帝的长姐、隋文帝长女、周宣帝皇后、周静帝的嫡母杨丽华。隋文帝就是从杨丽华手中篡得了北周的江山，建立了大隋。杨丽华也从北周太后变成了隋朝的乐平公主。从太后到公主，她的一生是传奇，更是悲剧。

经过损失惨重的跋涉，隋炀帝一行终于抵达张掖。

大臣裴矩为隋炀帝到张掖后的行程，做了非常充分的准备。

七、裴矩：请看我的欧亚大陆调研报告

再次凿通西域，必须提到一个人：裴矩。

裴矩和长孙晟都是隋朝出色的外交家。但到隋炀帝时期，裴矩的风头逐渐盖过了长孙晟。

裴矩（548—627），字弘大，河东闻喜（今山西省闻喜县）人，出身河东裴氏西眷房。隋唐时期政治家、外交家、战略家、地理学家，北魏荆州刺史裴佗之孙，北齐太子舍人裴讷之子。

裴矩本是北齐人，北周灭北齐时，裴矩进入北周，在时任定州总管的杨坚（隋文帝）手下做记室，后以母忧去职。

裴矩在襁褓中就父母双亡，是由伯父裴让之抚养长大。他自幼好学。伯父点拨他说："以你的才智，成为才士很容易，但想要当官，还要多留心现实事物。"裴矩很听话，开始留心人情世事。《隋书》评价裴矩"颇爱文藻，有智数"。

有才华，有智商，通人情，对时局敏感，裴矩的仕途非常顺利。隋文帝任北周丞相时，派使者紧急召裴矩到京城，参相府记室事。隋文帝接受北周禅让后，任命裴矩为给事郎。伐陈时，裴矩为元帅府记室，攻破丹阳时，晋王杨广命裴矩和宰相高颎收取陈国图籍。

裴矩是能打胜仗的文官。

第二年，隋文帝派裴矩巡行岭南。出发前，江南高智慧、汪文进等相聚作乱的消息传回京城。去岭南的路已经阻断，隋文帝想等平定江南叛乱后，再打发裴矩上路。

没想到，裴矩主动请求速速启程，他认为越是这样的时候，越需要早点出发安抚岭南，他不能退缩。裴矩义无反顾地出发了。在路上，裴矩勉强召集到几千老弱残兵。

到了岭南，发现岭南也造反了！

岭南王仲宣叛军围困广州，还派部将周师举围困东衡州。裴矩是个文官，看他担任过的官名就能知道：定州总管府记室，相府记室。

"记"用的是笔杆子，叛军手里拿的是枪杆子。

一般的文官肯定选择原地固守，等待救援。他和太守、刺史这类官员也不一样，一地长官有守土之责，裴矩是代表朝廷巡视的文官，平叛的事情已经另派其他大将负责，他掉头就跑，朝廷也不会追究。

但裴矩没有退缩，他决定和大将军鹿愿共解东衡州之围。

裴矩带着三千残兵击破叛军在大庾岭的营寨，叛军被裴矩逼人的气势吓到，撤走了围困东衡州的兵马，退到原长岭。

裴矩又带着这三千残兵杀到原长岭，再破叛军，斩杀叛军大将周师举，一路打到南海，从南海进军，援助广州。

叛军首领王仲宣闻讯大惊，溃散离去。

冼夫人也派孙子冯盎统兵和隋军一起讨伐王仲宣，叛乱很快平定。

裴矩在冼夫人的陪同下，巡抚岭南二十余州，部落首领随同归顺，裴矩承制任命州中渠帅为刺史、县令，岭南平定。

隋文帝对高颎、杨素说："韦洸将二万兵，不能早度岭，朕每患其兵少。

裴矩以三千敝卒，径至南康。有臣若此，朕亦何忧！"

裴矩因功，拜开府，赐爵闻喜县公，帛二千段。升为民部侍郎，不久又升迁内史侍郎（中书侍郎），后转任吏部侍郎。

隋朝设计除掉大义公主时，裴矩请求出使突厥，成功游说都蓝可汗杀掉了大义公主。突厥对名节不是很重视，但大义公主毕竟是都蓝可汗的妻子，做这件事需要冒很大的风险，还需要智慧和口才。

裴矩智勇双全，敢于冒险，正是隋炀帝欣赏的类型。

突厥衰落后，隋与西域关系密切起来。隋炀帝派裴矩到张掖（今甘肃省张掖市），监管西域胡商和中原商人之间的贸易。裴矩知道隋炀帝有意经略西域，他到达张掖后除管理贸易，维护稳定外，工作重心放在了打探西域各国的情况上。

裴矩利用管理互市的便利条件，主动和胡商交流，从中了解西域各国情况，如国名、位置、山川地理情况、人口户数、百姓姓氏、风俗习惯、物产状况、国人长相、国家元首姓名、国王和百姓的服饰仪形等等。

我们可以想象一下，裴矩都问了哪些问题：

×××，我问你，你的国家在哪里？从你的国到这里，路上都要路过哪里？爬了什么山？过了什么河？山山水水都好过吗？路上有没有强盗打劫的？路过的国家都有哪些个？你们和那些国家关系还好吗？你的国家有多少人？百姓日子过得都好吗？吃什么？穿什么？媳妇可以娶几个？你的国王叫什么？国王长得英俊吗？国王兄弟有几个？他们兄弟吵架吗？……

裴矩最后写成了一本书：《西域图记》。

《西域图记》不是一本简单的旅行手册，它记载了西域四十四个城邦国家的山川、地貌、特产、人口，配有详尽的地图。

地图绘制的范围几乎横贯了整个欧亚大陆，东起敦煌，西至西海（今地中海），长达两万里。内容涵盖各国的方位和远近、山川地貌、关隘要冲。

裴矩还详细绘制了从敦煌通往西域的三条主要道路：

北路，伊吾道。

从敦煌走伊吾（今新疆维吾尔自治区哈密市），沿天山山脉北路，过西突厥王庭，经东罗马帝国，到达地中海。

中路，高昌道。

从敦煌奔高昌（今新疆维吾尔自治区吐鲁番市东），沿天山山脉南路，越过葱岭（帕米尔高原），经过康国、安国等地（今乌兹别克斯坦），穿过波斯王国，经过波斯湾，到达地中海。

南路，鄯善道。

从敦煌到鄯善（今新疆维吾尔自治区若羌县），走塔里木盆地南缘，到达南亚印度河流域，再经海路抵达地中海。

这三条路太令人眼熟了，因为它就是丝绸之路。

《西域图记》是古代中西交通的重要文献，可惜书已散失，只有序文保存在《隋书·裴矩传》中。

裴矩在序文的结尾处写道："以国家威德，将士骁雄，泛濛汜而扬旌，越昆仑而跃马，易如反掌，何往不至！但突厥、吐谷浑分领羌胡之国，为其拥遏，故朝贡不通。今并因商人密送诚款，引领翘首，愿为臣妾。圣情含养，泽及普天，服而抚之，务存安辑。故皇华遣使，弗动兵车，诸蕃即从，浑、厥可灭。混一戎夏，其在兹乎！不有所记，无以表威化之远也。"

这里主要说了四点内容：

一是我们国家的实力，现在越过大漠、翻过昆仑山易如反掌；

二是西域各国都对我们大隋翘首以盼，都愿意成为我们的藩属国，我们派个使者，他们就会归附；

三是无法和他们建立联系是因为西突厥和吐谷浑挡在中间；

四是统一西戎和华夏的时机已经到来。

据《资治通鉴》记载，隋炀帝看完裴矩的上表后"慨然慕秦皇、汉武之功"。

隋炀帝提拔裴矩为黄门侍郎，派他到张掖招降西域诸国。

大业二年（606），西域十多个国家的使节齐聚张掖。

大业三年（607），隋炀帝北巡时，高昌和伊吾的使者也赶到榆林觐见隋炀帝，献上贡品。

大业四年（608），西突厥处罗可汗归附大隋。

大业五年（609），隋朝大败吐谷浑，在其故地设置西海、河源、鄯善、且末四郡。隋炀帝还亲自带领大军走过祁连山脉，来到张掖。

裴矩等在张掖，向隋炀帝展示了辉煌的外交成果。

大业五年（609）六月十七日，燕支山下。

有数量空前的群众演员：燕支山周围几十里，全是百姓，他们穿着盛装，骑马乘车，人头攒动、摩肩接踵，连道路都被阻塞了。

有阵容强大的欢迎团队：西域二十七个国家首脑和使者，穿着华丽的民族服装，佩戴着金玉首饰，恭敬地站在路边，迎接大隋皇帝御驾。

有万众欢腾的现场氛围：燕支山下，焚香奏乐，锣鼓喧天，笙歌鼎沸，礼乐齐鸣，各族百姓，载歌载舞。

随着隋炀帝的出场，现场沸腾起来，欢声雷动，拜见大隋帝国皇帝陛下。

欢迎仪式结束后，隋炀帝又在观风行殿，组织各国君主、使臣参观各类文物。

随后，举行了盛大的宴会，招待高昌王麴伯雅、伊吾吐屯设等二十余国君主和使臣。宴会上隋帝国的音乐家演奏九部乐，文艺工作者表演鱼龙百戏。

隋朝的强盛，百姓的富庶，民间的技艺，使得西域各国君主、使者啧啧称奇。

这是一次成功的展示，是一次高质量、高水平的展示。

中国之盛，全方位地展示在西域各国面前。

这次西巡开通了从青海进入新疆鄯善、且末的新丝绸之路。新丝绸之路和原来的丝绸之路并行，畅通了隋朝和西域的往来。

隋朝在吐谷浑故地设置西海（今青海省都兰县东，青海湖以西）、河源（今青海省共和县西）、鄯善（今新疆维吾尔自治区若羌县）、且末（今新疆维吾尔自治区且末县西南）四郡，发罪人戍守，设立军镇，大开屯田，保护通往西域的商道。

四郡的设立，把整个青海和新疆的东部都纳入了大隋的版图。

这是青海全境首次全部纳入中原政权版图。

伊吾吐屯设献西域数千里之地。

隋炀帝一路向西，走到了玉门关，这是中国古代皇帝向西到达的最远的地方。

其他朝代"春风不度玉门关"。

隋炀帝则是"万乘西出玉门关"。

《西域图记》所描绘的地方，都在隋炀帝的心里。

隋炀帝还想走得更远。

从大业元年到大业七年，隋朝先后征服了西南的林邑、东北的契丹、西北的吐谷浑，招抚了西突厥，西域的交通重新打通。东征流求，宣慰南海诸国。周边小国纷纷称臣纳贡。

大业五年（609），隋朝共有一百九十个郡，一千二百五十五个县，八百九十万户，疆域西九千三百里，南北万四千八百一十五里。（数据来源于《资治通鉴》卷181。）

隋朝，达到鼎盛。

隋炀帝的大业，也达到了鼎盛。

八、花钱买朋友——帝国的极致虚荣

西巡之后，帝国的虚荣达到了无以复加的程度。

靡费巨大的表演持续了两个多月！从大业五年（609）六月隋炀帝到达张掖开始，到九月隋炀帝回京结束。

西域各国的臣服，是因为有利可图。

隋朝用厚利吸引西域商人到内地贸易，西域商人往来相继。这不是一种良性的商业模式，不是互惠互利、共赢的合作。

这是隋朝用金钱买来的繁荣。

隋炀帝是主谋，裴矩是同谋。隋炀帝好大喜功，裴矩就展开金钱外交。

两个多月的烧钱表演仅仅是个开始。隋炀帝返回大兴城时，西域各国的首脑、使者，还有大批的胡商也跟着来到了大隋的首都。我们暂且称呼他们为西域各国旅行考察团，简称西域旅行团。

隋炀帝先展示了西京大兴城，他让西域旅行团在大兴城休整了两个月，看看隋朝的都城是多么的宏伟壮丽。

随后，隋炀帝又炫耀了东都洛阳的繁荣。

大业五年（609）十一月，隋炀帝带着西域旅行团兴师动众地走到洛阳。到洛阳，就不是简单的走走看看了。

一场旷古绝今的炫富活动拉开帷幕。

大业六年（610）正月十五，东都洛阳。

隋炀帝在洛阳的端门街，搭建了周长五千步的表演场地，仅奏乐的人就达到一万八千人，声音传到数十里之外。十数万奇技异艺的艺人，穿着华美的服装，带着金玉首饰表演百戏。表演从晚上一直持续到早晨。灯火通明，照得如同白昼一样。

有人演，还得有人看。隋炀帝命人搭建棚阁（看台），勒令官员、百姓坐在棚阁里观看节目，所有人都要衣着鲜丽。

真是琉璃世界，锦绣乾坤，烈火烹油，鲜花着锦。

西域胡人目不暇接，对大隋的富庶赞叹不已。隋炀帝也数次微服观看演出。

盛会持续了一个月，花费金钱"巨万"。

商人们请求进入洛阳的丰都市买卖货物。

隋炀帝求之不得。他不是为了发展国际贸易，他是又找到了炫富的新场地。

隋炀帝命人整修东都市场，所有店铺的外观全部整修成统一样式，用帷幕帐幔装饰，大量陈列珍贵的货品，什么东西贵，就多进货、多摆放。所有人都得穿着华丽的衣服，连卖菜的小商贩都得使用珍贵的龙须席铺地。道路旁的树木全部缠上绢帛。

店铺通宵营业,一天十二个时辰、二十四个小时不能闭店休息,要是你家就一个人,那也得熬着。

胡人客商经过,饭店的老板必须热情、主动地邀请胡人进去吃饭,奉上最好的饭菜,让他们吃得酒足饭饱,还不允许收钱。

还有统一的话术。

胡人:老板,埋单!

中国商人:中国富饶,吃饭喝酒都不要钱。(《资治通鉴》:"中国丰饶,酒食例不取直。")

史书记载,胡人因此非常惊叹。

这惊叹是对中国的富庶啧啧称奇,还是觉得遇到了一国的傻子?

当时就有胡人提出了疑问:"中国也有衣不蔽体的穷人。为什么不把绢帛拿给他们做衣服,却拿来缠树呢?"

隋朝的商人无言以对。

这种花钱买面子的行为,不是个例。但挥霍到隋炀帝这种程度的,古今中外,隋炀帝是名列前茅。

隋炀帝这种败家子行为,再富有的家也会败落。

可隋炀帝的家,是百姓的国呀!

他只知道规划政治蓝图,四处奔走巡视,绞尽脑汁地思考着施政策略,却不知道安养百姓!

既富且强的隋朝,百姓疲惫不堪,穷困潦倒。

国强而民不富,国本被掏空了。

表面强大的空壳迟早会坍塌。

金钱粉饰的假象,也将如同梦幻泡影。

破灭!

第八章

独夫民贼

一、竭泽而渔，自杀帝国

隋炀帝打高句丽，打了三次。

他为什么非要打高句丽？其实不是他一个皇帝盯着这块地方，隋文帝、唐太宗，也都打过高句丽。不过，隋文帝没有亡国，他省吃俭用，留下了一个富有的大帝国。唐太宗亲征高句丽失败，但他开创了"贞观之治"。唐太宗的儿子唐高宗还接班灭了高句丽。所以，人们记住的是他们的功业。

隋炀帝却亡国了，大隋帝国在他的手上灰飞烟灭。

隋文帝、隋炀帝、唐太宗、唐高宗，为什么这么执着于高句丽这块土地？

因为高句丽曾是中原王朝的一部分，不拿下这块土地，统一大业不算完成，边疆也多了一个威胁。所以，王朝更迭，帝王的使命却没有改变。

高句丽的地，曾归中原政权管辖。

西汉时，汉武帝曾在这里设置乐浪、玄菟、临屯、真番四个郡，实行和中原一样的郡县制。东汉末年，中原王朝又在乐浪郡南设置带方郡。三国时，这里仍归魏国所有。西晋末年，北方十六国时期，辽东地区渐渐脱离了中原政权控制。

殷氏箕子王朝、卫氏朝鲜、高句丽的统治者都来自中原王朝。

根据《史记》记载，最早在朝鲜半岛建立国家的人是箕子，箕子是中国商朝商王文丁的儿子、纣王的叔父。箕子在武王伐纣时，率商朝宗室东走至朝鲜半岛建国，这个国家史称"殷氏箕子王朝"，箕子王朝在政治上臣服于周朝。

秦末汉初，战国时期的燕国人卫满，东渡鸭绿江，进入朝鲜半岛，投奔箕子王朝。后来卫满推翻了箕子王朝，建立卫氏朝鲜政权，定都王险城（今朝鲜平壤）。

汉武帝时期，灭卫氏朝鲜，设置郡县，管理朝鲜半岛。

魏晋南北朝时期，中原政权南渡之后，一个名为高句丽的国家也向南发展。

高句丽人是一个农耕民族，生活在我国东北地区。西汉末年建立国家，定都于今吉林省集安市。

高句丽国的疆域包括今辽宁东部、吉林南部和朝鲜半岛北部。

高句丽在隋唐正史中被称为高丽，原因不详，可能是简称，也可能是高句丽改了国名。为和公元918年建立的高丽王朝加以区别，一般把隋唐时期的高丽王朝称为高句丽。

当时朝鲜半岛，高句丽在北，百济在西南，新罗在东南，形成了三国鼎立的局势。

三国鼎立，就少不了打仗，你要问鼎，他要逐鹿，都想成为朝鲜半岛的老大，都有统一朝鲜半岛的伟大构想。当时中原大地处于南北朝时期，中心区域处于分裂状态。

高句丽、百济、新罗、南朝、北朝，加上日本，在东亚这片辽阔的土地和海洋上演出了一幕幕远交近攻、朝秦暮楚、两面三刀的戏码，真叫一个热闹。

论综合实力，高句丽在东北亚算是小霸主，百济和新罗都比它弱小，室韦和鞨鞨等民族都臣服于高句丽。高句丽一直有志于统一朝鲜半岛。

北周统一了北方，隋朝统一了南北，中原地区统一之后，乱糟糟轮流主持演唱会的日子结束了。

高句丽位于朝鲜半岛北部，和隋朝疆域接壤，它时时感到威胁，害怕被包成饺子，又怕被夹成馅饼，还惦记着统一朝鲜半岛。

高句丽打出了军事和外交两张牌。

军事上，积极筹备，不停试探。

外交上，表面称臣，暗藏叵测之心。

隋朝建国之初，隋文帝北边要对付突厥，南面又准备平陈。高句丽利用这个空当，支持北齐亡国势力复国，还派人到陈朝纳贡。后来干脆停止向隋朝纳贡，专心筹备打仗。

开皇十八年（598），高句丽"驱逼靺鞨，固禁契丹"，进犯辽西。隋文帝调集三十万大军讨伐高句丽，因道路阻隔，军需供应困难。陆路大军遇到洪水、瘟疫，水路大军遭遇海上风暴，大军伤亡惨重，被迫撤军。

隋朝撤军后，高句丽国王高元又马上派使者到隋朝谢罪，上表称自己为"辽东粪土臣元"。

高句丽一直试图联合东突厥一起对付隋朝，大业三年（607），隋炀帝北巡突厥时，高句丽的使臣也在东突厥。启民可汗不敢隐瞒，怕引起误会得罪隋朝，向隋炀帝报告了此事。

隋炀帝命高句丽使者回去转告高句丽王高元："宜早来朝，勿自疑惧，存育之礼，当如启民。苟或不朝，将帅启民往巡彼土。"

意为：早点来纳贡，否则打你。

高元对隋炀帝的恐吓置若罔闻，隋炀帝勃然大怒，决心彻底解决高句丽问题。

把对高句丽的战争视为收复故土是隋朝很多大臣的共识。

裴矩曾对隋炀帝说："高句丽本是箕子的封地，是我国领土，在汉、晋时都是我们的郡县，现在不对我们称臣，成为异域。陛下安可不取？您难道忍心让那里沦为蛮夷之乡吗？"

发动这场战争不单是隋炀帝一个人的意愿。

"开皇之末，国家殷盛，朝野皆以辽东为意。"

大业四年（608），隋朝开永济渠，引沁水南达黄河，北通涿郡（今北京市）。涿郡是北方军事重镇，隋文帝准备以涿郡为军事基地征讨高句丽。

到大业六年（610），隋炀帝已经巡视完帝国的南、北、西三面，大运河末期工程江南河，也在大业六年十二月开工，隋炀帝正式准备发动对高句丽的战争。

隋炀帝下令全国军队检查武器，保证装备精良。

隋炀帝下令全国富人出钱为国家购买战马。导致马匹价格暴涨，涨到十万钱一匹，十家有钱人里有九家因此破产。

大业七年（611），隋炀帝下诏征讨高句丽。

可能是平陈的战争太过顺利，对突厥的政策和对西域的经略也都非常成功。隋朝君臣觉得自己战无不胜，骄傲自满的情绪充斥着朝堂。当时大多数人都没有想到对高句丽的战争会让隋朝陷入空前的危机，把隋朝拖入无尽的深渊，最终走向灭亡。

这是一次无异于自杀的军事行动。

仁寿四年至大业六年（604—610），隋炀帝不断役使农民奔走在帝国的各大工地。

大工程一个接着一个，甚至同时进行几项。挖掘长堑，营建东都，开凿运河，建长城，筑驰道，大建离宫别馆，凿山通道，打造船只，四处巡游，无休无止。

每次命令下达都是"催逼甚急"，负责的官员只能靠逼迫百姓过度劳动完成任务。

冻、热、饿、病、累。百姓受伤、致残、致死。

大量壮丁死于徭役。百姓为保性命，不惜伤残自己的肢体，还美其名曰"福手福足"。

每次工程开工，根本不考虑农时。农业的发展是帝国的根基。违背农时，在农忙季节大量征召农民服役，农田荒废，无粮可收。

服役的百姓即使没死在工地上，回家后又靠什么活命？

每次征发民工，都要以几十万、几百万计数。丁男不足，隋炀帝还把妇女也征召到工地上。国家的青壮劳力，不论男女都在各大工地或者战场上。

那么谁去种地？谁交租调？拿什么交租调？

在帝国的领土拓展、国防建设、交通工程、对外交往都取得巨大成就的同时，隋朝对民力的使用到了竭泽而渔的地步。

如果，隋炀帝能及时停止，休养生息，像汉朝初年一样无为而治，隋朝或许还有救。

但隋炀帝不可能停下脚步，他驾驶着隋帝国的战车，疾驰向灭亡的深渊。

大业七年（611），隋炀帝命令全国所有军队，不问远近，全部到涿郡集结。四方的军队如同滔滔河水一样奔向涿郡。

三月，幽州总管元弘嗣负责到东莱（今山东省莱州市）海口打造战船，要求一个月内造三百艘，监工的官吏拼命催逼。服役的工人一刻不敢停歇，从早到晚地一直泡在水中，以至于腰部以下生了蛆虫，船工死了十分之三四。

四月，征调江淮以南的水手一万人、弩手三万人，岭南排镩手三万人到涿郡。排镩即排稍，"稍"是长杆矛，《三国演义》中张飞用的丈八蛇矛即是这类兵器。

五月，敕令河南、淮南、江南打造戎车五万辆，送往高阳郡（今河北省定州市），供后勤部队运送军服、盔甲、幔幕；发黄河两岸民夫随军北上，以供军需。

七月，征调长江、淮河以南的民夫和船只，把黎阳仓（位于今河南省浚县内）、洛口仓（位于今河南省巩义市东）的粮食运送到涿郡，舳舻首尾相连，绵延一千余里。

帝国的各条道路上，运兵的车、运盔甲的车、运送攻城器械的车、转运军需物资的车、转运粮草的车，数十万人往来奔走，昼夜不绝。

造成的后果是：死者相枕，臭秽盈路，天下骚动。

百姓们面临的困境已经不是怎么活下去，而是要不要继续活着受罪。这场战争的准备工作，无异于在上阵杀敌前，先捅自己几刀。

隋帝国走上了自杀之路。

开战前，帝国的后院先起火了。

山东因为距离辽东较近，从大业六年开始，成了东征高句丽的主要战备后勤基地。

隋炀帝命当地百姓饲养战马，以供军用。

隋炀帝还在山东征调大批百姓运送粮食，目的地是辽东前线的泸河（今辽宁省锦州市）、怀远（今辽宁省沈阳市辽中区）两镇。由于运输量大，路途遥远，车辆大量损毁，牛马大量死亡，士卒死亡过半。

车没回来、牛马没回来，人也没活着回来几个。

官员为了完成转运任务，又征调六十多万名车夫，让他们用人力手推小车运送粮食到辽东。车夫们两个人共推一辆小车，车上装载三石粮食。

频繁的徭役挤占了农时，百姓没时间种地，家里哪来的粮食？为了活下去，只能去买。受徭役影响农时的百姓不是一户两户。山东、河北等地大量农田抛荒，导致粮食价格飙涨，一斗米卖到了数百钱。倾家荡产的百姓还要继续服役，各级官吏依然横征暴敛。

除了人祸，还有天灾。

黄河泛滥，三十多个郡遭受洪涝成灾，当时天下共有一百九十九个郡，这就是说隋帝国近六分之一的郡都淹没在洪水中。真是雪上加霜，又下了冰雹。

人祸之上，还有人祸。

府兵制下百姓服役，要自备粮食，用牛运输，牛可以在路上吃草，但人得吃饭啊！道途险远，无粮可带的百姓只好偷吃小车上的军粮，走到辽东时，车上的米都吃完了，无粮可交了。百姓们害怕被处死，开始逃亡。

一个接一个的工程，一条接一条的征调令，人一个接一个死去。

如何在暴政中生存下去？濒临绝境的山东百姓，每天都要面对这个问题。

百姓们领悟到：绝不能到辽东去送死。（高句丽领土位于辽水以东，辽水即今辽河。）

无向辽东浪死歌

隋·王薄

长白山前知世郎，纯着红罗锦背裆。

长槊侵天半，轮刀耀日光。

上山吃獐鹿，下山吃牛羊。

忽闻官军至，提刀向前荡。

譬如辽东死，斩头何所伤！

《无向辽东浪死歌》是山东邹平人王薄创作的政治宣传歌曲。

他给百姓指了一条路：造反。

王薄自称"知世郎"，在长白山（今山东省邹平市南）率先举起反隋旗帜，带着父老乡亲反抗隋炀帝暴政，百姓如潮水一样涌向长白山。王薄的势力迅速壮大，起义军在齐郡（今山东省济南市）、济北郡（今山东省聊城市茌平区西南）一带，打劫官府，过上了"上山吃獐鹿，下山吃牛羊"的生活。

衣不蔽体、食不果腹，生存底线被彻底突破的百姓，看到了希望！

造反就能活命。

"阿舅贼"（刘霸道）带着十余万人啸聚在平原郡（今山东省德州市陵城区）。孙安祖杀掉征兵的县令，在高鸡泊（今河北省故城县西）聚众起义。张金称聚众于河曲（今河北省临西县），高士达揭竿于清河（今河北省清河县）。

榜样的力量是无穷的。

越来越多的农民拿起武器，"群盗蜂起，不可胜数"，啸聚山林，攻陷城邑。各地官府四处奔走镇压，抓到的就砍头，还是无法扑灭不断燃起的起义之火。

窦建德，就在这次起义浪潮中被逼造反。

窦建德，贝州漳南县（今河北省故城县东）人，素有侠义之名。官府征兵时，他被任命为二百夫长。

当时山东发大水，同县的孙安祖家里遭了水灾，妻子孩子全都饿死了，孙安祖因为骁勇，被县令选中，征召入伍。孙安祖以家贫为由，向县令请求不受征召。漳南县令要完成的是征兵的任务，你能不能活，有没有粮吃，不在他的考虑范围内。孙安祖被逮捕，遭到鞭打，对官府恨之入骨的孙安祖杀死县令，逃到窦建德家中。

窦建德收留了孙安祖，把他藏匿起来。

窦建德对孙安祖说："隋文帝时，天下殷盛，发百万之众伐辽东，尚且被高句丽所败。现在大水成灾，黎庶穷困，当今皇帝不恤民力，欲亲征辽东，加上之前西征带给国家的创伤还未平复，百姓疲敝，累年之役，行者不归，现在又要用兵，天下必将大乱。大丈夫不死，就当建功立业，岂能当个逃犯？"

窦建德帮孙安祖召集到数百人，让他带着这些人到高鸡泊落草，孙安祖在高鸡泊起义后自称为将军。

窦建德预料到天下将有大乱，但他依然选择应召从军，想在军中建功立业。

张金称、高士达等起义的农民军，到漳南打劫时，唯独避开窦建德家所在的地方。官府认定窦建德和盗匪勾结，捕杀了窦建德一家老小。

窦建德投奔高士达，把手下的二百隋军也带去了。孙安祖被张金称杀死后，他的部下也全部归附窦建德。高士达战死后，窦建德自称将军，接管了这支起义军。

窦建德善待属下，轻财重义，深孚众望，河北郡县多数都归附窦建德。

唐武德元年（618），窦建德称夏王，改元五凤，国号夏。

隋朝因为自己的自杀行为，逼反了人民，但开往高句丽的战车没有停下脚步。

二、一征辽东，那个破碎在辽东的妄想

一征高句丽，隋炀帝妄想不战而屈人之兵。

打仗前，隋炀帝对如何接受投降做了安排。

隋炀帝给每一路大军都配备了一位受降使者，称为慰抚使，慰抚使直接隶属于隋炀帝，不受所在部队大将节制。隋炀帝还规定如果高句丽人要投降，而将领不接受投降，受降使者可以节制大将，接受投降。

隋炀帝担心将领为立战功，不接受投降。所以，他要防止大将贪功冒进，影响他收降高句丽的进度。

这梦做得多好。

老将段文振在去辽东的路上病重，临终前上表隋炀帝，忧心忡忡地劝说隋炀帝不要轻敌，要速战。他的上表主要说了以下内容：

第一，防备诈降。他们多狡诈，如果高句丽人口头上说投降，陛下不要轻信。

第二，一定要速速进军。雨季即将到来，万万不能耽搁时间。等到雨季到来，道阻且长，兵马、粮食都难以补充。

第三，攻其不备。希望陛下严勒诸军，星夜兼程，水陆齐发，火速进军。平壤是座孤城，我们出其不意，一定能将其拿下。平壤城破，其他的城市不攻自破。如果迟疑不决，又遭逢雨季，后勤补给无法跟上，高句丽强敌在前，他的附属靺鞨在后，大军腹背受敌，我们就危险了。

段文振的临终遗言，隋炀帝一个字也没听进去。

在隋炀帝看来，高句丽都没隋朝的一个郡大，隋朝大军压境，小小的高句丽哪有道理不投降？

所以，他不是来打仗的，是来耀武扬威的。和他之前的巡游一样，多用人，多用东西，就能不战而屈人之兵。

总之，场面够大就行了。

大业八年（612）正月，隋朝大军一百一十三万三千八百人在涿郡集合完毕，号称二百万。后勤保障人员同时就位，是士兵数量的两倍。

隋炀帝举行了三场隆重的祭祀仪式，分别祭祀了宜社、上帝、马祖。

祭祀完毕，隋炀帝亲授节度，颁发各军将领的委任状，公布部队建制：大军分为左右两翼，各十二军，共二十四军。每军设置大将、亚将各一人。骑兵分为四个团，每团四十队，每队一百人；步兵四个团，每团二十队，每队一百人；每个团设偏将一人。辎重散兵也分为四个团；军中设受降使者一人，承诏慰抚，不受大将节制。

隋炀帝选择打"明牌"。

他要求每个团的铠胄、缨绂、旗幡都使用不同颜色，方便区分，将士都要在衣服上缝制写有部队番号的军纪带。

连大军走的路线隋炀帝都公布了：左十二军出镂方、长岑、溟海、盖马、建安、南苏、辽东、玄菟、扶余、朝鲜、沃沮、乐浪等道；右十二军出黏蝉、含资、浑弥、临屯、候城、提奚、蹋顿、肃慎、碣石、带方、襄平等道。

出兵的方式为大摆一字长蛇阵。

隋军每天出发一军，相邻的两军之间间隔四十里，二十四路大军分二十四天出发；还有隋炀帝的天子六军（内、外、前、后、左、右六军），由十一卫禁军、三省六部九寺的官员组成。这六军出发又用了六天；还有辎重部队，也是每天出发一军。

正月初三，这支庞大的军队从涿郡出发，整整用了四十天，才出发完毕。二十四军，首尾相连，鼓角相闻，旌旗绵亘九百六十里，天子六军旌旗绵亘八十里。

《资治通鉴》的作者慨叹："近古出师之盛，未之有也。"

隋炀帝要通过大军威慑，让高句丽主动投降。

所以，他不怕泄露番号，不怕泄露行军路线，不担心行军迟缓，不担心敌人有所准备，不担心段文振所说的雨季即将来临。

所以，军队里还有数量庞大的非作战人员。

隋炀帝自己带着后宫妃嫔，还鼓励官员携带家属。大业七年（611）四月，朝廷抵达涿郡后，隋炀帝还给九品以上的文武官员分了房子，让大家都安心住下来。

西突厥处罗可汗、高昌王、伊吾吐屯设、吐谷浑太子和西域各国使者，隋炀帝全带到了涿郡。

军队里还有僧、尼、道士、女冠等宗教从业人员。还有乐队，这是为接受高句丽王投降做准备。

隋炀帝要在观风行殿里再次大陈文物，高高地坐在御座上，仪仗旌旗威武地排列，各国元首、使者和文武百官在大殿内分宾主落座，后妃和官员眷属穿上礼服，佩戴金玉首饰，陪坐在大殿内。

高元，带着他的文武大臣，身着素衣，恭顺地捧着降书，跪拜大隋皇帝陛下，表示永远臣服。

这历史性的一刻，必须让更多的人参与，让更多人看到，他要名垂青史，要超越秦皇汉武，要做最伟大的君主。

现在，他准备把这个想法变成现实了。

大业八年（612）三月十四日，隋朝大军抵达辽水（今辽河）西岸，与高句丽隔河对峙。

隋炀帝命宇文恺赶造三道浮桥，浮桥造好后，右屯卫大将军麦铁杖主动请缨，率前锋渡河作战。麦铁杖非常英勇，率领士兵一直冲到距离对面河岸一丈开外的地方，突然停住了脚步，浮桥造得太急，短了一截，够不到河岸。

麦铁杖是个勇敢的战士，他跳入水中，试图从水中冲到岸上。高句丽的士兵居高临下，利用地形优势防守。隋军无法登陆，一拨接着一拨跳入水中，一拨接着一拨战死，鲜血染红了河水。右屯卫大将军麦铁杖，武贲郎将钱士雄、孟金叉等皆战死。隋炀帝在辽水西岸目睹了这惨烈的一幕。

第一次渡辽水失败。

隋炀帝命少府监何稠把浮桥加长，用时两天，隋军再次渡河，隋军因人数优势取得胜利，杀死高句丽军一万多人，包围辽东城（今辽宁省辽阳市）。

打辽东城，隋炀帝用的办法是吓唬。

一座方圆八里，城墙高十仞，插满旗帜的六合城，一夜之间拔地而起。

隋炀帝又搬出观风行殿，坐在城里想象高句丽人惊讶、惶遽的样子。

辽东城里的士兵看到六合城确实很惊讶。感叹了一番隋朝人确实厉害，整的东西挺大、挺好、挺邪乎。就是不能吃，不能喝，还不能攻城。没啥用！然后继续守城，没人投降。

但，隋炀帝还做着招降的美梦。

隋炀帝下令：如果高句丽人投降，必须马上停止攻击，接纳安抚。

高句丽几次突围不成，婴城固守。隋军猛烈攻打，每当要攻陷时，高句丽军队就说："我投降！"因为有隋炀帝的命令，隋军只好马上停止攻击，准备接纳安抚，同时飞快地回去报告隋炀帝。

因为隋炀帝还有一条命令："凡军事进止，皆须奏闻待报，毋得专擅。"

军队进退，各军将领不能自己做主，全部要把消息报告给隋炀帝，二十四路大军都直接归隋炀帝指挥，各军之间互不统属。

隋炀帝还说：朕是来吊民伐罪的，不是为了功名，各将领有可能无法领会我的深意，想轻兵掩袭，孤军独斗，立功邀赏，这是不行的。你们进军，要三路人马互相配合，要发动攻击时，必须让另两路大军知道，不能自己独自进军，以致失利败亡。

各军将领被捆住手脚，完全无法根据战场情况随机应变、指挥作战。大小行动都要等待隋炀帝的圣旨下达。

高句丽一举手，说我要投降，隋军就往后方送信，在那儿傻等。等隋炀帝的圣旨送到阵前，高句丽士兵又拿起武器顽强抵抗，和隋军殊死搏斗。

如此再三，隋军士气全无，谁都不想再打了。

隋炀帝也非常生气。隋炀帝不是生气高句丽诈降，他认为是前线将士没有贯彻好他的招降政策，是他们把事情办坏了。

六月，隋炀帝亲自巡视辽东城南，观察城池形势。

隋炀帝质问诸将："你们自恃官高爵显，想要糊弄我吗？在都城的时候，你们就不愿意让我来，原来是怕我看到你们打败仗，怕看出你们的毛病来。今天，我就在这里，好好看看你们的所作所为，谁出了问题，我随时就砍掉谁的脑袋。你们今天怕死，不肯尽力，难道不怕我杀了你们？"

战役是他指挥的，错不是他的。他是最伟大的君主，他怎么可能出错呢？所以一定是将士们的问题。这就是隋炀帝的逻辑。

将领们惊慌失色，没人敢说话。

谁敢说话，就得参考高颎，参考贺若弼，参考张衡。老宰相高颎和元勋贺若弼不过是说了几句话，就人头落地。张衡是隋炀帝的嫡系亲信，就因为一个小妾举报，也被赐自尽。谁沾了"谤讪朝政"的边，谁就得死。

所以，诸将表面认错，心里骂娘，战场敷衍。

所以，辽东城久攻不下。

围攻辽东城的同时，隋炀帝还派出两路大军攻打高句丽首都平壤。

右翊卫大将军来护儿率江淮水军从海上进军。

来护儿从东莱郡（今山东省莱州市）横渡黄海，舳舻数百里，沿浿水（今大同江）逆流而上，在距离平壤六十里处，遭遇高句丽阻击部队。来护儿和部下勇猛作战，大破敌军。

来护儿要乘胜攻打平壤，副总管周法尚认为不应孤军深入、贸然攻城。来护儿不听，带精兵四万，乘胜追击，直扑平壤。

平壤的高句丽守军以逸待劳，设下了诱敌深入，瓮中捉鳖之计。

来护儿攻城，高句丽佯装不敌，来护儿部下追进城中，纵兵俘掠，不成战斗序列。高句丽伏兵看准时机，突然杀出，打得来护儿措手不及，狼狈逃窜，一直逃到大同江边。

周法尚在大同江边严阵以待，接应来护儿，高句丽才退军。

清点逃回来的士兵，四万精兵，只剩下几千人了。

来护儿带着残兵败将退到海浦（今大同江口）。

水军失败，陆军大军失去了接应。

陆路的隋军，共计三十万，分九路，由左翊卫大将军宇文述、右翊卫大将军于仲文、检校右御卫虎贲郎将卫文昇等率领。九路隋军绕过辽东城，向平壤进军，计划在鸭绿江西岸会师，进攻平壤。

这条路线的起点在泸河（今辽宁省锦州市）镇、怀远（今辽宁省沈阳市辽中区）镇，目的地在平壤。士兵们需要从今天辽宁省西部的辽西丘陵，渡过辽河，走过辽东丘陵，渡过鸭绿江，继续往南走到今天的平壤附近。

这是一次远距离的长途奔袭。

人、马都得带上够吃一百天的粮食。士兵穿着甲胄，拿着枪槊，带着攻城器具，背着炊具，抬着帐篷等各种武器、辎重。每个战士的负重都在三石以上，实在是太重了！

士兵们靠偷偷扔粮食减轻负重。

隋炀帝又有圣旨了，他说："遗弃米粟者斩！"

有圣旨也没用，在被斩之前，人都快累死了，士兵就在晚上宿营时，悄悄地在帐篷里挖坑，把粮食埋起来。

走到半路，士兵们的粮食就见底了。

在鸭绿江边会师时，宇文述、于仲文等大将都深感忧虑，虽然于仲文在路上打了个大胜仗，但再往前走，就要深入高句丽腹地，后面没有补给，军中缺粮，这个仗根本没法打。

就在此时，高句丽宰相乙支文德渡过鸭绿江，投降来了。

乙支文德是诈降。

出征前隋炀帝曾秘密交代于仲文："高元和乙支文德投降，马上擒拿，不能放走。"所以于仲文等大将主张抓住乙支文德，绝不能放虎归山。

尚书右丞刘士龙是军中的慰抚使，隋炀帝给他的任务是接受投降，宣慰安抚，所以他坚决反对囚禁乙支文德。

隋炀帝自己的命令互相打架。

慰抚使不受主帅节制，直接对皇帝负责，形同监军。大将和慰抚使意见相左，最后只能听慰抚使的。于仲文等眼看着乙支文德离开了大营。乙支文德刚离开，于仲文就后悔了，派人去追乙支文德，说有事商量，乙支文德不理他们，渡过鸭绿江回去了。

没抓到乙支文德，大军又缺粮。宇文述提议班师返回。于仲文则认为应该派精锐追击乙支文德。宇文述一心班师，不同意于仲义的提议。

于仲文说："将军带着十万大兵，而不能破小贼，还有何颜面见陛下？仲文此行，已知会无功而返。为什么呀？古之良将能成功者，军中之事，都由一人统一领导，现在各自为政，怎么可能打胜仗呢？"

隋炀帝比较信任于仲文，之前有交代，遇到重大军情，各军一律听于仲文指挥。宇文述等只好依从于仲文，渡过鸭绿江追击乙支文德。

三十万大军掐着瘪肚子，过了鸭绿江。

过江之后仗打得出奇的顺利，宇文述一天之内七战皆胜。大军一路打到距离平壤城三十里的地方，安营扎寨。

乙支文德在隋军中，观察到隋军面有饥色，料定隋军缺粮，他佯装败北，一路引诱隋军到平壤城下。

乙支文德再次诈降，他说："如果你们班师回去，高元就会去朝见隋朝天子。"

宇文述等到现在也是后悔不已。

平壤城池坚固，城内存粮充足，在隋军补给充足的情况下攻打都很难。他们现在没有粮食，隋军连原地固守营寨都无力坚持，来护儿的水军也没有按预先约定的接应他们，他们也没有援军。

孤军深入，粮草断绝，前有坚城，后无援军。

乙支文德的提议如同救命良药，宇文述等把大军结成方阵撤退。隋军一撤，高句丽的军队就冲出平壤，从四面对隋军发起猛烈的攻击。宇文述等且战且退。

七月二十四日，隋军退到萨水（今清川江），隋军走到河水中间时，高句丽军发起了猛烈的攻击。

这一次是绝杀。

高句丽军士气高涨，排山倒海地冲杀，殿后的左屯卫将军辛世雄战死，隋军惊惧不已，四散奔逃，无法禁止。

将士们狂奔逃命，一日一夜跑了四百五十里，逃到鸭绿江边。将军王仁恭断后，率部击退高句丽军队，隋军得以渡过鸭绿江。来护儿得到陆军惨败的消息，率水军撤回了东莱。

渡过辽河的三十五万隋军，回到辽河以西的才两千七百人！

隋军，基本全军覆没！

隋炀帝无法接受这个结果，他居然铩羽而归？他想欣赏四夷酋长匍匐跪拜的场景，结果自己打了个大败仗。

辽河不是长江，高句丽不是陈朝，高元更不是陈叔宝。

灭陈顺利，是隋文帝君臣苦心筹谋、多年准备的结果。隋炀帝当时以皇子身份任行军元帅，实际指挥作战的是别人，上游是宰相高颎，下游是杨素。

高句丽是个倔强、顽强的国家。面对隋朝大军的进攻，他们泰然自若，沉着应对，周密部署，以逸待劳，顽强反抗，勇猛作战，最终取得了胜利。

辽东半岛、朝鲜半岛特殊的地理环境下，隋朝的军队转运极为艰难，隋朝的军队不擅长水战，出海作战是用劣势打别人的优势。隋炀帝更没有为打硬仗做充分准备，满脑子个人英雄主义，妄想通过恐吓、威慑，不战而屈人之兵。

顺风顺水的隋炀帝遭遇了登基以来第一次失败，惨重的失败，他根本无法接受这个打击。

大业八年（612）七月二十五日，隋炀帝带着沉重的心情从涿郡返程。

可怜那些为这场战争付出生命的士兵和民夫，却再也没法回家了。

三、二征辽东，功亏一篑

仅仅半年后，二征高句丽的旨意传遍全国。

这次征兵非常不顺利。

齐郡王薄、孟让，北海郭方预，清河张金称，平原郝孝德，河间格谦，渤海孙宣雅，聚众攻击官府，剽掠郡县，打劫地主，杀贪官污吏，杀地主豪强。

大业九年（613）上半年，这些起义军规模小的有几万人，规模大的达到十几万人。

农民都起义了，到哪儿去征兵？官员一个个傻了眼。

隋炀帝的面子必须挽回。

隋炀帝对侍臣说："高丽（高句丽）小虏，竟然侮慢我大隋上国；我们拔海移山，都可以办到，何况一个小小的高丽。"

很多大臣反对隋炀帝再次发动对高句丽的战争。

左光禄大夫郭荣说："周边失礼，是我们做臣下的应该处理的事情；千钧之弩，不为鼷鼠发机，陛下何必屈万乘之尊，亲自去征讨一个小寇呢？"

太史令庾质也劝谏说："陛下如果亲征，要花的钱就太多了。"

隋炀帝当然不听，如果派一个大将去，大将打败了高句丽，不是说明自己还不如一个将军吗？所以要挽回面子，必须得他亲自去。

隋炀帝也吸取了教训。

这次隋炀帝终于把仗当仗打了。

二征高句丽，军中不再设置慰抚使。隋炀帝下令："听以便宜从事。"

少了束缚，将士们的积极性提高了不少。

但是兵源的问题需要解决。

隋炀帝在府兵体系外，招募了一支军队，命名为骁果军。

骁果军不同于义务兵，他们是自愿参军，积极性高，战斗力强。

隋炀帝给骁果军的待遇也高，骁果军隶属于天子左右备身府，左右备身府专职负责保卫皇帝安全，所属士兵是皇帝的侍卫亲兵，地位非常高。参加骁果军，家中可以免除赋役。一时间富豪子弟、英雄豪杰争相应募。

大业九年（613）春天，隋炀帝第二次御驾亲征高句丽。

大军的主攻方向仍是平壤和辽东城。隋炀帝率部队围攻辽东城。大将宇文述、来护儿海陆并进攻打平壤。

四月二十七日，隋炀帝渡过辽水（今辽河）。二十九日，左翊卫大将军宇文述与上大将军杨义臣率军奔袭平壤。同时，左光禄大夫王仁恭出扶余道，进攻新城（今辽宁省抚顺市北）。

新城方向，高句丽派出数万兵马迎战，王仁恭率精锐骑兵一千破敌，高句丽退回新城，婴城固守。

平壤是高句丽的首都，是朝鲜半岛的核心城市。陆路宇文述率军东进，跨过鸭绿江，南下直奔平壤。海路来护儿统领水军，从东莱出发，跨海作战，直趋平壤。水陆并进，合围平壤。

辽东城，是第一次征高句丽时隋炀帝止步的地方。辽东城是辽东半岛的核心，位于今辽阳市区辽阳老城东北隅，在当时的高句丽地位仅次于平壤，城内有守军三万。隋炀帝率四十万大军围攻辽东城，亲自督战。

四十万对三万。

没想到，攻了将近一个月也没攻破辽东城。

隋军使用可飞楼、橦（冲车）、云梯、地道，从四面发起攻击，昼夜不停。高句丽守军兵来将挡，水来土掩，随机应变。隋军攻打了二十多天，仍然没有进展，两军都有大批士兵阵亡。

为什么打得这么艰难？

一是，隋军之前的主要对手突厥、吐谷浑等都是游牧民族，所以经历的野战多，攻城的战役少。高句丽是农耕民族，他们和隋军一样擅长筑城，熟知如何守城。

二是，当时朝鲜半岛处于高句丽、新罗、百济三国时代，他们的士兵久经锻炼，具有非常优秀的作战能力，指挥官也有着非常优秀的军事指挥才能。

三是，辽东城的城池有两层城垣，两个门楼，非常高大坚固。

四是，攻打城池，受场地限制，隋军的人数优势一时无法发挥。

隋炀帝想出了一个办法。

隋炀帝命人赶制了一百多万条大布袋子，装上土，在辽东城城下往上堆，从城外平地开始堆起，一直垒到和城墙平齐，堆筑成一个宽三十步，最高高度和辽东城齐平的斜坡，并命名为鱼梁大道。

鱼梁大道建成，隋军顺着斜坡，可以直接登上辽东城城墙。

高句丽人不可能坐以待毙，他们居高临下攻击隋军。但是隋军人多呀！怎么也杀不完，高句丽士兵眼看着斜坡越堆越高。

还有八轮楼车。

隋炀帝命人打造了新的攻城设备，一种装有八个轮子的楼车。楼车的高度高出城墙，夹在鱼梁大道两侧，可以居高临下，用弓箭射击城墙上的守军。

鱼梁大道和八轮楼车配合，辽东城定能拿下。

平壤方向，陆路大军已经抵达鸭绿江边，准备渡江作战。水军齐集东莱，随时准备渡海作战。

六月下旬，八轮楼车打造完毕，鱼梁大道也即将完工。辽东城内的守军，估计已经做好了英勇殉国的准备。

战争局势对隋军非常有利。隋炀帝挥毫写下了气势恢弘的《白马篇》：

> 白马金具装，横行辽水傍。问是谁家子？宿卫羽林郎。
>
> 文犀六属铠，宝剑七星光。山虚弓响彻，地迥角声长。

宛河推勇气，陇蜀擅威强。轮台受降房，高阙翦名王。

射熊入飞观，校猎下长杨。英名欺卫霍，智策蔑平良。

岛夷时失礼，卉服犯边疆。征兵集蓟北，轻骑出渔阳。

集军随日晕，挑战逐星芒。阵移龙势动，营开虎翼张。

冲冠入死地，攘臂越金汤。尘飞战鼓急，风交征旆扬。

转斗平华地，追奔扫带方。本持身许国，况复武力彰。

会令千载后，流誉满旂常。

总攻的时间即将到来。胜利的曙光就在眼前。

就在这时，杨玄感反了！

杨玄感时任礼部尚书，勋位上柱国，爵位楚国公，负责在黎阳（今河南省浚县）督运军粮，他扣下军粮，杀向东都洛阳。

运粮官造反，大军马上就会失去后勤保障，粮草难以为继，更遑论攻城略地了。

黎阳离洛阳非常近，杨玄感攻打洛阳，大军都在辽东战场，洛阳由隋炀帝的孙子杨侗留守，他能守住帝国的东都吗？

洛阳城内还住着文武大臣的家眷子弟，孩子们要是落到杨玄感手中，官员们还能全力效忠隋炀帝吗？

就在这时，隋炀帝的总参谋长投降了高句丽。

斛斯政，时任兵部侍郎，出自古鲜卑族斛斯部族，祖上都是武将，本人非常有才干，深受隋炀帝信任，这次东征，隋炀帝让他掌管军机，他掌握着隋军的核心机密。

他为什么会投敌？

杨玄感起兵之前，让斛斯政帮忙伪造了两份文牒，调走了在辽东前线的两个弟弟武贲郎将杨玄纵、鹰扬郎将杨万硕。贵族之间互相帮忙非常正常，斛斯政也没想到杨玄感是要造反。

现在杨玄纵、杨万硕都逃走了。隋炀帝已经命人追查杨玄感党羽，事情很快就会败露，斛斯政只有死路一条，而且会死得很惨。他必须马上逃走，辽东距离东都实在太远，斛斯政没法越过千山万水投奔杨玄感。

所以，六月二十六日深夜，隋炀帝的兵部侍郎斛斯政亡奔高句丽。

运粮官造反，总参谋长投敌。

大业九年（613）六月二十八日二更，隋炀帝密诏所有东征将领到御帐中，宣布撤军。

一百万的军队，要迅速撤退，只能轻装简从，除了随身的武器，隋军什么也没带。

"军资、器械、攻具，积如丘山；营垒、帐幕、案堵不动，皆弃之而去。"（《资治通鉴》卷182）

撤军的原因是高层才知道的机密，中下级军官和普通士兵无从知晓，隋军放弃马上就要被攻下的辽东城，狼狈撤退，各种谣言迅速传开，越传越离谱，士兵都被吓得恐惧不已，从撤退变成了逃命，队形也没了，建制也乱了，丢盔弃甲，狼狈逃窜。

突然，堆斜坡的隋军士兵全撤了，攻城的设备，各种武器，军需物资，粮草、帐篷全扔在那里。高句丽的守城将士以为隋军改变了战术，要引蛇出洞。他们紧闭城门，擂鼓鼓噪，就是不敢出城。

到第二天中午，高句丽才派人出城远远地侦查了一下，但还是不敢有所行动，他们仍然怀疑这是隋军的计策。

过了两天，高句丽将领才敢确信隋军真的撤退了。高句丽派兵马出城追击隋军。在隋军主力渡过辽河后，他们从后方消灭了隋军后方的几千老弱残兵。

隋军留下的装备、物资，就都成了高句丽的囊中之物。

二征高句丽的一切努力，就这样都付之东流。

四、杨玄感和他的父亲杨素

杨玄感是个"官二代"。

所以要先看他爸是谁，杨玄感的父亲是大名鼎鼎的杨素。

杨素，出身弘农杨氏，北周时期，历任中外府记室、礼部下大夫、大都督，累迁车骑大将军、仪同三司。

北周武帝时，参加灭北齐战争，杨素屡立战功。陈宣帝趁北周灭北齐之机争夺淮北地区，杨素跟随大将军王轨救援彭城，俘虏陈朝主将吴明彻。

北周宣帝时，上柱国韦孝宽攻打陈朝淮南（泛指今淮河以南地区），杨素跟随出征，率军攻克盱眙（今江苏省盱眙县东北）、钟离（今安徽省凤阳县东北）。在此期间，他和随国公杨坚交好。

北周宣帝去世。周静帝年幼，杨坚专政。杨素与杨坚深自结纳，因才干出众，深得杨坚器重。尉迟迥作乱，杨素参加平乱，斩杀在武牢起兵响应的荥州刺史宇文胄，晋升为徐州总管，进位柱国，封清河郡公，邑二千户。

隋朝建立后，杨素升任御史大夫。

开皇年间，杨素任信州总管，经略长江上游地区，为平陈做准备。隋朝攻打陈朝时，杨素任长江上游的行军元帅，率领水军灭亡陈朝，拜荆州总管，晋封越国公。

杨广夺嫡之争，他支持晋王杨广成为太子。杨广即位后，杨素率军讨平汉王杨谅叛乱。拜为尚书令、太师、司徒，再封楚国公。

大业二年（606）杨素去世，终年六十三岁。获赠光禄大夫、太尉，谥号"景武"。

杨素位列隋朝四大名将杨素、史万岁、贺若弼、韩擒虎之首，堪称不败的神话。

北周时参加打北齐，打陈朝，平定尉迟迥叛乱。隋朝时，灭陈朝，打突厥，平定汉王杨谅叛乱，从无败绩，功勋卓著。

杨素是个有故事的人。成语"破镜重圆"中的男二号就是杨素。

陈后主的妹妹乐昌公主，才学出众，风华绝代，她的丈夫是陈朝太子舍人。虽然是皇亲，但是赶上陈朝衰落，时局混乱之际，国家的安全都成问题，何况个人的安危呢？

徐德言对她说："以你的才华和容貌，一旦陈国灭亡，你恐怕会流落到权势富贵人家，我们夫妻将会永远分离。倘若你我的缘分未断，还能再见，应该有一个信物。"

说完，徐德言取出一面铜镜，折断成两半，夫妻二人各拿一半，作为信物。约定如果失散，正月十五那天就到街上出售手中的半面铜镜，如果徐德言还活着，一定会拿着铜镜寻找乐昌公主。

陈朝灭亡后，乐昌公主被隋文帝赏赐给杨素为妾，杨素对她非常宠爱。

徐德言颠沛流离地赶到隋朝的京城。正月十五，他按约定到街上寻找，果然找到了一个高价出售半面铜镜的老人，老人正是乐昌公主所派。徐德言把两面镜子合在一起，在上面提笔写下一首诗：

"镜与人俱去，镜归人未归。无复嫦娥影，空留明月辉。"

乐昌公主看到题诗后，泣不成声。她和驸马伉俪情深，如今家国沦丧，二人咫尺天涯，难以相见。

杨素知道后，非常伤感。他派人把徐德言请到府中，让他们夫妻团圆，并以厚礼相赠。杨素设酒宴为徐德言和乐昌公主饯行，让乐昌公主作诗一首。乐昌公主说：

"今日何迁次？新官对旧官。笑啼俱不敢，方验作人难。"

乐昌公主感叹，今天是什么日子呀？新丈夫对着旧丈夫，我哭也不是，笑也不是，这才知道做人的艰难。乐昌公主和徐德言重回江南，相守到老。

杨素还怜惜才俊，成人之美。

内史令李德林之子李百药，年少倜傥。李百药与杨素的一个宠妾产生了感情，竟然夜入杨宅，与其幽会，被杨素发现。

杨素准备对李百药用刑，当李百药被推上来时，杨素见李百药"年未二十，仪神隽秀"，动了怜惜之心。杨素对李百药说："听说你擅长做文章，那就作诗为自己求情吧！如果合我的心意，就免你一死。"李百药不假思索，一气呵成。杨素拿过来一看，果然写得妙笔生花。索性把爱妾赐给李百药为妻，"并资从数十万"。

后来，杨素还奏请隋文帝，授予李百药礼部员外郎之职。李德林是北齐才子，受隋文帝命令编纂北齐史，他去世时，《北齐书》尚未全部完成，李百药继承父亲的遗志，完成了《北齐书》的编纂工作。

风流才子保住了性命，娶到了美貌佳人，也间接保住了"二十四史"之一的《北齐书》，成为一段佳话。

故事"红拂夜奔"的男二号也是杨素。

红拂年方二八，生得"肌肤仪状、言词气佳"，惊为天人，是杨素府上的乐伎。红拂和李靖相约私奔，杨素非但不追究，还推荐李靖担任马邑郡丞，成全才子佳人。

按惯例，男二号的颜值必须高。

平陈战争时，杨素站在船头，风度翩翩，陈朝的百姓都感叹："清河公即江神也！"

杨素出身正牌的弘农杨氏，受到了非常良好的教育。擅长草隶，作诗的水平在隋朝也是数一数二的。

杨素的眼光非常精准毒辣。

只需要在人群中看上一眼，他就能预判出一个人的未来。

李靖，唐朝开国功臣，是隋末唐初杰出的军事家。李靖是隋朝大将韩擒虎的外甥，杨素当宰相时，李靖还是个毛头小伙子。没想到，杨素见到他，指着自己的座椅说："卿终当坐此！"

后来李靖位列唐朝凌烟阁二十四功臣，封卫国公、开府仪同三司。李靖所著的《卫公兵法》，是考武举的必读书目。

封德彝，隋朝时只是一个小官。杨素生性自负，却非常赞赏封德彝，常与他讨论政事，不觉疲倦，还抚着自己坐的位子说："封郎必当据吾此座。"

后来封德彝成为李渊的从龙功臣，官至中书令，成为唐初宰相。

杨素有识人之明，所以非常擅长"风险投资"。

他在政治上敢于冒险，支持杨坚夺权，杨坚取代了北周，建立隋朝。支持杨广夺嫡，杨广即位成了皇帝。杨素出将入相，官至司徒、尚书令，爵封楚国公，是隋朝官位最高的大臣，关陇贵族集团的重量级成员。

有颜值，有气质，有才华，有武艺，有谋略，出将入相，这就是杨玄感的父亲杨素。

杨玄感作为"官二代"，不仅继承了爵位，也深得其父之风，文武双全，体貌雄伟，美髯飘飘，又能礼贤下士，有很高的社会声望。《隋书·杨玄感传》评价他"骁勇，便骑射，好读书"，"性虽骄倨，而爱重文学，四海知名之士多趋其门"。

隋文帝时，杨玄感官拜柱国，柱国是二品勋官，杨素当时官居尚书右仆射，也是二品官。朝会时，父子二人位列同班，要站在同一排。隋文帝觉得这样有违孝道，当朝宣布把杨玄感的官秩降一级。杨玄感领旨拜谢的时候说："没想到陛下如此恩宠我，让我在朝堂上成全个人的孝心。"隋文帝听了非常高兴。

杨玄感曾任郧州（今湖北省钟祥市）刺史，后又转任宋州（今河南省商丘市）刺史。杨素去世后，他丁忧去职，但很快被隋炀帝起用，拜为鸿胪卿，袭爵楚国公，不久又擢升为礼部尚书，是尚书八座之一。

杨玄感出任郧州刺史时，派人把手下人的情况调查得一清二楚，工作能力如何，有没有贪污受贿，他全都知道。自己的隐私被刺史掌握得清清楚楚，下属官吏对他也不敢有任何欺瞒。《隋书》称杨玄感治理郧州，"吏民敬服，皆称其能"。

一个有名望、有地位、有才学，又有很高社会声望的人，最容易引起隋炀帝的猜忌。

猜忌从杨素在世时就已经开始。

杨素助隋炀帝夺嫡成功，隋炀帝即位后，杨素位极人臣，君臣之间渐生嫌隙，隋炀帝对杨素"外示殊礼，内情甚薄"。杨素的爵位很高，但是已经不受重用。

杨素患病后，隋炀帝派名医为杨素诊治，赏赐上好的药材，实际是让医生探查杨素的病情，盼着他早死。

杨素深知自己为隋炀帝所猜忌。他患病后，选择放弃治疗，让自己早日自然死亡，好保住家人的性命，还有子孙后代的富贵。

杨素死后，他的弟弟杨约也被隋炀帝免职，郁郁而终。免职的起因是杨约因为公务出行，在路过弘农时绕道祭拜了兄长杨素。

所以，杨玄感的父亲和叔叔都是因隋炀帝而死。

杨素兄弟为隋炀帝殚精竭虑，却落得如此下场。杨素一生看人都非常之准，北周末年，他选择了投靠杨坚。杨勇和杨广太子之争，他选择了杨广。还曾一望之下，看出两个唐初元勋封德彝和李靖。就是没有看出隋炀帝登基之后会如此猜忌于他。

杨玄感虽然和隋炀帝有仇，但是他是隋朝的大臣，要是谁的父亲被皇帝杀了就起兵造反，天下早就大乱了。

杨约被免职时，隋炀帝责问杨玄感："你这个忧虑憔悴的样子，难道是为了你叔叔？"

隋炀帝还曾说过："使素不死，终当夷族。"这句话犹如一把利剑悬在杨玄感头上。

有危机感，也可以选择韬光养晦，保住性命，关键是杨玄感有造反的野心，而且他也有造反的资本。

关陇贵族的身份，就是杨玄感造反的资本。

北周、隋、唐三代帝王都出身关陇贵族。这个集团内部，皇帝轮流做。因为都在一个集团内部，所以不会触及集团的根本利益，不会带来大的社会动荡。相对于被外部集团替换，内部换届更加容易。

正如《剑桥中国隋唐史》中所说："帝国的继承和创建，在当时不过是一次宫廷政变，是西北的一个贵族家族接替另一个家族即位。"

姓元的、姓宇文的、姓杨的都能当皇帝。杨玄感觉得自己也可以一试。

杨素还为杨玄感积累了众多人脉，作为掌权多年的老宰相，在朝的文武大臣，很多都是杨素的门生故吏。杨玄感自己也乐于结交名士。

这不是杨玄感第一次准备造反。

大业四年（608），隋炀帝西巡，穿越祁连山，经过大斗拔谷时，路途艰险，险要处只能容纳一人通过。夜晚要在山中露宿，当时人困马乏，掉队的人很多，安保很容易出现漏洞。杨玄感认为这是一个机会，已经准备去袭击隋炀帝露宿的行宫，被他的叔叔杨慎阻止。

杨慎说："士心尚一，国未有衅，不可图也。"

杨慎认为天下士人之心，还是向着皇帝的，国家也没出什么大问题，还不是图谋大事的时候。

一言以蔽之，就是可以造反，时机未到。

杨玄感开始等待时机。

隋炀帝东征高句丽让杨玄感看到了机会。一征高句丽开战前，山东百姓就高唱着不要到辽东去送死，扯旗子开始造反了。

杨玄感觉得时机来了。

但还有一个大问题，他没有兵，一个也没有。

杨玄感的爵位和勋位虽然高，但都不是实职，他的职位是礼部尚书，这是个文官。

他找到兵部尚书段文振，希望可以到辽东前线去。

杨玄感说："玄感世受国恩，陛下给的恩宠，无以为报。现在国家在边疆用兵，我自当投身行伍，为国家尽绵薄之力。明公是兵部尚书，所以我来向您申请报效国家。"

隋炀帝听了段文振的汇报，说："将门必有将，相门必有相，故不虚也。"

隋炀帝很受感动，对他的行为非常赞赏，还表扬他将门有将、相门有相，现在一看真是那么回事。然后，隋炀帝赏赐了丝绸千段，礼遇也比之前高了，朝政也让他参与得多了些。

但是，隋炀帝没给他参军的机会，他还是礼部尚书，文官一个，总不能拿着毛笔砚台去造反。

这次慷慨激昂的主动请缨，在隋炀帝第一次东征时没起作用，但到隋炀帝二征高句丽时起作用了。隋炀帝虽然没让他去前线，但是让他到黎阳（今河南省浚县）督运军粮。

运军粮比上战场还好哇！有粮还愁没兵吗？

当时天下饥民遍地，农民造反，还得去打劫官府才有粮吃。杨玄感现在直接拿着国家粮仓的粮食。黎阳在河南，离在辽东的隋炀帝非常远，杨玄感想搞小动作也容易得多。这简直是天赐良机！

杨玄感开始截留粮草，找各种理由拖延粮草的运送时间，想以此削弱隋军的战斗力，让高句丽帮他收拾掉隋炀帝。

隋炀帝发现快断粮了，派人催杨玄感。杨玄感解释说："现在路上匪患很多，怕遇到劫匪，所以为了安全，想集结成一批，武装押运。"

有了粮食，还得解决兵力问题。

他派人伪装成隋炀帝派来的使者，谎称大将来护儿因延误军期，怕被追究责任，起兵造反。皇帝命杨玄感集结队伍，准备镇压来护儿。

有了假的圣意，杨玄感进入黎阳县，关闭城门，扫地为兵。又传书给附近各郡，以讨伐来护儿的名义征召他们的留守部队。杨玄感在运送粮食的农夫里，挑选年少力强的人，还把漕运船夫和篙梢手都编入他的军队序列。

有了兵，不能全由他一个人管理指挥，还需要人来帮他管理。

杨玄感以运粮的名义召集附近郡县有才干、有能力的官吏到他这来，封了一堆刺史，胁迫他们一起造反。不接受任命的，直接杀头。

一切准备就绪，杨玄感祭天誓师。

杨玄感说："主上无道，不以百姓为念，天下骚扰，死辽东者以万计。今与君等起兵，以救兆民之弊，何如？"

这个口号就像秦末的"伐无道，诛暴秦"，太有号召力了。隋朝的老百姓没人带头，自己都要造反，现在有人领着他们说要讨伐无道的皇帝，大家高呼万岁。

杨玄感揭竿而起，杀向洛阳。

五、李密三策

李密，出身于关陇贵族集团，北周八柱国之一李弼曾孙，蒲山公李宽之子。隋炀帝的爷爷杨忠当年是十二大将军之一，李弼比杨忠的地位还高。

李密长相出众，天庭饱满，棱角分明，一双眼睛明亮清澈。隋文帝时，李密曾担任左亲卫府大都督、东宫千牛备身。当时隋炀帝还是太子，他看到李密闪着寒光的眼神，感到心里发毛。

隋炀帝问宇文述："左仗下那个皮肤黝黑的小儿是谁？"

宇文述答："蒲山公李宽之子李密。"

隋炀帝说："眼神不像寻常人，别让他当侍卫了。"

宇文述负责处理李密的离职问题。让员工离职，最好的处理方式是让他主动离职。

宇文述说："你家世代显贵，应当以才学获得官职，怎么跑到宫廷警卫这个地方来了？这哪是培养贤才的地方？"

李密果然主动打了辞职报告，回家专心读书去了。

李密去拜访他的老师、著名学者包恺，在路上搞起了行为艺术。

李密骑着一头黄牛，牛背上搭着块蒲草坐垫，他把《汉书》挂在牛角上，骑着黄牛边走边读。如此特别的读书方式，被碰巧路过的杨素看到了。

杨素跟在后面，问："哪里来的书生，这样好学？"

杨素不认识李密，但是李密认识杨素，他连忙下牛拜见宰相。

杨素又问他读的是什么。

李密回答："《项羽传》。"

两个人又聊了几句。

杨素回家对杨玄感说："我观李密的学识气度，以后定非等闲之辈。"杨玄感因此与李密倾心结纳。

杨玄感私下对李密说："皇帝多猜忌，隋朝国祚难以长久，中原如果有变，公与我谁能成就大事？"

李密回答："两军对决，震慑敌人，我不如你。揽天下英雄，为我所用，使远近归属，公不如我。"

杨玄感决定起兵后，马上派人去请李密。

杨玄感造反的念头早就有了，但是具体的行动计划他还没有，李密一来，他马上问计于李密："你一向以天下为己任，说要救世济民，现在时机到了，可有什么良策？"

李密给他出了上、中、下三策。

李密说："天子出征，远在辽东，与幽州尚且有一千里远。南有大海（渤海），北有强大的胡虏（突厥、契丹、靺鞨等），仅有夹在中间的辽西走廊可走。他想要回来，很困难。现在如果率军出其不意，直奔蓟州，据守临渝关（今河北省秦皇岛市抚宁区），扼住其返回中原的咽喉，隋炀帝退路被切断，高句丽得到消息，必将从后追击。不出十天半个月，隋炀帝的粮食补给就会用完，那他的大军必将不战而溃，这是上策。"

杨玄感接着问："那中策呢？"

李密说："关中地区，自古四面都有要塞，土地肥沃，物产丰富，是天府之国。虽然有卫文升镇守，但不足为虑。现在可率军向西急速挺进，经过的城池都不攻打，直取长安（即大兴城）。收其豪杰，抚其士民，据险而守之。天子即使回来了，但他失去了都城，丢掉了老巢，我们再徐徐图之。"

杨玄感听后，又沉吟了一下，说："再说说下策。"

李密说："挑选精锐，昼夜兼行，袭击东都洛阳，号令四方。你造反的消息，恐怕洛阳已经知道，他们定会有所准备。如果攻打洛阳，一百天还没有成功的话，隋炀帝会组织天下的兵马，四面围剿，胜负可就难料了。"

李密言下之意，非常不希望杨玄感选下策，当他问到下策时，李密已经预见了杨玄感的结局，他很悲伤，却又无法阻止杨玄感。

杨玄感说："百官的家属都在东都，如果先攻下东都，皇帝那边定然军心动摇。路过城池却不攻打，怎么显示威武呢？你说的下策，实乃上策也。"

计议已定，杨玄感兵分两路，分别由他的两个弟弟率领，奔向洛阳。杨积善率三千人，从偃师沿洛水向西推进。杨玄挺率一千多人，由白司马坂越过北邙山，向南推进。杨玄感率三千兵马，在杨玄挺后方，作为后援。

开局非常顺利。

杨玄感的两路军队都打了胜仗，军队一下子就推进到洛阳城下。

洛阳现在留守的是皇孙越王杨侗，杨侗是已故元德太子杨昭次子，才十岁，所以隋炀帝指派民部尚书、东都留守樊子盖主持工作，辅佐杨侗。

樊子盖派河南县令达奚善意率领五千军队迎击杨积善，河南赞治裴弘策率领八千军队迎击杨玄挺。将门出虎子，杨积善和杨玄挺都很勇武，也颇有韬略。

达奚善意看到叛军来势汹汹，害怕得掉头就跑，士兵们丢盔弃甲，狼狈逃窜，杨积善跟在隋军后面捡了一路装备。

裴弘策和杨玄挺打了一仗，也败了，也是丢盔弃甲地逃跑。杨玄挺没有急于追赶。裴弘策跑了三四里，收集败退的散兵，结成军阵，严阵以待。杨玄挺缓缓而至，带着手下士兵就地休息，等裴弘策的部下军纪开始松懈，杨玄挺突然发起攻击，裴弘策又战败。杨玄挺追着裴弘策一路打了五仗，裴弘策五战皆败，一路败退到洛阳城东的太阳门，裴弘策带着十几人逃入城中，没退进城的士兵，全都投降了杨玄感。

杨玄感招募士兵也非常顺利。

他屯兵在上春门，发表了慷慨激昂的演讲。杨玄感说："我身为上柱国，家有万金，至于富贵，不是我要贪求的。现在我不顾及被灭族的后果，断然起兵，只是为解民于倒悬！"

附近的乡亲父老热血沸腾，争着给他献酒，子弟来投奔杨玄感的每天达到一千人。

洛阳的高干子弟也相携投奔杨玄感。

韩擒虎之子韩世鄂、观王杨雄之子杨恭道、虞世基之子虞柔、米护儿之子来渊、裴蕴之子裴爽、大理寺卿郑善果之子郑俨、周罗睺之子周仲等一共四十多名高官子弟，都投奔杨玄感来了。

韩擒虎是隋朝四大名将之一，观王杨雄是隋初四大宰相，虞世基和裴蕴是隋炀帝宰相，来护儿是隋军大将，现在就在辽东战场的海边呢！

杨玄感这个开局太漂亮了。

他的计划就是攻打东都，控制文武大臣的家属，动摇隋炀帝军心。

隋炀帝带着大军去辽东时，把大臣们的家眷都安排在东都附近的别墅区住下，都没想到这些孩子们都主动投奔了杨玄感！

此事足以证明，杨玄感具有极强的个人号召力和个人魅力。

这种掉脑袋的事情不是人缘好，别人就跟着你跑，官宦子弟集体出走，是因为他们害怕留在东都会被杀。

樊子盖，字华宗，庐江人。祖父樊道则是南朝萧梁政权的越州刺史。父亲樊儒，在"侯景之乱"时投奔北齐，在北齐官至仁州刺史。樊子盖在北齐时在武兴王高普手下，后历任慎县县令，东汝、北陈二郡的太守，员外散骑常侍。封爵富阳县侯，食邑五百户。

北周武帝宇文邕灭北齐时，樊子盖投降北周，被授予仪同三司、郢州刺史之职。隋朝建立后，隋文帝任命樊子盖为枞阳太守。在平灭南陈的战争中，樊子盖因功，加授上开府，改封为上蔡县伯，食邑七百户。后又历任辰州刺史、嵩州刺史、齐州刺史、循州总管。

开皇十八年（598），樊子盖入京，上报岭南地图，隋文帝赐他良马和其他杂物，又加了四州的统领之任。隋文帝还派光禄寺少卿柳謇之在灞上为他饯行。

隋炀帝登基后，樊子盖又历任凉州刺史、武威太守，加银青光禄大夫。大业年间，晋封民部尚书、左光禄大夫。隋炀帝二征辽东时，任命樊子盖为东都留守。

杨玄感造反，樊子盖平叛有功，封建安侯爵。后又晋爵为济公。大业十二年（616），樊子盖去世，终年七十二岁，万余人为他送葬，武威民吏得知樊子盖的死讯，莫不嗟痛，为他立碑颂德。

《隋书》评价他："子盖无他权略，在军持重，未尝负败，临民明察，下莫敢欺。然严酷少恩，果于杀戮，临终之日，见断头鬼前后重沓为之厉云。"

现在东都管事的是樊子盖，他治军非常严格。那位五战皆败的裴弘策，樊子盖命他再次出兵，裴弘策不肯出兵，樊子盖下令把他推出去斩了。国子祭酒杨汪，只是小有不恭，樊子盖也要把他斩了，杨汪叩头谢罪，叩出血来，樊子盖才免他一死。

樊子盖如此严厉，不仅是个人治军风格问题，还因为他是个外来户、空降兵，必须快速树立威信。

樊子盖祖上是南方人，他的父亲在"侯景之乱"期间投奔了北齐，北齐灭亡后又进入了北周。隋朝建立后，樊子盖在平陈战争中立功，历任多地地方刺史、太守等职。他为官清廉谨慎，在地方上以仁政闻名，深受百姓爱戴。

樊子盖深得隋炀帝的赏识。大业六年（610），樊子盖从凉州刺史任上，到江都宫朝见隋炀帝。隋炀帝对他说："富贵不还故乡，真衣绣夜行耳。"

隋炀帝钦赐六千石米面，让他回老家庐江（今安徽省庐江县）祭祖，宴请父老乡亲。真是莫大的荣耀和荣宠。这次隋炀帝东征，特意把他调到东都，辅佐杨侗。

樊子盖在隋朝十几年都担任地方官员，基本没在京城待过，虽然隋炀帝对他很信任，但是东都官员对他是很排斥的。官僚子弟大多出身关陇贵族，根本不把樊子盖这个从偏远的凉州调进京城的南方人放在眼里。

和平时期也就算了，现在要平定叛乱，要打仗，治军没有威信，不能令行禁止，怎么能行？为了严肃军纪，不管你是谁家的孩子，战场上拒不奉命，就是一个字：斩。

于是东都"将吏震肃，无敢仰视，令行禁止"。

别墅区的高干子弟全都吓坏了，他们商量了一下，组团投降了杨玄感。他们和杨玄感都是老熟人了，杨玄感是关陇贵族子弟，他们算是一拨的。

杨玄感在征战中还俘虏了隋朝的内史舍人韦福嗣，此人出身京兆韦氏，是著名的文臣，杨玄感对韦福嗣非常信任。

另外有一个叫李子雄的人，本是右武卫人将军，因事获罪被除名为民，本来跟着去了辽东战场，杨玄感起兵后，受到隋炀帝的猜忌，派使者要把他关起来，李子雄杀死使者，逃回洛阳，投奔杨玄感。

现在的杨玄感，谋臣有了，武将有了，兵力也增加到五万多人。

那么，他会成功吗？

六、杨玄感造反，一次失败的换届选举

杨玄感开始调兵遣将，扼守洛阳附近的战略要地。

分兵五千守洛阳城西的慈磵道，分兵五千守洛阳城南的伊阙道，派遣韩世咢率三千人马围攻荥阳（今河南省荥阳市），顾觉率五千人攻打荥阳西侧的虎牢关。

东都危急，隋朝留守西京大兴城的代王杨侑，命刑部尚书卫文升（卫玄，字文升）率七万兵马驰援东都。

卫文升路过华阴时，特意命人掘开杨素的墓地，刨开棺木，挫骨扬灰。这就断了士兵投降的后路，他们只能死战到底。因为古代讲究孝道，对于把自己父亲挫骨扬灰的人，就算是投降也要杀死。

卫文升兵出潼关时，有人担心杨玄感在崤谷和函谷关设伏，建议卫文升从陕县沿流东下，从背面攻打杨玄感。

卫文升说："以我的了解，那小子没这种远略。"

果然，卫文升率军出崤谷（今河南省三门峡市东南）、过渑池（今河南省渑池县），一路非常顺利，没有遇到任何伏兵，顺利赶到东都。

卫文升派武贲郎将张峻为疑军于南道，他自己率主力大兵直驱洛阳城北。

杨玄感率军迎战，卫文升且战且行，屯兵于金谷（今洛阳市西北）。

杨玄感力大骁勇，每次作战都手持长矛，身先士卒，他大声呼喊，暗呜叱咤，令敌人大为震骇，大家都说杨玄感是项羽再生。他还善待下属，将士都愿意为他拼命，所以战无不胜，手下军队人数超过了十万。

多日交战，隋军屡战屡败，死伤大半，卫文升率部退到邙山南麓。两军展开决战，一天打了十多个回合，战斗中杨玄挺中流矢而死，杨玄感部队因此才稍稍退却。

杨玄感一心攻打洛阳城，洛阳城是新筑的城池，非常坚固，杨玄感缺少必要的攻城设备。

洛阳城壁垒森严，城内粮草、物资充足。樊子盖在城里不慌不忙地布防。洛阳城始终在樊子盖手里岿然不动。

洛阳城外，还有卫文升。

就在城外杨玄感与卫文升部激战时，隋朝辽东战场的部队也赶回来了，杀向洛阳。

战场形势急转直下。

隋炀帝命虎贲郎将陈棱攻打杨玄感的根据地黎阳，左候卫将军屈突通进驻河阳（今河南省孟州市），左翊卫大将军宇文述发兵在后跟随，来护儿率军驰援东都洛阳，剿灭杨玄感。

杨玄感起兵时，曾谎称来护儿造反。杨玄感围攻东都的消息传到东莱，来护儿召集诸将讨论马上回师，营救东都。诸将认为他们原本的军事任务是进攻平壤，现在没有得到皇帝的敕书，不宜擅自行动，都不肯奉命。

来护儿勃然大怒，厉声道："洛阳被围，是心腹大患；高句丽违抗天命，只是如同癣疥一样的小病。国家之事，知无不为。决定是我做的，与你们无关，如果皇帝怪罪下来，我不会连累你们。现在，你们谁要是阻挠我，一律军法从事！"

当天，来护儿就率军驰援东都。同时派自己的两个儿子来弘、来整火速赶往隋炀帝驻跸之处，禀明情况。来弘、来整见到隋炀帝，汇报完来护儿的行动，隋炀帝非常高兴，他立刻赐来护儿玺书一封。

玺书上说："你出发的日子，就是我下令让你回援的日子，我们君臣真是心意相合，就像符契一样。"

来护儿就这样在第一时间，从辽东战场的东莱出发，疾驰回兵，援救洛阳。

屈突通、宇文述这一路是由隋炀帝亲自统率，屈突通、宇文述火速先行，直扑洛阳。

果然，如李密所料，攻打洛阳，会陷入四面受敌的境地，而且这个时间比李密预计的还快，李密预计的时间是一百天，实际不到一个月，天下兵马已经蜂拥而至。

杨玄感作战勇猛，待士兵宽和像项羽，他做事也像项羽。他疏远李密，反而信任韦福嗣、李子雄。

韦福嗣是被俘投降的，他内心一直是向着隋朝的，所以出谋划策首鼠两端。杨玄感却对他信任非常，委以腹心。

李密劝杨玄感说："韦福嗣不是我们的同盟，他还在观望。明公初起大事而奸人在侧，若听他的建议，大事必会为他所误，请杀了他！"

杨玄感不以为然，说："何至于此！"

李密不禁感叹："楚国公（杨玄感爵位）热衷造反，却不知道怎么取胜，我们要成为俘虏了。"

杨玄感不听李密的规劝，反而对李子雄给他出的馊主意言听计从。

李子雄劝杨玄感速称尊号，杨玄感竟然动心了。这是称王称帝的时候吗？他去问李密，李密好说歹说，才勉强让杨玄感暂时放下称王的念头。

此时，屈突通已经进军到黄河北岸，渡河之后，将和洛阳城的樊子盖对他形成两面夹击之势。杨玄感听信李子雄的建议，分兵三路，一路进攻卫文升，一路渡过黄河攻打屈突通，再留一部分军队围困洛阳城。

这是典型的围城打援。问题是相对于隋军，杨玄感的兵力本就不多，一分为三后，每一路在兵力上都处于弱势。

洛阳城里一直稳扎稳打，不疾不徐的樊子盖看到杨玄感准备分兵出去攻打他援军，立刻率领大军出城作战，牢牢地把杨玄感拖在洛阳城下。屈突通趁机快速渡过黄河，与卫文升、樊子盖相呼应。

眼看杨玄感就要被夹成了三明治，李子雄又来出主意了，他说："东都的援军越来越多了，我军数次战败，此地不可久留，不如直入关中，打开永丰仓赈济贫困百姓，奠定群众基础，西京指日就能平定，我们据有府库，以关中地区为根据地，东面而争天下，霸王之业可成。"

进军关中，据守西京，以图天下。

这不就是李密的中策吗？当初他不听李密的，现在却听李子雄的，当即解除对洛阳的包围，向西进军。

之前，杨玄感不是说过，路过城池不打，不能显示威风，会影响士气吗？现在洛阳没打下来，就撤军，他不知道怎么和将士们说。李密给他出了一个主意。

李密说："我们就和士兵们说，弘化（今甘肃省庆城县）留守元弘嗣握强兵在陇右也起兵造反了，派了使者来迎接我们入关。"

谎话好说，关隘难过。

进军关中必须通过潼关，潼关地势险要，一夫当关，万夫莫开。攻打潼关也将是一场硬仗，如果久攻不下，隋军从后方追上来，杨玄感还是会被包成驴肉火烧。如果能快速攻下潼关，据关死守，还有一线生机。

这个考虑毫无意义，因为杨玄感根本就没走到潼关。

弘农郡（今河南省三门峡市）位于潼关以东，在杨玄感去潼关的路上，此地有一座弘农宫，是隋炀帝修的行宫。走到弘农宫附近时，一群百姓拦住了杨玄感，他们说："弘农宫防守空虚，里头储存了很多粮食，攻打它特别容易。"

杨玄感深信不疑，决定去攻打弘农宫。

那里早有人等着他了。弘农太守杨智积是隋朝宗室大臣，隋炀帝的堂兄弟。

杨智积说："杨玄感听说大军将至，想西行谋取关中，若让他得逞，再想剿灭他就难了。应该设计绊住他，不出十天，就能抓住他。"

所以百姓拦路，大概是杨智积策划的。杨玄感中计，兵临弘农城下，杨智积登上城墙，破口大骂，杨玄感被激怒，就要攻城。

面对仍未意识到危险的杨玄感，李密最后一次苦苦相谏，他说："你可是骗将士们说有人请我们去关中，事情瞒不了多久，必须在被揭穿之前，赶到关中。况且后面的追兵马上就会赶到，怎可在此逗留？若前不能进入潼关据守，退无可守之地，大军溃散，你还能保全自身吗？"

杨玄感败局已定，他还要败得更快。

他被愤怒冲昏了头脑，只想攻城。攻城是一件非常难的事，必须有攻城的设备，例如云梯、冲车、飞楼。有了这些设备，也需要时间，需要兵力，需要时机。杨玄感有什么？他除了手头不多的士兵，什么也没有。

没有攻城的设备，士兵无法攀爬城墙，只能使用火攻，放火焚烧城门。

一般的思路，敌军放火，我军应该救火。杨智积反其道而行之，杨玄感在城门外放火，他在城门内也放火，城门虽然被烧毁了，杨玄感的士兵面对熊熊燃烧的烈火，根本无法进城。

大火烧了三天，杨玄感就在弘农城耽搁了三天。

杨玄感终于意识到自己中计了，心说不好，得快跑。

晚了！

宇文述、屈突通、来护儿、卫文升合兵一处，几十万大军浩浩荡荡向他杀来，在皇天原（今河南省灵宝市西）追上了杨玄感。

杨玄感布阵长达五十里，且战且退，一日三败，退到了董杜原（今河南灵宝市西）。

八月初一，双方在董杜原展开决战，任凭杨玄感个人的战斗力再高，也没法扭转败局，他毫无悬念地惨败，带着十几个骑兵，逃往上洛方向（今陕西省商洛市）。

追兵赶至，杨玄感大声呵斥，如雷鸣一般，隋军被杨玄感的气势吓退。但是，最后十几个骑兵也逃散了，杨玄感的坐骑被射杀，只能和弟弟杨积善徒步逃命，逃到了葭芦戍（今河南省灵宝市西南）。

杨玄感自知难免一死，停下脚步，对杨积善说："我不能受别人的杀戮侮辱，你杀了我吧。"

杨积善和杨玄感想的一样，既然必死无疑，那就保存最后的尊严吧！他提刀杀死杨玄感，正准备自杀，隋军追了上来，杨积善情急之下，没能刺中自己要害，被隋军活捉。隋军把活着的杨积善和死了的杨玄感，都押送到了洛阳。

从六月初三起兵到八月一日身亡，杨玄感起兵不到两个月就失败了。

这是一次以军事为手段的失败了的换届选举。失败的原因有以下几点：

第一，换届的时机还不成熟，反的不是时候。

关陇贵族内部之前几次换届，北周取代西魏，隋取代北周，都是通过禅让，因为当时政权的综合实力处于上升阶段，换届只在朝廷内部进行。杨玄感认为，农民不断起义，通过军事手段夺取政权的时机已经到了。

但是他忽略了一个非常关键的问题，百姓虽然造反，但是隋朝的官员系统还在正常运转。虽然很多人对隋炀帝打压关陇贵族不满，但官僚们总体上还是维护政权统一的。有一些人心存不满，也没有公开反对隋炀帝。投奔杨玄感的都是官僚子弟，而不是官僚本身。例如，来护儿的儿子投奔了杨玄感，来护儿却积极剿灭杨玄感。

第二，杨玄感缺乏统筹全局的战略眼光，他没有造反的能力。

在开始的战略选择上，就选了最差的下策，虽然以当时的条件来看，上策和中策也很难成功，但是下策显示是失败最快的选择。

用人上，他疏远李密，信任首鼠两端的韦福嗣和脑子不怎么灵光的李子雄，今天要称帝，明天要打援。在兵贵神速的生死时刻，他还被愤怒的情绪冲昏了头脑，中了杨智积的拖延之计。一个无法控制自己情绪的人，怎么会有深沉的谋略？所以他当个勇武的将军，是万人敌，却无法胜任统帅之职。

第三，他的军队战斗力不行。

杨玄感打的胜仗，主要靠三点：一是跟着起兵的百姓恨透了朝廷，一肚子怒火，找到了出处，士气旺盛。二是隋军也是被征入伍的百姓，他们同样恨朝廷，士气低落。三是杨玄感兄弟几人都勇武非常，又能身先士卒，善待下属，所以将士们都肯为他卖命。

但是，他的军队硬伤也很明显，士兵都是临时抓来，或是刚刚招募而来，未经任何军事训练，直接投入战斗，如何打仗，怎么配合，完全不懂。

他们的装备也非常差，士兵们每人只有一把大片刀，一个柳条编的盾牌。铠甲，没有。弓箭，没有。战车，没有。攻城设备，当然也没有。什么都没有！隋军是装备精良的正规军，要什么有什么。这仗怎么打？没法打。

这次换届失败了，隋炀帝还在皇位上坐着，他非常愤怒，比弘农城外的杨玄感都愤怒。

七、三征辽东，徒劳无功

隋炀帝的愤怒无以言表。他要靠杀人来平息怒火。

杨玄感已经死了，但他的尸体还在。

隋炀帝下令在洛阳闹市，当众寸磔杨玄感的尸体，千刀万剐，陈列三天后，又剁成肉泥，再用大火焚烧。这是法外施刑，是隋朝《开皇律》已经废除的酷刑。

隋炀帝的种种失败都在杨玄感叛乱中被展现得淋漓尽致。他失望，他愤怒，他要杀更多的人。

大理寺卿郑善果、御史大夫裴蕴、刑部侍郎骨仪和东都留守樊子盖组成了专案组，彻查杨玄感党羽。

隋炀帝对裴蕴说："杨玄感振臂一呼，从者十万，可见天下人不欲多，人多了就会相聚为盗。如果不彻底调查，全部诛灭，怎么警醒后人？"

裴蕴最擅长看领导的脸色办事，隋炀帝有了最高指示，他必定把事情办得让隋炀帝满意。樊子盖做事的风格一直是严厉、残酷、无情。他们组合起来，彻查就成了清除，只要能挨上一点边的，都被株连，宁可错杀，绝不放过。

结果，三万人被杀，六千多人被流放，多数都是无辜枉死。

这还不是全部。还有百姓被活埋！那些在东都接受过杨玄感赈济的百姓，一个也没活下来，全被活埋了！这就是帝王之怒。

恐怖的阴云，笼罩在帝国上空。

隋炀帝发现他是一个失败的帝王。东征高句丽，两次都功败垂成。天下大大小小的叛乱风起云涌，只要有人造反，就是应者云集。他们攻打城邑，杀死官吏，抢劫官府，占山为王。盗贼蜂起，狼烟遍地。贵族也开始和他离心离德，杨玄感起义揭掉了掩盖帝国疮疤的最后一块纱布。

他的帝国，他的大隋，满目疮痍。

这时最应该做的是专心平定国内叛乱，安抚百姓，笼络世家大族，解决国内问题。

隋炀帝会承认自己有错吗？他怎么可能有错，他也不允许失败。都是因为可恨的杨玄感，二征高句丽才会失败。他必须纠正这个错误。

大业十年（614）二月，隋炀帝召集百官，商讨第三次征讨高句丽。

百官沉默了。

任凭隋炀帝慷慨激昂地演讲，任凭隋炀帝威胁，任凭隋炀帝利诱，百官一言不发。当隋炀帝停止说话时，整个朝堂鸦雀无声。

《资治通鉴》记载："（隋炀帝）诏百僚议伐高丽，数日，无敢言者。"

沉默就是反对。

大臣的反对，没有起到任何作用。从辽东撤军时，隋炀帝就没有返回中原，他一直驻跸在高阳，高阳靠近涿郡。

谁也不能阻止他完成大业，超越秦皇汉武。

二月二十日，隋炀帝颁发诏书，再次讨伐高句丽。

诏书开篇说："黄帝五十二战，成汤二十七征，方乃德施诸侯，令行天下。"黄帝经过五十二战，成汤经过二十七次出征，才取得了德施诸侯，令行天下的成就。古圣先贤做事也不是一次就成功，我征讨高句丽，失败两次不算什么。

三月十四日，隋炀帝再次征集天下兵马，向涿郡集合。

第一次征高句丽的时候，隋炀帝一声令下，天下兵马云集，每天出发一军，气势恢宏，"近古出师之盛，未之有也"。

第二次征高句丽，从征兵到出发都还算顺利。

这次，连征兵都难了。

《木兰辞》中说"军书十二卷，卷卷有爷名"，现在这些名字还在，但是找不到人了，好多人都在起义的农民军中，还有逃亡他乡的，还有逃到大地主家给地主做工的。

征到的士兵，还要逃跑。

士兵在去辽东的路上，一个接一个地逃跑。

三月二十五日，隋炀帝抵达临渝宫（今河北省秦皇岛市抚宁区西），他穿上戎装，在郊外举行祭祀黄帝的大典。祭祀仪式上隋炀帝命人斩杀了抓到的逃兵，把他们的鲜血涂在战鼓上，敲响涂满鲜血的战鼓，号令三军。

正常情况下，这是非常有震慑力的手段和场面。但是隋朝当时已经不正常了，去辽东也是死，逃走被抓也是死。被抓住砍头还死得痛快些。服无休止的兵役、徭役，还要饱受折磨之后再死。不如逃跑赌一把，跑掉了就能活命，大不了就近找一个山头参加起义军，大口吃肉，大碗喝酒。

一路上，隋炀帝都在抓逃兵。

一直走到秋天。

七月，隋炀帝才走到怀远镇（今辽宁省沈阳市辽中区）。东北亚地区冬天冰天雪地，无法作战，补给也非常困难。打辽东一定要在四月霜冻结束之后开始，而且要在八月雨季到来之前结束。否则雨季来临，河水暴涨，大军转运艰难。

第一次东征时，隋炀帝大军于大业八年（612）三月十四日就抵达了辽水（今辽河）。

第二次东征时，隋炀帝大军于大业九年（613）四月二十七日渡过辽水。

这次，大业十年（614）七月中旬，隋炀帝才走到了辽水旁边的怀远镇。第一次东征时，隋军在当年的七月二十五日，已经从涿郡返程。

也就是说，大军虽然勉强征集到了，也走到了高句丽家门口，但是可以打仗的窗口期已经过去了。

隋炀帝仍然坚持继续打，死要面子活受罪，就是要打。

隋军仍是水陆并进，水军统帅来护儿率水军渡过渤海，登陆辽东半岛，大败高句丽军队，一举攻占毕奢城（今辽宁省大连市北），随后直扑平壤。

开局打了一个胜仗。但隋军士兵们的内心是恐惧的，情绪是抵触的，每天想的都是怎么逃跑，士气前所未有的低落。

高句丽国内也是一样。战争打的是钱，是人命，消耗的是国力。隋朝两次东征，导致民不聊生，全国造反。高句丽领土也就相当于隋朝的一个郡，高元也消耗不起了。再打下去，高句丽也要亡国了。

所以，高句丽在隋军大举进攻之前，就送上了降表。

七月二十八日，高句丽的使者来到隋军大营，请求隋炀帝接受他们的投降，为表诚意，把之前亡奔高句丽的斛斯政也用囚车送回了隋朝。

高句丽不战而降，这是隋炀帝第一次东征时想要的结果。当时他充满自信，为此把四夷君长、西域使节都请到了军中，准备看的就是这一幕。

现在他却高兴不起来，三次东征，劳民伤财，虚耗国力，付出了沉重的代价，却没让高句丽灭亡，只是得到一份降表。

隋炀帝接受了降表，因为他也失去了必胜的信心，士兵逃亡，国内动荡，大臣表面没说什么，但是沉默之下就是反对。

杨广无奈退兵，三次东征，尴尬收场。

高元审时度势，及时低头，保住了国家。

接到退兵的命令，老将来护儿一时无法接受，他说："大军三出，未能平贼，此还不可复来。劳而无功，吾窃耻之。"

来护儿想抗旨不遵，继续进攻平壤，被部下劝阻，带着满心的遗憾，率军撤离辽东半岛。

八月四日，隋炀帝从怀远镇班师回朝。

大业十年（614）十月底，隋炀帝刚回到大兴城，就颁布诏书召高元入朝觐见。

按惯例，元旦这天隋朝要举行大朝会，臣服于隋朝的四夷君主都得到京城朝觐大隋天子，大业十一年的大朝会，最重要的事情当然是让四夷君主见证高句丽国主高元臣服的场面。

高元没有给隋朝任何反应，他又没来。

所以，高句丽这次又是诈降。

士兵诈降，将军诈降，到宰相诈降。现在，高句丽连国王也诈降！

隋炀帝三次东征，得到了什么？

第一次东征的原因，就是高元不听召唤，不肯觐见，现在高元还是不肯觐见。

没有任何改变！

隋帝国却陷入了空前的危机。

隋炀帝歇斯底里，恼羞成怒，他要再次发兵，他一定要让高元跪在脚下。

八、雁门被围，颜面尽失

隋炀帝已经众叛亲离。

三征高句丽都以失败告终，国内百姓造反，贵族离心离德，他还要继续以往的施政风格，不停折腾。大业十一年（615）的元旦朝会，就像一个笑话，搭好了戏台，唱戏的角儿却拒绝登场，这个面子必须找回来。

国际关系问题，就得在国际舞台上找面子。

大业三年（607）隋炀帝北巡突厥，启民可汗亲自用佩刀铲除大帐外的杂草，发动东突厥全体百姓修御道，隋炀帝在大帐中备仪卫，建旌旗，接见启民可汗及其部落三千五百人，奏百戏之乐。各部酋长争献牛羊驼马数千万头。那是何等风光、何等威武。

东突厥一直承认隋朝的东亚霸主地位，启民可汗对隋朝非常恭顺，附近很多小国都受东突厥影响，归顺隋朝。隋炀帝还想再征高句丽，现在国内一团乱麻，再次出兵，如果能得到东突厥的帮助，会多一分胜算。

为了挽救下滑的国际地位，隋炀帝决定再次北巡东突厥。

秋天的塞北，青草飘着芳香，天苍苍，野茫茫，风吹草低见牛羊。他们的可汗不会再弯腰割掉大帐前的青草，只有中原的皇帝还在心存妄想。

东突厥的可汗已经换人了。

一直和隋朝保持良好关系的启民可汗在大业五年（609）去世，现在东突厥的可汗是启民可汗之子阿史那咄吉世，史称始毕可汗。

始毕可汗上台后东突厥逐渐强盛，引起了隋炀帝的警觉，他企图削弱始毕的力量，导致双方关系恶化。

隋炀帝扶持东突厥的老对头，导致始毕可汗不满。

在经略西域时，隋朝收附了西突厥的处罗可汗，东突厥经过隋朝的扶持，休养生息多年，势力逐渐强大，西突厥开始衰落。隋朝对突厥问题一直使用的是"离强合弱"的策略，所以转而扶持处罗可汗。

大业十年（614）正月，隋炀帝把宗室女信义公主嫁给处罗可汗。东、西突厥一直处于对立状态，始毕可汗对此相当不满。

隋炀帝还想分裂东突厥，导致始毕可汗怀恨在心。

在突厥内部搞分裂，是隋朝的老办法。隋文帝时期，隋朝许诺把安义公主嫁给突利可汗，让突利可汗和都蓝可汗分庭抗礼。这次隋炀帝故技重施，他听从裴矩建议，准备嫁一个宗室女给始毕可汗的弟弟叱吉设，再封他为南面可汗。出乎隋炀帝和裴矩意料的是，叱吉设不敢要隋朝的公主，更不敢接受南面可汗的封号。

始毕可汗知道后对隋炀帝从不满转为怨恨。

始毕可汗的谋士，还被隋炀帝骗走诛杀。

又是裴矩给隋炀帝出的阴招。

始毕可汗身边有一个非常信任的谋士史蜀胡悉，是粟特人（即昭武九姓）。粟特人是个商业民族，他们行走在整个欧亚大陆，眼界开阔，精明强干。始毕可汗委托粟特人帮助突厥人经营贸易，一些粟特人就留在了突厥。史蜀胡悉当时在东突厥帮始毕可汗出谋划策，充当军师的角色。

裴矩派人以贸易为名把史蜀胡悉骗到了马邑（今山西省朔州市），又以隋炀帝的名义给始毕可汗写了一封信，说："史蜀胡悉突然带着他的部落跑到了隋朝的地盘，说要背叛可汗，让我收留他。突厥是我的臣子，他背叛你，我坚决不能容忍，已经帮你把他杀了，现在给你通报一声。"

从此，始毕可汗对隋炀帝恨之入骨。

最重要的是，东突厥已经不是从前的东突厥了。

启民可汗是在都蓝可汗和达头可汗挤压下，几乎没有立锥之地的小可汗。他无路可走，才会寻求隋朝的庇护，启民可汗还是被长孙晟连哄带骗地带到了隋朝，隋朝又是建城池，又是发给地盘，还给他的百姓提供庇护生存的地方。所以，启民可汗一直甘心臣服于隋朝。

现在，东突厥的势力发展已经突破了原来的庇护之地，在辽阔的漠北草原上，始毕可汗也想大有作为。隋朝还想"离强合弱，远交近攻"，还想用"反间计"，已经不符合现实形势。裴矩骗杀始毕可汗军师的行为更让双方关系雪上加霜。

三次东征，东突厥都没有出一兵一卒，隋炀帝还想通过巡幸塞北，展示他的观风行殿、行城，再吓唬一次突厥百姓，换取崇拜的目光，让东突厥出兵帮他打高句丽，这真是妄想。

大业十一年（615）八月，隋炀帝再次带领浩浩荡荡的巡行队伍出发北上。这次的路线是从东都洛阳出发，经太原、雁门（今山西省代县北），进入塞外。

看到隋炀帝巡幸的通知，始毕可汗的脸上浮现了轻蔑的一笑。

等死吧，杨广！

隋炀帝北上的同时，始毕可汗已经召集东突厥国内几十万兵马杀向雁门。

始毕可汗的可贺敦是隋朝的义成公主，原来嫁给了启民可汗，启民可汗去世后，义成公主依突厥习俗，再嫁给始毕可汗。义成公主得知始毕可汗要去攻打隋炀帝，派人快马加鞭送信给隋炀帝。

这封信救了隋炀帝一命。

八月十二日，隋炀帝率领巡行队伍退回到附近的雁门郡（今山西省右玉县南），命齐王杨暕率后军进驻崞县（今山西省原平市）。

第二天，始毕可汗的骑兵就包围了雁门郡。

隋朝君臣惊恐万分，慌忙组织防御，派军士防守城门。因为事发突然，隋朝方面毫无准备，隋炀帝的随行人员，只能拆除雁门郡的民宅，挑拣里面可用的木料、石块构筑防御工事。

城中的粮食也严重不足，当时城中的士兵和百姓一共有十五万人，城内的粮食只够吃二十天。

城内的人数不少，但是其中有大批非战斗人员：城中百姓，跟随隋炀帝巡行的后宫女眷，文武百官，僧、尼、道士、女冠等宗教从业者，鱼龙百戏、仪仗、侍从，等等。这些人根本不具备和突厥骑兵作战的能力。

雁门郡一共有四十一座城池，很快就被突厥攻占了三十九座，只剩下隋炀帝所在的雁门郡城和齐王杨暕驻守的崞县。

始毕可汗派人急攻雁门郡城，箭如雨下，都落到了隋炀帝的面前。隋炀帝惊惧不已，抱着小儿子赵王杨杲，哭得两个眼睛都肿了。

帝王威仪，荡然无存。

死亡面前，隋炀帝已经肝胆俱裂。

天子哭号得不成样子，大臣们还在积极地想办法。

左卫大将军宇文述建议隋炀帝带几千精锐骑兵突围逃命。

纳言苏威马上反对，他说："守城是我们擅长的，野战是突厥人的长项，陛下是万乘之主，怎能轻易冒险？"

民部尚书樊子盖也支持苏威的意见，他说："陛下如果出城，一旦被突厥追上，后悔就来不及了。不如据守坚城，挫其锐气，征召四方兵马驰援雁门。陛下亲自抚慰士卒，答应他们不再征讨辽东，再答应给他们高点的赏格，将士必将人人自奋，何愁不能退敌？"

这几个人确定了守城的策略。

内史侍郎萧瑀（萧皇后之弟）又提出了守城之后营救的策略。

他说："突厥的风俗，可贺敦可以参与军机，义成公主是帝女嫁给了外夷，她必然希望我们强大，好巩固她在突厥的地位。应速派人告知陛下现在的处境，让义成公主设法营救，即使没有帮助，也不会有任何损失。再则，将士们非常担心陛下击退突厥后，再去征讨高句丽，如果陛下发明诏，宣布不再进攻高句丽，让将士们专心讨伐突厥，将士们安心了，就会奋勇力战。"

虞世基也劝隋炀帝，提高赏格，下诏宣布停止征讨辽东。

大臣们为国家谋划，为皇帝谋划，远的、近的都考虑到了。

但隋炀帝会怎么想呢？

他认为这是要挟，这些大臣居然趁突厥围攻的危急时刻要挟他放弃征讨高句丽！隋炀帝先记下了这个仇，他决定接受建议先解决眼前的危机。

隋炀帝派人突围，送信给义成公主，让她设法劝始毕可汗退兵。隋军又把勤王诏书绑在木头上，再把木头扔到流经雁门的汾水上。

隋炀帝承诺不再征讨高句丽，还亲临前线，慰问守城士兵。他公布了极高的赏格："守城有功者，无官直除六品，赐物百段；有官以次增益。"

将士们欢呼雀跃，踊跃作战，突厥日夜攻城，将士们就昼夜拒战，死伤很多，但是雁门郡被守住了。

问题是城中粮食有限，所以，情况仍然十分危急。

各地陆续收到隋炀帝诏书，开始发兵勤王。屯卫将军云定兴也率军前来救援，他军中有一个少年给他出了一个主意，这个少年说："始毕之所以敢倾举国之兵围困天子，是认为我们仓猝之间无法组织大军救援。如果我们白天让士兵都拿着旗子，走一字长蛇阵，旌旗绵延几十里，晚上敲锣打鼓，突厥人会以为有大批援军赶到，必将望风而逃。"

这个少年，就是李渊之子李世民，后来的唐太宗，此时李世民年仅十六岁。李世民看到勤王的诏书，应征入伍，隶属于云定兴麾下。

云定兴当即采纳李世民的建议，始毕可汗果然以为隋朝有大批援军赶到。

义成公主接到隋炀帝的消息后，也迅速做出反应，她派人送信给始毕可汗，说"北边有人要攻打我们"。

始毕可汗怕大本营有失，又侦查到隋朝的各路勤王大军都将赶到，最近的已经抵达忻口（今山西省忻州市北），决定撤军。

九月十五日，始毕可汗解围而去。隋军派出两千骑兵从后追击，追到马邑，抓到了突厥的老弱残兵两千余人。

九月十八日，隋炀帝正式离开雁门。

被突厥围困的三十几天，隋炀帝的无能和失败被公告于天下，不仅高句丽没有征服，连一直臣服于隋朝的东突厥都反了。

以隋朝为核心的东亚大陆秩序已经崩塌。

隋炀帝颜面尽失，惊恐忧惧，从此意志消沉。

九、举国皆反

大业十年（614）八月，隋炀帝班师回军途中，隋军经过邯郸（今河北省邯郸市），河北地区起义军首领杨公卿盯上了膘肥体壮的御马。杨公卿带着八千人偷袭了禁卫军殿后的第八队，抢走了飞黄上厩马四十二匹。

帝国君主的脸面，也随着御马扬长而去。天下乱成什么样子了？连隋朝大军中的皇帝御马都敢劫。

小说描写到隋末农民起义，说当时有"十八路反王，六十四路烟尘"。实际叛军的数量可能比这个还多。

起义早在大业六年（610）已经开始。

大业五年（609），隋炀帝攻破吐谷浑，设置西海、河源、鄯善、且末四郡。为让西域诸国臣服，隋炀帝不惜展开金钱外交。

隋炀帝把西京大兴城所属各郡，乃至西北诸郡的税收都送到了西域去。每年以巨亿万计。路途艰险，路上盗匪出没，农夫和运货的牲畜往往都死在了路上。郡县强行把责任转嫁给百姓，致使百姓家破人亡。

所以，最先陷入贫困的是帝国西部地区。

大业六年（610）正月初一，洛阳地区爆发了一次起义，起义者组织了几十个人，穿着白衣，戴着白帽，焚香祷告，手持鲜花，自称是弥勒佛，攻打洛阳皇城的建国门，抢夺卫士的武器，想要攻打皇宫，恰巧被齐王杨暕（隋炀帝嫡次子）遇到，他斩杀了这些叛贼。隋炀帝随即紧闭洛阳城门，搜索起义百姓，有一千多家百姓受到牵连被处死。

六月，雁门郡（治雁门，今山西省代县）又爆发了以尉文通为首的农民起义，人数达到三千人。

十二月，珠崖郡（治义伦，今海南省儋州市）爆发了以王万昌、王仲通兄弟为首的农民起义。

这几次起义规模都比较小，而且隋朝的统治还比较稳固，所以很快都被镇压下去了。

隋炀帝第一次东征高句丽，山东地区爆发了农民起义。

山东地区原属于北齐，世家大族势力比较强大，地主经济比较发达，因此属于国家的无主荒地相对较少。均田制下，农民分得的土地自然就少了。

据《隋书·食货志》记载："三河（河东、河内、河南）地少而人众，衣食不给。""其狭乡每丁才至二十亩，老、小又少。"通常情况下，服役和缴纳租调，是要按授田的亩数、家中丁口数量来征收。分到的地少，应该少交租，少出人丁服役。

隋炀帝即位以来，各项大工程连续开工，东征西讨，沉重徭役无休无止。加上山东地区本来就是贫困地区，隋炀帝东征高句丽把后勤基地、军事前沿基地设在了山东、河北地区。

大业六年（610），隋炀帝在山东"增置军府，扫地为兵"。

大业七年（611），隋炀帝又在这一地区征发了六七十万民夫，运送军需物资。劳动力、耕畜都被迫离开土地，因此"耕稼失时，田畴多荒"。

水灾、旱灾、虫灾，也不断袭击这一地区。

天灾不可避，但人祸却不应存在。

社会经济惨遭破坏，农民无法生存，被迫造反求活。

大业七年（611），齐郡邹平（今山东省邹平市）人王薄在长白山（今山东省邹平市南）率先举起反旗，拉开了隋末农民大起义的序幕。随后平原（今山东平原西南）人刘霸道、漳南（在今山东省夏津县北）人孙安祖、鄃县（今山东省夏津县）人张金称、蓨县（今河北省吴桥县西北）人高士达、漳南人窦建德，先后揭竿而起。

窦建德后来发展为河北地区最为强大的起义力量。

大业九年（613），隋炀帝二次东征，百姓"往来艰苦，生业尽罄"。

全国因此爆发了更多的农民起义。

正月，以杜彦冰、王润等为首的农民军攻陷了平原郡（治安德，今山东省德州市陵城区）。随后平原郡又爆发了以李德逸为首的农民起义，李德逸聚众数万，被称为"阿舅贼"，在山东地区大肆劫掠；灵武郡（治回乐，今宁夏回族自治区灵武市西南）爆发了以白榆娑为首的农民起义，他劫掠陇右牧马，北连突厥，被称为"奴贼"。二月，济北人韩进洛在济北郡（治卢，今山东省茌平县西南）聚众数万起义。三月，济阴郡（治济阴，今山东省定陶县西南）爆发了以孟海公为首的农民起义，人数发展到数万；北海郡（治益都，今山东省青州市）爆发了以郭方预为首的农民起义，郭方预自号卢公，人数达三万，攻陷郡城。五月，济北郡爆发了以甄宝车为首的农民起义，寇掠城邑。

大业九年（613）六月，关陇贵族杨玄感在黎阳起兵反隋。此后农民起义的范围不断扩大，起义军规模更加壮大，起义次数越发频繁。

江浙地区：七月，余杭（今浙江省杭州市）人刘元进起兵响应杨玄感，起义军人数达到数万，后刘元进自称天子，设置百官。八月，昆山（今江苏省昆山市）人朱燮（还俗道人）、晋陵（今江苏省常州市）人管崇，率十余万人，和余杭刘元进联兵反隋，多次大败隋军。朱燮、管崇自称将军，为寇江左。九月，东海郡（治朐山，今江苏省连云港市西南）爆发了以吴海流、彭孝才为首的农民起义，人数达到数万；东阳郡（治金华，今浙江省金华华）爆发了以李三儿、向但子等为首，人数达到一万余人的农民起义。

岭南地区：八月，信安郡（治高要，今广东省肇庆市高要区）爆发了以陈瑱为首的农民起义，人数达三万人；九月，梁慧尚率众四万攻陷苍梧郡（治封川，今广东省封开县）。

陕西地区：十二月，扶风郡（治雍，今陕西省宝鸡市凤翔区）爆发了以沙门（僧人）向海明为首，人数达数万人的农民起义，向海明自称"弥勒"出世，在扶风称帝，年号白乌。

山东地区：七月，梁郡（治睢阳，今河南省商丘市）人韩相国举兵响应杨玄感，被杨玄感封为河南道元帅，起义军人数迅速增长到十多万。九月，济阴郡爆发了以吴海流为首的农民起义，人数达到数万人。十月，东郡（治白马，今河南省滑县）爆发了以吕明星为首，数千人的农民起义；平原郡爆发了以郝孝德为首的农民起义；厌次（今山东省惠民县南）爆发了以格谦、孙宣雅为首，人数分别达到十万人的农民起义，格谦自称燕王，孙宣雅自称齐王；齐郡（治历城，今山东济南）爆发了以孟让为首，人数超过十万的农民起义。十二月，章丘（今山东省济南市章丘区）人杜伏威和临济（今山东省济南市章丘区西北）辅公祏，率众起义，先后吞并了下邳苗海潮、海陵赵破陈两支起义军，势力迅速壮大。

大业九年（613），隋帝国"举天下之人十分，九为盗贼，皆盗武马，始作长枪，攻陷城邑"。

农民起义，风起云涌，起义目的从最初的反抗人身依附，反兵役，反徭役，发展到自立为王，公然称帝，乃至以推翻隋朝统治为目的。

到大业十年（614），农民起义范围已经扩大到全国各地。隋炀帝仍坚持第三次征讨高句丽。

二月，扶风郡爆发了以李弘、唐弼等为首的农民起义，李弘称天子，唐弼称唐王，人数发展到十万。四月，张大彪在彭城郡（治彭城，今江苏省徐州市）起义，人数达到数万。五月，贼帅宋世谟率众攻陷琅琊郡（治临沂，今山东省临沂市）；延安郡（治肤施，今陕西省延安市）爆发了以刘迦论（稽胡族）为首的农民起义，刘迦论自称皇王，年号大世。六月，郑文雅、林宝护等率众三万攻陷建安郡（治闽，今福建省福州市）。

七月，隋炀帝从辽东撤军，被河北地区起义军杨公卿打劫了御马。

十一月，司马长安率众攻破长平郡（治丹川，今山西省晋城市）；离石郡（治离石，今山西省离石县）爆发了以刘苗王（稽胡族）为首，人数达数万的农民起义，刘苗王自称天子，刘苗王之弟刘六儿自称永安王；魏郡林虑县（今河南省林州市）爆发了以王德仁为首的农民起义，人数达数万，占据林虑山。

隋炀帝想扼杀农民起义，大业十一年（615），他下令把农民迁入城堡，坚壁清野，这个办法起到了相反的效果。

大业十一年，又有杨仲绪在北平郡（治卢龙，今河北省卢龙县），王须拔、魏刀儿在上谷郡（治易，今河北省易县），张起绪在淮南郡（治寿春，今安徽省寿县），魏麒麟在彭城郡，卢明月在祝阿（今山东省禹城市西南），毋端儿在龙门（今山西省河津市），敬盘陀、柴保昌在省绛郡县（治正平，今山西新绛）等先后起义。

起义军之间相互吞并，或互相联合，大业十二年形成了三大农民军集团：

李密、翟让领导的河南地区的瓦岗军；杜伏威领导的江淮起义军；窦建德领导的河北起义军。

隋帝国在农民起义的巨浪冲击下风雨飘摇。

大业十三年（617），瓦岗军攻占兴洛仓，东都告急。河北窦建德称长乐王，江淮杜伏威占据历阳（今安徽省和县）。朔方（今陕西省横山榆林市横山区）的梁师都起兵造反。武威富豪李轨等士族相继起兵，参与到这场逐鹿中原的大混战中。

朔方（今陕西省榆林市横山区）鹰扬郎将梁师都、马邑（今山西省朔州市）鹰扬府校尉刘武周、金城（今甘肃省兰州市）府校尉薛举、武威鹰扬府司马李轨、南朝萧梁皇室后裔罗县（今湖南省湘阴县东北）令萧铣等相继起兵反隋。

江都已经陷入包围之中。

大隋王朝，土崩瓦解。

第九章

隋炀帝之死

一、孤家寡人是怎样炼成的

从大业八年（612），第一次东征高句丽失败之后，隋炀帝就出现了失眠的症状，晚上睡觉总会惊醒，说："有贼！"需要多名妇女轻轻拍打安抚，才能入睡。（《资治通鉴》卷 183："每夜眠恒惊悸，云有贼，令数妇人摇抚，乃得眠。"）

等到雁门被围之后，隋炀帝的症状更严重了，发展到风声鹤唳、草木皆兵的程度。

大业十二年（616）四月，洛阳城大业殿西院失火，隋炀帝以为起义军攻进了皇宫，仓皇寻找藏身之处，躲到了宫殿后西苑的草丛之中，直到火被扑灭，他才回到宫中。

隋炀帝还怕黑。

大业十二年（616）五月，隋炀帝住在景华宫，他派人去抓萤火虫，得到数斛，晚上把萤火虫放在山谷里照亮。

如果，洛阳城的西苑有一口枯井，隋炀帝会不会像陈叔宝一样躲到井里？

很有可能会。

此后，他越来越像陈叔宝了。

恐怕他连陈叔宝都不如，陈叔宝至少还有一个不要脸的好心态。而他没有里子，还妄想找回面子。

离开雁门，隋炀帝一行到太原落脚。

下一步该往哪个方向走成了一个问题。这本不应该是一个问题，西京大兴城是关陇贵族的大本营，是隋朝宗庙社稷所在，内忧外困的时候，隋炀帝应该回老家，守住根本。

老臣苏威也劝隋炀帝回大兴，他说："现在盗贼不息，士马疲敝，愿陛下速还西京，保住社稷根本。"隋炀帝勉强同意了。

隋炀帝不想回西京，登基时的他志向何其远大，一心要成就前无古人的功业，现在连家都没看好，国内一片混乱，国家地位不保，还被突厥围着打，现在回老家太丢人了。

宇文述跟随隋炀帝多年，最懂隋炀帝的心思，他心里没有什么国家、什么局势，只有隋炀帝的好恶。

宇文述说："文武百官的妻子、儿女都在东都洛阳，我们不如先到洛阳接上百官的亲眷，再从潼关回西京大兴。"

隋炀帝欣然同意，其实他连洛阳也不想常住，他想去江都（今江苏省扬州市），到了洛阳，去江都就容易了。

大业十一年（615）十月三日，隋炀帝带着北巡的队伍回到东都。

到东都后，就要给将士们论功行赏了。没想到隋炀帝出尔反尔，大大降低了给将士们的赏格。

据《资治通鉴》卷182记载，隋炀帝被围困在雁门时承诺："守城有功者，无官（白丁）直除六品，赐物百段；有官以次增益。"

还是《资治通鉴》卷182，又记载了隋炀帝实际给将士们的赏赐："将士守雁门者万七千人，至是，得勋者才千五百人，皆准平玄感勋，一战得第一勋者进一阶，其先无戎秩者止得立信尉（从九品），三战得第一勋者至秉义尉（从八品），其在行陈而无勋者四战进一阶，亦无赐。"

这真是翻脸比翻书都快。

民部尚书樊子盖劝隋炀帝信守承诺，没想到隋炀帝冷笑了一声说："你想收买人心吗？"吓得樊子盖不敢再说话。

最后，在雁门时说参战就授予官职，一共一万七千名将士参加了雁门守城的战斗，现在只给其中的一千五百人授了勋官；在雁门时说就算你是白丁，参战就授六品官，现在只给了从九品的立信尉；在雁门时说参战就赏赐一百段布，现在一匹也没给。

不仅吝惜官位，连钱财也吝惜。

他还要把言而无信、过河拆桥进行到底。

隋炀帝公开提出，要四征高句丽。

朝野上下，瞠目结舌，三军将士，无不愤怨。

隋炀帝还要秋后算账。

他对群臣说："突厥狂悖犯上，能有什么作为？才围了雁门几天，萧瑀就危言耸听，出言恫吓，绝不可饶恕！"

雁门被围困，萧瑀出的主意最全面、最有效，所以也让隋炀帝最嫉恨。隋炀帝才应该是英明神武的化身，豪气干云的代表，怎么会沦落到让小舅子来指点？萧瑀劝他和将士们承诺不再东征，更被隋炀帝视为趁机要挟，没有处死萧瑀，是碍于萧皇后的情面。

越是无能，越是猜忌。

所以，隋炀帝把他贬为河池（今陕西省凤县）郡太守，让他离开朝廷。

萧瑀后来成为唐初宰相，在唐朝历任民部尚书、内史令、尚书右仆射、尚书左仆射。唐高祖李渊曾对萧瑀说："公之言，社稷所赖！"唐太宗李世民评价他："真社稷臣也！"萧瑀和长孙无忌、魏徵、房玄龄、杜如晦等同为"凌烟阁二十四功臣"。

大业十二年（616）正月初一，洛阳城。隋炀帝经历了他登基以来最惨淡的一次朝会。

国外没人搭理他。

每年朝会，各国君长或者使节都要到隋朝朝贡，觐见大隋天子。今年没人再来了，三征高句丽失败，又被东突厥围在雁门打，隋朝的国际威信扫地，没人买隋炀帝的账了。

国内的想来来不了。

各郡的朝集使也有二十多个没能赶到洛阳。不是城池被变民攻陷，就是路上有起义军道路不通，甚至有的朝集使在半路被杀。

隋炀帝终于意识到国内问题的严重程度了，他派遣使者，分十二道讨捕盗贼。

盗贼蜂起，让隋炀帝感到绝望和恐惧。

他恐惧，所以当大业殿西院失火时，他吓得躲进了草丛。

他绝望，因为他心知肚明，自己是个失败透顶的皇帝。

但他不想承认，他想通过浑浑噩噩、装聋装傻，推卸应该承担的责任。

所以，他越来越没出息，他开始装鸵鸟，他揣着明白装糊涂。他装糊涂，又担心起义军哪天真的攻打皇宫，所以他还惦记，他就得问情况。但是他又害怕天下盗贼真的很多，所以他要听好消息。所以听到坏消息时，他愤怒，他生气。但是他其实知道坏消息才是真消息，所以他更加愤怒，更加恐惧，更加绝望。

因此，他也更加刻薄、多疑、好杀。

如果说他执政前期还为后世留下了大运河，算是明君加暴君的话，后期他就是暴君加昏君。

大业十二年（616）五月，隋炀帝问起平叛的情况。

宇文述回答："已经少了。"

隋炀帝问："少了多少？"

宇文述答："已经不到原来的十分之一了。"

苏威是纳言（宰相），又是老臣，他听到宇文述睁眼编瞎话，怕隋炀帝问他，他说实话就要戳穿宇文述，不揭穿宇文述，他又不想说谎话。所以连忙悄悄地躲到柱子后面，希望隋炀帝不要看到他。他一动，反而被隋炀帝发现了。隋炀帝把他叫出来，问他怎么看。

苏威说："这件事不是微臣主管，所以臣不知道有多少盗贼，臣只是担心他们越来越近了。"

隋炀帝连忙追问："此话怎讲？"

苏威之所以要躲，是因为他知道，说实话得罪的不仅是宇文述，还有隋炀帝，得罪了隋炀帝，不会有好下场的。现在隋炀帝追问，他还可以再选择一次，说实话，还是说谎话。苏威决定冒险一试，再不挽救，这个国家就没机会了。

苏威说："从前，盗贼盘踞在长白山（在山东地区，距离洛阳五百七十公里）一带。而今，盗贼已经到了汜水（在河南地区，离洛阳不到七十公里）。而且，陛下请想一想，往日缴纳租赋的人丁现在都在哪儿？为什么我们的租赋丁役都收不上来？难道不是因为他们都去做了盗贼吗？可见，最近关于叛乱的奏报皆不属实，导致朝廷判断失误，不能剪除叛乱。况且，当时在雁门，陛下曾许诺不再征讨辽东，现在又要发兵攻打高句丽，起义怎么会平息呢？"

这次讨论到此戛然而止，因"帝不悦而罢"。

隋炀帝非常不高兴，拂袖而去。

不久，苏威就获罪被除名为民。

五月初五，端午佳节，按照习俗，文武百官要向隋炀帝进献礼物，别的大臣送的都是古玩玉器，只有苏威送了一册《尚书》。有人抓住机会，进谗言说："《尚书》里有《五子之歌》，他对陛下不逊。"

《五子之歌》是讲夏朝的君主太康（大禹之孙，启之子）没有德行，贪图享乐，长期在外游玩打猎，不理朝政。后羿侵占了夏的国都，太康的母亲和五个弟弟都被赶到了洛河边。太康的五个弟弟作了这首《五子之歌》。

这个故事叫——太康失国。

隋炀帝认定苏威是借古讽今。

苏威反对隋炀帝征辽东，隋炀帝偏要找他讨论征讨高句丽的事情。苏威则希望隋炀帝能重视农民起义的问题。

苏威说："陛下这次东征，不用征兵，赦免群盗，就能得到十万大军。派他们去东征，这些盗匪一定因为被免罪感恩戴德，争着立功，自可灭掉高句丽。"

隋炀帝一言不发，事情没法再讨论下去，苏威只好告退。

苏威一退出去，御史大夫裴蕴马上就对隋炀帝说："苏威这是大不逊！天下何处有许多贼？"

隋炀帝已经恼羞成怒，他对裴蕴说："这个老东西，满肚子奸诈，想用盗贼威胁我，我真想打他的嘴，好容易才忍下来。"

苏威毕竟是两朝老臣，位居宰相，是隋炀帝时的五贵之一，隋炀帝对他不满，也得有个合适的理由，才好治罪。

裴蕴马上就去想办法，让天子把怒气发出来。

裴蕴找了一个河南的平头百姓张行本，让他状告苏威，张行本说："苏威之前在高阳为国家典选官吏事，滥授人官，还因畏怯突厥，请求皇帝回大兴城。"

隋炀帝下诏书历数苏威罪状，把他除名为民。

不久，又有人落井下石，上奏说苏威曾和突厥勾结，图谋不轨。这真是欲加之罪。

隋炀帝命裴蕴立案侦查，裴蕴看着天子的脸色，马上就查证属实，认定应判处苏威死刑。

苏威无法自证清白，只能叩头告饶，隋炀帝这才消了一点怒气，免除苏威死刑，但是把他的子孙三代全部除名为民，不能再当官了。

苏威被除名，不仅是因为他给隋炀帝提意见，还因为他是隋炀帝再巡江都的阻碍。

苏威和宇文述、裴蕴、虞世基、裴矩在当时并称五贵，是当时朝廷上最具有政治影响力的人物。

裴矩一般只参与讨论国际问题，处理对外事务。宇文述和裴蕴只知道奉承隋炀帝，执行隋炀帝的各种命令，不会提出任何反对隋炀帝的意见。虞世基来自南方，不会反对隋炀帝去江南。

这五贵中只有苏威一直建议隋炀帝回大兴，固守根本。只有苏威反对隋炀帝东征，只有苏威一直试图劝谏隋炀帝重视盗贼问题。

现在苏威被清除出朝廷，隋炀帝可以随心所欲了。

至此，隋炀帝不仅丢掉了国际地位，还被百姓抛弃，被将士怨恨，还和大臣们离心离德。

他是真正的孤家寡人、独夫民贼了。

二、杨广：谁都别想阻止我去江都

隋炀帝三下江都是蓄谋已久。

隋炀帝的龙舟在杨玄感叛乱时被焚毁。大业十一年（615）冬，隋炀帝命江都再造数千艘龙舟，而且要求更大更好。

隋炀帝还下诏在江南修离宫别馆，命毗陵（今江苏省常州市）通守路道德集十郡数万百姓在毗陵郡东南修筑宫苑，周围十二里，内为十六离宫，形制仿东都西苑，规格比西苑还高。

他还准备在会稽（今浙江省绍兴市）也建一座离宫，因有人作乱没建成。

所以，隋炀帝准备到江南去过日子了。北方他不要了。逃到江南，排场还不能减，离宫别馆不能少，船不能小。

大业十二年（616），更大号的龙舟、更豪华的水殿造好了，宇文述把龙舟运到了洛阳，提议隋炀帝再次巡幸江南。这正中隋炀帝下怀，隋炀帝当即决定三下江都。

洛阳宫的宫女知道隋炀帝要去江都宫，她们拉着隋炀帝，哭哭啼啼，挽留皇帝，隋炀帝为她们写了一首诗："我梦江南好，征辽亦偶然。但存颜色在，离别只今年。"

四句诗里，三句谎话。

只有第一句说出了隋炀帝的心声，他十分向往江南的美好，连做梦都在向往。至于说征讨高句丽只是随性偶尔为之，让宫女们好好保养，明年他还会再回来，这是连宫人都骗不了的鬼话。

所有人都知道这次去江南皇帝不打算回来了。

隋朝是从北周发展而来，朝廷官员有非常多的关陇贵族，现在去江南，就意味着放弃西京大兴城，放弃关中，放弃整个北方。此前，在南方建立的朝廷从来没有能长久立国的。

所以，"朝臣皆不欲行"。

右候卫大将军（三品）赵才劝谏隋炀帝："如今百姓疲劳，府藏耗尽，国库空虚，盗贼蜂起，国家法令形同虚设，希望陛下早还京师，以安兆庶。"

隋炀帝没想到，赶走了苏威，朝廷上还有反对的声音，他命人把赵才抓进了监狱。

建节尉（六品）任宗上书极言劝谏，隋炀帝命人把他杖杀在朝堂之上。

隋大业十二年（616）七月十日，隋炀帝从洛阳启程，第三次前往江都。

刚走到建国门，又出来一个不怕死的。奉信郎（九品）崔民象上表隋炀帝，说现在天下盗贼充斥，请皇帝不要巡幸江都，应该返回西京大兴。

隋炀帝再次大怒，命人削掉他的嘴，再砍掉脑袋。

走到汜水，奉信郎（九品）王爱仁上表请求隋炀帝返回西京，隋炀帝"斩之而行"。

走到梁郡（今河南省商丘市），又有梁郡人（白丁）在半路拦住隋炀帝的车驾，上书说："陛下如果巡幸江都，天下将非陛下所有！"

隋炀帝"又斩之"。

这些忧国忧民的官员，忠于国家、爱护君主的百姓，不想放过最后一次挽救隋朝的机会。

隋炀帝在反对声、哀号声中，踏着鲜血，带着万马齐喑的百官，驶向东都。

去等待死亡的降临、国家的灭亡。

三、骁果军，只是想要一条回家的路

隋炀帝其实很清醒。

他非常清楚地知道，隋朝就要亡国了。

隋炀帝通晓占卜星象之术，好说吴侬软语，他经常夜半饮酒，仰观星象，还对萧皇后说："外间好多人图谋我、算计我，大不了我做长城公，你当沈后。没什么好怕的，还是一起开怀畅饮吧！"然后喝得酩酊大醉。

长城公就是陈后主陈叔宝，陈朝的亡国之君。陈叔宝死后，隋炀帝追封陈叔宝为长城县公，沈后是陈叔宝的皇后。

隋炀帝妄想着，如果亡国了，他可以像陈后主一样，当个糊涂王爷，饮酒作乐，了此残生。

他也清楚地知道，自己可能被杀。

隋炀帝长相出众，很喜欢照镜子。有一天他又在铜镜前顾影自怜，想到自己的青年岁月，想到自己几经筹谋坐上皇位，想到自己一心要开创的千秋伟业，想到自己营建东都、开凿运河、北巡突厥、经略西域曾取得的伟大功绩。想到这才十几年，怎么自己什么都不是了？反而越来越像自己曾经看不起的长城公陈炀帝。做长城公似乎也没什么不好，就怕连长城公都没机会当。

隋炀帝突然回过头对萧皇后说："这么漂亮的脑袋，不知道是谁把它砍下来呀？"

萧皇后吓了一跳，惊问："陛下怎么说这么不吉利的话？"

隋炀帝说："贵贱苦乐，列迭为之，变复何伤？"

因为清醒，所以他醉生梦死，麻痹自己。

隋炀帝到江都后，"荒淫益甚"。

他命人在宫中建了一百多套房子，装修得非常豪华，每套房子里住一个美人，每天让一个美人当主人，招待隋炀帝、萧皇后和后宫得宠的妃嫔宴饮作乐，喝酒的杯子都不离口。陪同宴饮的姬妾达到一千多人，姬妾也都常常喝得烂醉。隋炀帝还命江都郡丞赵元楷专门负责管理酒水的供应。这时的隋炀帝是真的颓废荒淫了。

早在三征辽东回来时，他就已经清醒了。

大业十一年（615），隋炀帝从辽东回到东都，他在长乐宫喝得大醉，写了一首诗，诗的最后两句是："徒有归飞心，无复因风力。"隋炀帝让后宫嫔妃反复吟唱，听了一会儿，他突然失声痛哭辽东战场的失败，哭国内的乱局不知如何收拾，更哭自己的失败，宫人们也跟着他伤心落泪。

隋炀帝选择逃避，逃到江都。

南方当时的农民起义没有北方多，他曾在江都镇守十年，出任扬州总管时，他大力安抚江南百姓，结交江南名士，结交高僧大德。在江南，隋炀帝的群众基础比在北方好得多。

隋炀帝的设想是在南方建立割据政权。

隋朝统一南北不过才三十几年，此前的三国时期、魏晋南北朝时期，中原大地分裂割据长达三百六十九年，去掉中间西晋曾短暂统一的十一年，分裂的时间仍长达三百五十八年。所以南北分裂，各自建立割据政权的观念比大一统的思想给人的印象更为深刻。

但是，隋末和南北朝不一样。

隋朝是在民族充分融合基础上建立的，人民向往统一，贵族也希望建立统一政权。因为经济基础在隋炀帝统治期间惨遭破坏，各地农民起义风起云涌，南方虽然开始时起义军没有北方多，但数量也在不断上升，规模也在不断扩大。

隋炀帝想割据，贵族不支持，百姓不答应。

心灰意冷的隋炀帝，在退朝后，经常用一块幅巾包住头发，穿上短衣便服，拄着手杖，徒步在宫中游览，一遍一遍地看亭台楼阁，唯恐明天就看不到这些景色，一直走到天黑才肯回去。

回到宫中，又是观星、饮酒。

观星就是算卦，看自己还能活多久。饮酒是为了及时行乐，也是为了麻痹自己，逃避现实。第二天起床，发现自己还活着，活着就得继续生活。

隋炀帝开始着手建立割据政权。

江都位于长江以北，如果要割据，都城就不能设置在江北，所以隋炀帝命人到丹阳（今江苏省南京市）修建丹阳宫。丹阳就是陈朝的首都建康，隋文帝灭陈后，曾把六朝（孙吴、东晋、宋、齐、梁、陈）古都建康夷为平地，展示自己统一天下的决心。

隋炀帝终于准备住到陈炀帝的故地去了，他最后一点残存的幻想就是再建立一个"陈"，即使最后国家被灭掉，也希望可以得一个"长城公"的爵位。

他的幻想没能实现，他连长江都没过去，他即将死在江都宫中，死于禁军哗变。

隋炀帝的禁军，名为骁果军。"骁果"是骁勇果毅之意。骁果军的战斗力很强，是大业九年（613），隋炀帝第二次征讨高句丽时，为扩充军队招募的新军。骁果军是雇佣军性质，兵士都是自愿应招参军，作战积极性高。隋炀帝给骁果军的待遇也非常高。参加骁果军，家中可以免除赋役。隋炀帝把骁果军的编制放在天子左右备身府，专职负责保卫皇帝安全。

但是，隋炀帝把骁果将士给得罪了。

大业十一年（615），隋炀帝准备再巡塞北，东突厥的始毕可汗率几十万大军把隋炀帝围困在雁门，吓得抱着小儿子哭泣，哭得双目红肿。那时候他不是承诺士兵，参加守城的即使是白丁，也给六品官，还赏赐一百段布，原来有官职的按功劳依次提高吗？

骁果将士日夜守城，英勇作战，保住了雁门，保护了隋炀帝。等到了隋朝各路援军到达，也让义成公主有时间写信骗始毕可汗撤军。

没想到，回到东都隋炀帝就变卦了，一块布头都没给发，答应的官职也没给。原来答应的参战就给六品官，降到了从九品的立信尉，立信尉也不是所有人都给了，参战的一万七千名将士只有一千五百人授了勋官，连十分之一都不到。

从此，隋炀帝在军中失去了威信，骁果军对隋炀帝深为怨恨。

骁果军大多是从关中招募而来，他们的祖坟在北方，父母兄弟、妻子儿女都在北方，江都离他们的家乡实在太远了！他们要回家，回到北方去，回到父亲妻儿身边去。

骁果军将士开始叛逃。

禁军叛逃，隋炀帝非常担心。裴矩向隋炀帝进言，建议让骁果军在江都安家，娶江南女子为妻，在南方有家了，心也就安了。

隋炀帝把江都境内的寡妇、未婚少女都召集到宫里，让将士们自己挑选心仪的女子为妻。如果之前已经在当地有了相好的人，也不追究责任，申报上去，一律玉成。

娶了江南的姑娘，建立了小家庭，骁果军暂时安定了下来。骁果军都对裴矩非常感激。

丹阳宫的兴建，让骁果军意识到隋炀帝再也不会回去了，他们这辈子都不能回家了。所以，将士们又开始叛逃。

郎将窦贤率所部集体逃亡，隋炀帝派骑兵追上，予以斩杀。

隋炀帝想用杀戮震慑，制止骁果军叛逃，他不仅斩杀叛逃的士兵，连带士兵所在营的长官也要连坐一起处死。

骁果将领人人自危。

自危，就会谋求自保。

虎贲郎将司马德戡，扶风（治雍，今陕西省宝鸡市凤翔区）人，出身关陇贵族集团，曾参加平定汉王杨谅叛乱的战役，也参加过征讨高句丽的战役，战功卓著，深受隋炀帝的信任，隋炀帝让他统领骁果军驻扎在东城。

司马德戡知道部下很多人都准备逃跑，非常担心被连累杀头。就算不被部下连累，皇帝都龟缩到江都了，隋朝眼看就要灭亡，大厦将倾，覆巢之下无完卵，到时候可就要给无德残暴的皇帝殉葬了。与其如此，不如早早脱身。

一个人逃跑比较危险，司马德戡想多拉几个人一起跑。他找到好友虎贲郎将元礼、直阁将军裴虔通。

司马德戡说："陛下要在丹阳建都，不准备回去了。我手下将士莫不思归，都在悄悄议论想要回家，策划着如何逃跑。我很想和陛下汇报，但陛下不愿意听坏消息，又好猜忌。如果我告诉他有人要跑，他可能会先把我杀掉。如果不说，等我的部下逃跑，他也会杀了我，怎么也免不了族灭之灾，这可怎么办？"

司马德戡接着又说："关中沦陷，华阴县令李孝常叛降，隋炀帝把李孝常的两个弟弟抓起来，都杀掉了。我们都有亲属在北方，如果也遇到这样的事，还能保全性命吗？"

元礼和裴虔通也有同样的忧虑，听司马德戡一说，都非常害怕。

裴虔通说："我家的兄弟特别多，都在各地任职，我从早到晚都在担心。担心他们中谁投降了，我会被陛下处斩，却无计可施。"

司马德戡说："我们的处境都一样危险，应当一起想办法，骁果军如果出逃，我们就跟着一起走。"

元礼和裴虔通说："诚如你所言，求生之计，只有这一条路了。"

三人计议已定，开始分头发展下线。

朝廷中处境和这三人相同的非常多。

文武官员谁都有几个亲戚，何况能在朝廷中做官，一般都是世家子弟，没有亲兄弟，也有堂兄弟、表兄弟，没有兄弟辈的，还有叔伯、子侄，所以人人自危。怕哪天和李孝常的弟弟一样掉了脑袋。武将则和司马德戡一样，还要额外担心下属叛逃的问题。

所以，有一大批官员加入。

内史舍人元敏，虎牙郎将赵行枢，鹰扬郎将孟秉，符玺郎李覆、牛方裕，直长许弘仁、薛世良，城门郎唐奉义，医正张恺，勋士杨士览……

有武将，也有文官，各部门、各级别的人都积极参与。

这些人"日夜相结约，于广座明论叛计，无所畏避"。

这个临时叛逃小组的成员，在大庭广众之下大声讨论如何逃亡。

密谋尚且会泄密，何况他们是"阳谋"。有一个宫女听到了，马上去向萧皇后汇报。

宫女说："外间人人欲反。"

萧皇后听到这个消息的反应非常奇怪，她没有惊讶，也没有马上带着宫女一同向隋炀帝汇报。

萧皇后沉思了一下说："你去向皇帝上奏吧。"

于是宫女自己去向隋炀帝汇报，隋炀帝听完的反应，比萧皇后更加反常。他大怒，认为这个宫女不守本分，多管闲事，危言耸听，造谣中伤，不由分说，就把宫女杀了。

于是，忠心的宫女被杀，准备叛逃的人则继续高调讨论如何逃走。

过了几天，又有一个宫女听到了有人要叛逃的消息，也事先去和萧皇后汇报。

萧皇后说："天下事一朝至，无可救，何用言之，徒令帝忧耳！"

是呀，天下的事情已经到了这个地步，没有挽救的可能了。那就不要再向皇帝汇报，徒令他增加忧虑了！

从此，再也没人多管闲事了。

萧皇后性格温婉和顺，有智谋，有见识，知书达理，还颇通医术和占卜之术。所以，隋文帝对这个儿媳妇很满意，隋炀帝也对萧皇后既宠且敬。隋炀帝四处巡游，都会带着皇后一起。她十四岁嫁给隋炀帝，从晋王府，到太子府，又到隋炀帝登基，两个人"恩隆好合，始终不渝"。

《隋书》评价萧皇后"初归藩邸，有辅佐君子之心"。

这说明萧皇后是有政治理想的人，她有才华，有理想，也得到了丈夫的宠爱和信任。如果她的丈夫能成为一代明君、一位英主，萧皇后也具备成为一代贤后的基本素质。

但是，她嫁的隋炀帝，其个人英雄主义太强了，他听不得别人的意见，更见不得别人比自己优秀。

薛道衡写了一首《昔昔盐》，里面有一句是"空梁落燕泥"，写得非常有意境。隋炀帝因为嫉妒薛道衡的文采超过了自己，就把七十多岁的老臣、一代文宗给勒死了，把他的妻子儿女都发配到了且末郡。

薛道衡死后，隋炀帝说："更能作'空梁落燕泥'否？"

大臣王胄死后，隋炀帝也叨念着王胄生前写的佳句"庭草无人随意绿"，说："复能作此语邪？"

《隋书·后妃传》中说："时后见帝失德，心知不可，不敢厝言，因为《述志赋》以自寄。"

萧皇后不是不想说，是不敢说。现在，说了又能改变什么呢？这些人想走，就让他们走吧！

司马德戡等选好了逃亡的日期，准备在大业十四年（618）的三月十五日集体出逃。

四、江都兵变

一个人的加入，把逃亡变成了兵变。

虎牙郎将赵行枢和将作少监宇文智及素来亲厚，勋士杨士览是宇文智及的外甥，两个人把计划告诉了宇文智及，发展他入伙。

宇文智及是宇文述的二儿子。

宇文述，北周上柱国宇文盛之子，武川镇（今内蒙古自治区呼和浩特市武川县）人，本姓破野头，后被赐姓宇文，和北周皇室没有血缘关系。

平陈时，宇文述任行军总管，隋炀帝发现他头脑灵活，就调到了自己部下，此后宇文述一直跟在隋炀帝身边。隋炀帝夺嫡时，宇文述到京城联络杨约，使隋炀帝取得了杨素的支持。宇文述曾多次击败吐谷浑。一征高句丽时，因出兵不利，被除名为民，不久又被起用。

因为宇文述不是一般的大臣，他是幸臣。

幸臣就是犯了错，皇帝还是不舍得杀。幸臣的为官之道，就是揣摩皇帝的心思和喜好，投其所好。所以，宇文述深得隋炀帝宠信，爵位许国公。

宇文述有三个儿子，长子宇文化及、次子宇文智及、三子宇文士及。宇文士及娶的是隋炀帝的女儿南阳公主。他的两个哥哥，人送外号"轻薄公子"，整天游手好闲，斗鸡走狗，调戏妇女，为了赚钱，私自和突厥人做生意，惹得隋炀帝大怒，把他们贬为家奴。

这次抵达江都不久，宇文述就一病不起。临终前，宇文述请求隋炀帝哀怜，饶过他的两个不肖子。隋炀帝潸然泪下，赦免了二人，封宇文化及为右屯卫将军，掌管禁军，宇文智及为将作少监。

宇文智及人品差，有头脑，继承了宇文述敢于冒险的精神。宇文化及人品差，没头脑，又胆小。

听了赵行枢和杨士览的叛逃计划，头脑灵活的宇文智及"大喜"。他不是为离开江都而大喜，他是为上天送来的机会而大喜，这是他们兄弟争夺帝位的机会，他怎么能放过？宇文智及马上给"叛逃领导小组"成员做思想工作。

他说："主上虽然无道，威令尚行，你们逃走，会像之前出逃的窦贤一样，被追上杀掉。如今老天要灭亡大隋，天下英雄并起，逐鹿中原。你们已经发动数万人一起逃亡，为什么不借此机会做大事，成就帝王大业？"

这番话，如同醍醐灌顶，让司马德戡等人豁然开朗。

对呀！我们格局小了呀！为什么不干脆造反？禁军都愿意跟随我们，抓皇帝还不容易吗？他们对宇文智及真是佩服得五体投地，不愧是宰相的儿子！高！真是高！

造反和逃跑不一样，逃跑只要安排好撤离的时间、路线、顺序就可以了。造反是把皇帝推翻了，但谁来接班就是个问题。这就需要有一个领袖，像旗帜一样，这个人得有一定的身份地位，才有号召力，才能服众。

宇文智及早就想好了，这个人就是他的大哥——人品差，没头脑，又胆小的宇文化及。

因为宇文化及以嫡长子的身份继承了宇文述的爵位许国公，右屯卫将军又是三品大员，从身份来看，确实是这些人中最合适的。

商量好后，他们找到宇文化及把计划告诉他，听到自己被推为领袖，宇文化及一点也没高兴。宇文化及"变色流汗"，这是杀头的买卖，他吓坏了，又转念一想，要是拒绝这帮亡命之徒，自己就要先被灭口，被 KO 了，只好答应。

"叛逃领导小组"成员全部转型为"造反领导小组"成员。

下一步就是发动群众了。司马德戡派许弘仁、张恺进入备身府（禁军军营），对将士们说："陛下听说你们要叛逃，准备了非常多的毒酒，准备举办宴会，把你们全都毒死，他和南方人留在江都。"

骁果军将士对隋炀帝早已失去信任，甚至到了恨之入骨的程度，所以，都深信不疑。

他们非常害怕，相互转告，急于造反。

情绪煽动到位，人员准备就位。

又是一个雾霾天！比隋灭陈时的雾霾还要大。

偌大的江都，空旷的宫殿，都淹没在这呛人的阴霾之中。

大业十四年（618）三月初十，司马德戡召集全体骁果军军官并问他们是否愿意跟随他一起造反，军官们众口一词，说："愿听将军号令！"全部毅然决然地加入兵变行动。

政变的行动计划：司马德戡在东城，集合兵马，率领政变主力杀入江都宫；元礼、裴虔通当值，在宫中做内应；城门郎唐奉义，把城门全部虚掩，不落门闩，接应政变主力入宫；宇文智及和孟秉等人在宫外，封锁城内各个路口，处理城中突发事件。

当天下午，司马德戡盗出御马，磨快兵刃。

三更，司马德戡在东城集合兵马得到数万人，按约定举火，给城中的几路人马发信号。

隋炀帝发现东城方向有火光，又听到外面有喧嚣异动，问左右发生了什么事。裴虔通淡定地说："草坊失火，外面的人在救火。"隋炀帝信以为真。

燕王杨倓，是太子杨昭之子，隋炀帝的孙子，深得隋炀帝喜爱，特意带来了江都。杨倓当时只有十六岁。他发现异常想入宫禀报，而且想到正常渠道定然是走不通了。杨倓摸到宫城北面的芳林门旁，从排水口沿着排水的沟渠进入宫城。到了玄武门，裴虔通带着禁军在此守卫，杨倓无法通过，情急之下，杨倓说："微臣突然中风，就要死了，请让我进宫，向陛下当面辞别。"

这太离谱了，一个十几岁的小伙子，水淋淋但是好端端地站在那说自己中风了，谁会相信？他自己都不会相信。裴虔通命人打开城门，把他捉进宫中，关了起来。

燕王杨倓送信失败。

三月十一日凌晨，司马德戡把军队交给裴虔通，让他控制各个宫门。随后，裴虔通率几百骑兵直扑成象殿，攻打隋炀帝寝宫。

宿卫的士兵看到一队骑兵气势汹汹扑来，忙大呼："有贼！"裴虔通命人关闭所有城门，只留下东门。裴虔通命殿内宿卫放下武器，宿卫士兵一一扔下武器，放弃抵抗。

当时在成象殿宿卫的是右屯卫将军独孤盛。独孤盛听到呼喊，连铠甲都没来得及穿，就带着十几名侍卫冲了出来。

独孤盛问裴虔通："哪来的兵，形势如此异常？"

裴虔通答："形势已经这样了，和将军无关，将军切勿轻举妄动。"

独孤盛大骂："老贼，说的是人话吗？"

独孤盛挥刀冲了上去，十几名步兵，对几百骑兵，结果可想而知。独孤盛被杀。

千牛独孤开远发现异常，率数百士兵赶到玄武门，叩阁请命。独孤开远说："我们还有兵马，足以破贼，陛下如果亲自出来指挥督战，人情自定。不然，就大祸临头了！"

没有人回应他，连他带来的士兵都陆续散去。独孤开远被政变士兵逮捕。

此前，隋炀帝挑选了数百名骁健的官奴，组成给使营，宿卫玄武门，以防备非常情况的发生。隋炀帝给给使营的待遇非常优厚，给使营的士兵也对隋炀帝非常忠心。

宇文化及提前收买了司宫魏氏，让她矫诏调走了给使。政变当天，没有一个给使在玄武门。

三月十一日清晨，整座皇宫被政变军队彻底控制。

司马德戡从玄武门进入皇宫，隋炀帝换上便服逃到西阁躲藏。裴虔通和元礼率兵进入左阁，司宫魏氏打开阁门迎接。政变军队进入永巷，问："陛下安在？"一个宫女走出来，指了指西阁。

校尉令狐行达拔刀直入西阁。

隋炀帝打开阁楼窗户，问令狐行达："你要杀我吗？"

令狐行达答："臣不敢，只是想奉陛下西还。"随后扶着隋炀帝走下阁楼。

裴虔通是隋炀帝当晋王时的藩邸旧人，隋炀帝看着他问："你不是我的故人吗？因为什么怨恨我，竟要谋反？"

裴虔通答："臣不敢反，但将士思归，欲奉陛下还京师耳。"

隋炀帝说："朕也正想回去，因为长江上游运粮的船还没到，才没出发，现在和你一起回去吧！"

随后，裴虔通把隋炀帝牢牢地看守起来。

上午，孟秉率披甲骑兵迎宇文化及入宫，宇文化及抖得和筛糠一样，说不出一句完整的话。路上不断有人拜见宇文化及，他只是在马上低着头，扶着马鞍，连连叩咕："罪过，罪过。"

宇文化及走到城门时，司马德戡早已在此迎候。司马德戡引宇文化及进入朝堂。隋炀帝还在，没走程序，不能称呼他为皇帝，但是也不能再称呼原来的官职。所以暂时称呼他为丞相，以示尊重。

裴虔通对隋炀帝说："百官都在朝堂，陛下须亲自出去慰劳。"

隋炀帝嫌弃马匹的马鞍破旧，命人换了新的马鞍，才肯上马。

裴虔通牵着马辔，提着刀，押着隋炀帝走出宫门，政变的士兵喜噪动地。

宇文化及看到众人带着隋炀帝过来，不知道怎么面对隋炀帝，也不知道该说什么，连连摆手说："带这个东西来做什么，赶快带出去做掉。"

隋炀帝问裴虔通："虞世基何在？"

一个名叫马文举的政变将领答："已经砍头了！"

隋炀帝被押回寝殿，裴虔通、司马德戡等拔出明晃晃的大刀，侍立在一旁。

隋炀帝知道自己难逃一死，叹道："我何罪至此？"

马文举说："陛下违弃宗庙，巡游不息，外勤征讨，内极奢淫，使丁壮青年尽于刀刃箭矢，女弱填于沟壑，四民丧业，盗贼蜂起；而陛下任用奸佞阿谀之臣，文过饰非，拒听劝谏。陛下竟还说自己没有罪？"

隋炀帝十分不解，他带着疑惑问："我确实辜负了百姓。至于你们，荣华富贵，应有尽有，为何做得这么绝呢？今天的事，谁是主谋？"

司马德戡高声回答："普天同怨，又何止一人为主谋！"

宇文化及又派内史令封德彝来历数隋炀帝罪过。隋炀帝不无伤感地问："你是士人，怎么也跟着造反了？"封德彝感到十分羞愧，退了出去。

当时萧皇后、后宫的嫔妃和宗室亲王都已被软禁，只有隋炀帝最宠爱的小儿子、十二岁的赵王杨杲跟在他身边，恸哭不止。裴虔通手起刀落先砍死了杨杲，鲜血喷溅到隋炀帝的御服之上。

接着，裴虔通提刀准备杀掉隋炀帝。

隋炀帝突然站了起来，说："天子有天子的死法，怎么能加诸刀刃？取鸩酒来！"

将死之时，隋炀帝想保留身为帝王最后的尊严。

哪会有人去拿鸩酒？管理鸩酒的后宫嫔妃此时不知身在何处，要杀他的人，更不会有耐心去寻烧酒。

令狐行达猛地把隋炀帝按回座位。

隋炀帝绝望了，他解下身上的练巾，递给令狐行达。令狐行达不带一点迟疑地勒紧他的脖子。

隋炀帝死后，萧皇后和宫人撤掉漆床的床板，做成小小的棺材，在西院流珠堂草草装殓了隋炀帝和杨杲。

隋炀帝有何罪，竟会落得如此凄惨的下场？他爱这个国家，却不爱国家的人民。隋炀帝问我有何罪时，他的百姓也在问：我有何罪，要遭受如此多的苦难？死在东都工地的百姓有何罪？死在运河工地上的百姓有何罪？冻死在祁连山上的士兵有何罪？修长城的百姓有何罪？死在辽东战场的士兵有何罪？运送物资的农夫又有何罪？

百姓的话无人记载。

在隋炀帝统治下，他们的痛苦无以复加，他们的精神惨遭摧残，他们连活下去都是奢望。

隋炀帝的生命消逝在大业十四年（618）春天。

阳春三月，万物生长，大地重新爆发出勃勃生机。

大隋王朝王气黯然而收，群雄逐鹿的时代来临。

五、隋炀帝的身后事

大业十四年（618）的整个夏天，隋炀帝都躺在床板里，被丢在西院的流珠堂。

到了八月末，江都郡守、右御卫将军陈棱才安葬了隋炀帝，把他葬在离宫附近的吴公台下。《隋书》说隋炀帝入殓时"容貌若生"，众人大为惊异。直到大唐平定江南，唐朝才将隋炀帝改葬到雷塘（在今江苏省扬州市城北）。

"入郭登桥出郭船，红楼日日柳年年。君王忍把平陈业，只博雷塘数亩田。"几百年后，五代的罗隐到雷塘时，写下了这首《炀帝陵》。

雷塘的隋炀帝坟墓，没有得到帝王的待遇，谁会愿意去凭吊一个恶名远播的暴君？杨广的墓，荒草萋萋。

隋炀帝的谥号，是李唐给杨广定的。留在东都的杨广之孙杨侗，给杨广上的谥号是"明皇帝"，庙号世祖。农民起义军领袖窦建德追谥杨广为"闵皇帝"。

所以，可以称呼杨广为隋明帝、隋世祖或隋闵帝。"明"和"闵"都比"炀"好得多，但大家记住的只有隋炀帝。

《隋书》给隋炀帝的评价是：

"土崩鱼烂，贯盈恶稔，普天之下，莫匪仇雠，左右之人，皆为敌国。终然不悟，同彼望夷，遂以万乘之尊，死于一夫之手。亿兆靡感恩之士，九牧无勤王之师。子弟同就诛夷，骸骨弃而莫掩，社稷颠陨，本枝殄绝，自肇有书契以迄于兹，宇宙崩离，生灵涂炭，丧身灭国，未有若斯之甚也。"

隋炀帝修建了众多浩大的工程，离宫别馆遍及天下，落得如此恶名，却唯独没给自己建造坟墓。

是漏掉了，还是不想面对死亡？

但至少还有人给他收尸，还有人为他选了墓地，给他挖坑安葬他，最终让他入土为安。这比那些死无葬身之地的无辜百姓强太多了。

隋炀帝死的时候，隋朝没有太子。

隋炀帝共有三子，萧皇后所生元德太子杨昭、齐王杨暕，萧嫔所生赵王杨杲。分别出生于开皇四年（584）、开皇五年（585）、大业三年（607）。

太子杨昭，简朴、仁爱、谦和，品行出众。

据《隋书》记载，杨昭"所膳不许多品，帷席极于俭素"。为人总是和颜悦色，见不到他有愤怒的神情。手下人犯再大的错，杨昭说一句"大不是"就过去了。下属官吏家中有年老父母的，杨昭必定亲自询问是否安好，年节都有恩赐。

杨昭幼年就懂得非礼勿视。

杨昭小时候被隋文帝留在宫中，亲自抚养教导。隋文帝和独孤皇后，恩爱非常，无意间会有一些亲密的举止。杨昭三岁时，有一次在玄武门前的石狮子旁玩耍。隋文帝腰疼，就举起手搭在独孤皇后肩上。杨昭看到祖父、祖母如此亲密，忙把头转过去回避。隋文帝非常惊讶，又试了几次。只要他把手搭在独孤皇后肩上，杨昭就马上回避。

隋文帝不禁感慨："这是天生的长者，不是大人教出来的。"

杨昭还是个孝顺的孩子。

自己的孙儿如此可爱，隋文帝也童心大起，故意逗杨昭，说："给你娶个媳妇怎么样？"没想到杨昭应声而泣，哭了起来。隋文帝忙问原因。

杨昭说："汉王叔叔没结婚的时候，一直和祖父、祖母住在一起。一娶了媳妇，就搬出去住了。我怕娶了媳妇也要出去住，要离开祖父、祖母，所以伤心哭泣。"

隋文帝不禁感叹，这孩子纯孝至此，乃是天性使然，因此对杨昭特别钟爱。

十二岁时，杨昭被立为河南王。仁寿初年，徙封晋王，拜为内史令，兼左卫大将军。后又转任雍州牧。隋炀帝即位后，巡幸洛阳宫，杨昭奉命留守京师大兴城。大业元年，杨昭被立为皇太子。

杨昭是个非常合格的太子，他的性格也很适合当守成之主。隋文帝钟爱这个孙儿，隋炀帝也对杨昭满怀期望。

可惜，杨昭虽然非常有力气，能使用强弩，但是身体非常不好，《隋书》中说他"体素肥"，就是特别肥胖，所以可能有一些心脑血管方面的疾病，这类疾病很难提前发现，发病突然，致死率高。容易被突然起来再下去的动作诱发。杨昭就是死在这样的动作上。

隋炀帝常年巡游外地，杨昭留在京师监国。大业二年（606），杨昭到洛阳朝拜隋炀帝。朝拜之后，待了一段时间，杨昭就要回大兴城了，他是个天生孝顺的孩子，不想离开父母，就恳求隋炀帝，希望可以在洛阳多待些时日。隋炀帝不许，杨昭拜请了数次，诱发了心脑血管疾病，没几天就撒手人寰，一命呜呼了。

杨昭死后，被追谥为元德太子。好好的太子就这么死了，隋炀帝没伤心几天，就继续忙他的大业去了。

隋炀帝还有两个儿子，赵王杨杲在大业三年（607）才出生，又是庶出，嫡次子齐王杨暕理所当然地成为最佳候选人。

隋炀帝把原来隶属于杨昭的两万多僚属直接转给了杨暕，又任命柳謇之为齐王府长史，辅佐杨暕。

柳謇之，字公正，出自河东柳氏西眷房。祖父是西魏大臣柳虬，父亲是北周顺州刺史柳蔡年。据《隋书》记载，柳謇之"身长七尺五寸，仪容甚伟，风神爽亮，进止可观"。

隋炀帝对柳謇之郑重交代："今以卿作辅于齐，副朕所望。若齐王德业修备，富贵自当钟卿一门。若有不善，罪亦相及。"

也就是说，只要通过试用期，杨暕就可以转正当太子了。

可是，杨暕没能通过考核。

因为他的表现太糟糕了。隋炀帝期望杨暕"德业修备"，可杨暕最大的特点就是无德。

杨暕把倜傥正派的柳謇之晾在一边，宠信一帮能陪着他声色犬马的官吏。杨暕奸淫掳掠，无恶不作。他手下的官员强掳京城百姓女子进齐王府，恣行淫秽。几天后，又把这些女子送回家中。杨暕派手卜去买西域宝马。齐王府手下到了陇西，严刑拷打当地酋长，逼他们交出家中最好的骏马。马弄回来了，杨暕又不收了，他的手下就把宝马牵回自己家中，谎称是齐王赏赐。

齐王的丑事从京城到西北边疆无人不知。

隋炀帝的长姐杨丽华，本来是北周的太后，杨坚取代北周后，封杨丽华为乐平公主。杨丽华发现一个才貌俱佳的女子，一位姓柳的姑娘。杨丽华把柳姑娘推荐给隋炀帝，大业初年，隋炀帝的热情都在建功立业上，暂时腾不出工夫看美女，就一直没给杨丽华回复。杨丽华以为隋炀帝不回复就是不要了，转而把柳姑娘推荐给了齐王杨暕，杨暕当即笑纳。过了一段时间，隋炀帝想起长姐给他选了一个女子，问杨丽华柳姑娘在哪里，杨丽华只好如实回答。柳姑娘已经变成柳氏了，在你儿子齐王的府上。史书记载："帝不悦。"

老爹忙着国家大业，齐王倒是有时间贪恋女色。更何况柳姑娘已经被隋炀帝视为自己的后宫，这让隋炀帝对齐王非常不满。

不久，杨暕跟随隋炀帝一起巡游，在汾阳宫外围猎，隋炀帝命杨暕率领一千骑兵把猎物围起来，防止猎物跑出去，然后大家在包围圈里打猎。杨暕确实把猎物围了起来，然后他就自己玩了个尽兴，打了非常多的猎物，还把打到的麋鹿献给老爸隋炀帝。隋炀帝一头猎物也没打到，正在生气，看到齐王献上来的麋鹿，更生气了，就把气撒在身边的人身上。隋炀帝的左右说猎物都被齐王派人围住了，我们没法靠近，才没打到猎物。

齐王错在和隋炀帝一样爱出风头，他把隋炀帝的风头抢了，还会好过吗？隋炀帝派人广求杨暕的罪失。

御史韦德裕弹劾杨暕违制把伊阙县令皇甫诩带到了汾阳宫。按规定，县令无故不得出境。得到举报后，隋炀帝当即派士兵包围了齐王府。

更多的罪状被挖了出来。

杨暕的王妃韦氏，是民部尚书韦冲之女，早亡。杨暕看上了韦氏的姐姐，韦氏的姐姐已经出嫁，夫家姓元，杨暕居然和她私通，还生下一个女儿。

齐王杨暕请相工到后庭，给他的妃子们相面，让韦氏的姐姐也混在中间。看相的人，揣摩这齐王的心思，指着韦氏的姐姐说："此产子者当为皇后。王贵不可言。"

这句话正中杨暕心思，国家没有储君，太子之位还不迟早都是他杨暕的？为什么隋炀帝迟迟没有颁布诏书册立呢？因为老大杨昭还有三个儿子，这三个侄子要是死了，隋炀帝就剩他这一个成年的儿子，不立他又立谁呢？

于是，杨暕施行厌胜，诅咒自己的三个侄子快些死掉。

杨暕的罪行让隋炀帝震怒，他把齐王亲近的官吏全部杀头，府僚都流放边疆，韦氏的姐姐赐死。齐王府长史柳謇之除名为民。

杨暕没被处死，因为隋炀帝的小儿子还太小，古代婴幼儿的成活率低，好多人家在孩子三岁以前都不给孩子起名字。杨昭死了，成年的儿子只剩下一个杨暕。

隋炀帝说："朕就剩杨暕这一个儿子了，否则应该把他斩首示众，以明法度。"

杨暕没死，但从此就和太子之位绝缘了。

隋炀帝对杨暕的态度，是疏远、防范、忌惮。专门派了一名虎贲郎将监视杨暕，甚至怀疑杨暕会对他不利。

江都兵变时，隋炀帝问萧皇后："得非阿孩邪？"阿孩是杨暕的小名。

宇文化及派人去杀杨暕时，杨暕以为是父亲派人来杀他，求情说："诏使且缓。儿不负国家。"

杨暕至死，都不知道为何人所杀，至亲的父子，居然疏离、猜忌到如此地步，"父子至死不相明"。

从大业二年七月二十三日开始，隋帝国就没有太子了。

大隋没有法定继承人，给了各路豪杰极大的发挥空间。

处死了隋炀帝，政变团队开始在杨隋皇室里挑选适合做傀儡的人选。宇文化及看中了隋文帝的四儿子蜀王杨秀，理由是杨秀久废于家。宇文智及推荐的是秦王杨浩，因为两个人有私交，他想保杨浩一命。

最后秦王杨浩（杨俊之子，隋文帝之孙）被选中，暂时活了下来。

蜀王杨秀和他的七个儿子，齐王杨暕和他的两个儿子，燕王杨倓和隋朝宗室、外戚，不论少长，全部被杀。

至此，杨隋宗室，只剩下江都的秦王杨浩、大兴城的代王杨侑和洛阳的越王杨侗。

隋炀帝遇弑的消息传到中原，留守洛阳的群臣拥立越王杨侗为帝，史称皇泰主。此前，李渊已经占据大兴城，拥立代王杨侑为帝，史称隋恭帝。尊当时还活着的隋炀帝为太上皇。

杨浩、杨侑、杨侗成为三个傀儡皇帝，这三个影子王朝，分别由宇文化及、王世充、李渊控制。

另外，吴兴（今浙江省湖州市）太守沈法兴自立为江南道大总管，以讨伐宇文化及之名攻占了太湖和长江流域的十几个郡。

梁王萧铣自立为帝，迁都江陵，向南扩张，军队扩张到四十万，成为南方最大的割据政权。

枭雄英雄，各显身手，逐鹿中原。

六、宇文化及：带着隋朝的中央军迅速败亡

江都兵变这支军队很快就被消灭了，因为领导不行。

宇文化及在兵变时没做什么事，除了杀人。

司马德戡、宇文智及等人利用将士思归的情绪，成功煽动骁果军哗变。宇文化及下令杀掉了隋炀帝，还把在江都的杨隋宗室屠杀殆尽，只留一个杨浩（隋文帝之孙，杨俊之子），摆摆样子。

随后，宇文化及大肆屠杀文武百官，内使侍郎虞世基、御史大夫裴蕴、左翊卫大将军来护儿、秘书监袁充、右翊卫将军宇文协、千牛宇文晶、梁公萧钜等朝廷重臣均未能幸免。

杀完人后，宇文化及带着骁果军，还有隋炀帝在江都招募的江淮军北上。

大家发现，宇文化及比隋炀帝有过之而无不及。

首先他奢侈残暴。

宇文化及从江都出发，坐着隋炀帝的龙舟，把江都宫的美女、珍宝全都带上了。水路有船还好走一些，到了彭城，因为战乱，水路受阻，只能改走陆路。宇文化及让士兵抢劫当地百姓，共抢了两千辆牛车，用来给美女乘坐和运送金银珠宝。辎重、武器则由将士们肩提手扛。

除了骄奢暴虐，他还非常愚蠢。

对于百官的上奏、请示，他完全不知道应该如何处理，只能用沉默应对。

他处理事情没能力，猜忌大臣时又非常有想法。

宇文化及搞起了"外示殊礼，内情甚薄"这一套。他任命政变功臣司马德戡为礼部尚书，实际是夺了司马德戡的兵权。司马德戡靠着贿赂他的弟弟

宇文智及，才又得到一万多兵马。

这支政变军队一路往北走，兵变的阴影一直跟随。

先有虎贲郎将麦孟才、虎牙郎将钱杰和沈光，密谋杀死宇文化及，为隋炀帝报仇。事情泄露，司马德戡率军包围了他们，这些将士力战到底，无一人投降，最后全部战死。

之后，兵权被削夺的司马德戡也策划起兵，消息也被泄露，司马德戡被活捉。

宇文化及问："我们冒死兵变，现在成功了，正是享受荣华富贵的时候，你为什么会反我呢？"

司马德戡说："兵变是因为苦于隋炀帝的淫虐，为了杀掉昏庸的君主。没想到你比隋炀帝更加荒淫暴虐。反对你的人太多，我也是因为舆论压力，不得不反。"

宇文化及从彭城登陆改走陆路后，向着洛阳方向进军。

洛阳城里是杨侗，城外是李密，双方本来打得不可开交，宇文化及的到来，让他们握手言和。

东都城内的元文都、卢楚、盖琮等提议招降李密，让李密和宇文化及互相残杀，他们取渔翁之利。等李密得胜归来，他麾下将领贪图隋朝的封赏，再借机行离间之计。杨侗以盖琮为通直散骑常侍，携敕书去招降李密。

李密是一代枭雄，宇文化及根本不是李密的对手，宇文化及对自己的愚蠢一无所知，他还主动去招惹李密。

宇文化及占据东郡（郡治滑台，今河南省滑县）作为立脚点。东郡的粮食，不足以供应十几万人马。唐武德元年（618）六月，宇文化及率军渡过黄河，围住黎阳仓。

在此驻守的是日后大名鼎鼎的李勣，现在他还叫徐世勣，是瓦岗军的一员。

李密率两万人马进驻清淇（今河南省淇县东南），与徐世勣以烽火相应。李密深挖战壕，高筑壁垒，不与宇文化及交战。等宇文化及去攻打黎阳仓时，李密则出兵从后边攻打宇文化及。

一次对阵时，李密对宇文化及说："你本来是匈奴皂隶破野头，父兄子弟，受隋朝大恩，累世显贵，满朝找不出第二家来。主上失德，你却不能死谏，反行弑君之大逆之道，想要篡夺皇位。不追诸葛瞻（蜀汉丞相诸葛亮之子，战死在绵竹，为国捐躯）之忠诚，乃为霍禹（西汉大司马霍光之子，密谋反叛，被腰斩）之恶逆，天地所不容，还想到哪里去？速速投降，尚可保全后嗣性命。"

宇文化及只要回骂就可以了。大家都在等着听一次骂战。没想到宇文化及进入了沉默状态，低着头好一会儿，又突然瞪大眼睛，抬起头。

宇文化及说："与尔论相杀事，何须作书语邪！"

意思是：我和你打仗，你说什么书面语、文言文？

李密对左右说："宇文化及庸愚到这个地步，竟还妄想当皇帝？"

宇文化及准备了大量攻城器械，攻打黎阳仓。徐世勣固守仓城，在仓城外掘深沟拒敌。宇文化及被沟堑阻隔，无法攻到城下。徐世勣又在沟堑中挖掘地道，派士兵从地道出去攻打宇文化及。

宇文化及大败，攻城器械也被徐世勣烧毁。

这时东都的使者来到了李密军中，李密担心腹背受敌，欣然接受了东都的招抚，向皇泰主称臣。皇泰主任命李密为太尉、尚书令、东南道大行台行军元帅，封魏国公。

李密利用宇文化及的愚蠢和幼稚，假装和他议和。

宇文化及是真的愚蠢，一点都不掺假那种。

李密和他议和，他居然相信了。在宇文化及看来，议和之后他和李密就是一家人了。所以李密的三个粮仓自然也是他的粮仓。

于是，宇文化及放心地吃吃喝喝，度过了一段无忧无虑的日子，就在他的粮食眼看吃光的时候，李密军中有人获罪，逃到了宇文化及军中，说出了李密伪和的实情。

宇文化及大怒，率军渡过永济渠，直扑童山（今河南省滑县北）李密大营。两军在童山之下大战。宇文化及部下为了粮食，非常拼命。李密一次又一次击退宇文化及的攻击。混战中李密被流矢射中，堕落马下，当场闷绝，左右奔逃溃散，大将秦叔宝护卫李密，李密才没有命丧沙场。秦叔宝收拢士兵，组织防御，力战宇文化及。宇文化及久攻不下，率军撤退。

宇文化及退到汲郡（今河南省淇县东），他派士兵在汲郡大肆搜刮。又派人回到东郡严刑拷打，逼迫当地官员、农民交出粮食。

结果，东郡通守王轨举城投降李密。

宇文化及没了粮草，失了立足之地，只好从汲郡北上，重新寻找落脚之处。

他连吃败仗，关东军逃亡，江淮兵投降，一路走，士兵一路逃。陈智略率岭南骁果军一万余人，樊文超率江淮特种部队数千人，张童儿率江东骁果军数千人投奔李密。

逃到魏县（今河北省大名县西南）时，宇文化及只剩下两万残兵败将。其部下张恺密谋逃走，被他发觉杀掉。

宇文化及"腹心稍尽，兵势日蹙"。

北上是窦建德的地盘，南下是李密的势力范围，宇文化及无计可施，只能终日宴饮。喝醉后就埋怨弟弟宇文智及把他害到这个地步，兄弟俩数次争吵。宇文化及整天哭哭啼啼，喝醉了睡觉，睡醒了接着喝酒。

自知败亡已成定局，宇文化及仰天长叹，说："人生故当死，岂不一日为帝乎？"

宇文化及鸩杀了傀儡皇帝杨浩，自立为帝，定国号许，建元为天寿，署置百官。

宇文化及准备在魏州立足，派兵攻打魏州，四十天也没打下来，损失了一千多人马。他只好带兵逃奔聊城，准备招降当地的起义盗贼。

李渊派淮安王李神通安抚山东，李神通招降宇文化及，宇文化及不从，李神通率军围攻宇文化及十余日，未能攻克，率军撤退。

李神通撤了，窦建德又率军来攻打宇文化及。齐州起义军首领王薄听说宇文化及携带了大量珠宝，假装投奔于他。宇文化及深信不疑，不料王薄放窦建德入城，宇文化及及其部众全部被窦建德俘虏。

窦建德下令处死了宇文化及父子三人，还有宇文智及、元武达、孟秉、杨士览、许弘仁。并把他们的首级送到突厥，送给隋朝宗室女儿义成公主。

第十章

隋亡唐兴

一、李渊的简历

李渊也是关陇贵族成员，他的祖父李虎，在北魏末年追随宇文泰进入关中，后助宇文泰建立西魏，官至太尉、尚书左仆射，爵位陇西郡公。

宇文泰创立府兵制，设立八柱国、十二大将军。李虎是西魏八大柱国将军之一，隋文帝的父亲杨忠是十二大将军之一。

八柱国分别是太师宇文泰（北周实际创始人）、太傅元欣、太尉李虎（李渊祖父）、太保李弼（瓦岗枭雄李密曾祖父）、大司寇赵贵、大司空于谨、大司马独孤信（北周明帝和隋文帝岳父，唐高祖外祖父）、少傅侯莫陈崇。

十二大将军是元赞、元育、元廓（西魏恭帝）、侯莫陈顺、宇文导、达奚武、杨忠（隋文帝之父）、王雄、李远、贺兰祥、宇文贵、豆卢宁。

北周建立后，北周闵帝追封已经去世的李虎为唐国公，由其第三子李昞承袭爵位。

李渊登基后追尊祖父李虎为景皇帝，庙号太祖。追尊父亲李昞为元皇帝，庙号世祖，母亲独孤氏为元贞皇后。元贞皇后育有梁王李澄、蜀王李湛、汉王李洪、唐高祖李渊和同安长公主五个孩子。李澄、李湛、李洪去世得都早。

李渊在北周天和元年（566）十一月出生在长安。据史书记载，李渊"体有三乳"。多乳是天命的象征。《淮南子·修务训》记载周文王有四乳。文王四乳，李渊三乳，我们都没法考证。李渊的三乳有极大可能是伪造出来的。因为，五代成书的《旧唐书》无此记载，反而是宋代成书的《新唐书》记载了此事。

李唐皇室为自己的出身做了包装。

据李唐皇室谱牒记载，他们的先祖是春秋时的老子李耳。李渊的七世祖是十六国时期西凉开国君主李暠（一作李皓），出身于陇西李氏。既然李暠是他的七世祖，那西凉皇室自然都是他的亲戚。还有一点非常重要，李暠是西汉名将李广后裔。

所以，李渊是春秋时的老子李耳、西汉飞将军李广、西凉开国皇帝李暠的后代，出身陇西望族李氏。

据现代学者研究，李唐皇室和西凉王室没有血缘关系，所以他和西汉飞将军李广也没有任何关系。

陈寅恪先生在《唐代政治史论述稿》中说："据可信之材料，依常识之判断，李唐先世若非赵郡李氏之'破落户'，即是赵郡李氏之'假冒牌'。至于有唐一代之官书其记述皇室渊源，间亦保存原来真实之事迹，但其大部尽属后人讳饰夸诞之语，治史者自不应漫无辨别，遽尔全部信从也。"

所以，很多学者认为李唐皇室出自河北赵郡李氏，且是其中没落衰微的一支，抑或是冒牌的赵郡李氏，不是出自陇西望族李氏。

虽然先祖的身份大抵都是假的，但是从李渊的祖父李虎开始，李唐皇室正式跻身贵族，成为著名的关陇贵族成员。

李渊的母亲是鲜卑贵族。

关陇贵族之间通过婚姻，建立起千丝万缕的联系。李渊的母亲是鲜卑贵族大司马独孤信的四女儿。独孤信的长女嫁给了北周明帝，七女儿嫁给了隋文帝，是著名的独孤皇后。

所以，李渊是独孤皇后的外甥，隋文帝是李渊的姨父，李渊（566—635）和隋炀帝（569—618）是两姨表兄弟，李渊年长，是表哥。

李渊七岁时，父亲李昞去世，李渊袭爵唐国公。因为父母都早早离世，李渊的姨母独孤皇后对他非常照顾。

李渊的妻子有北周皇室宇文家族血缘。

李渊的妻子窦氏，是宇文泰的外孙女，北周武帝的外甥女。窦氏的母亲是宇文泰之女、北周武帝之姐襄阳长公主。她的父亲是隋定州总管、神武公窦毅。

据《旧唐书·后妃传》记载，窦氏幼年时冰雪聪明，被舅舅北周武帝接到宫中抚养。窦氏见到舅舅冷落皇后阿史那氏（突厥木杆可汗之女），悄悄劝说舅舅对舅妈要好一些，她奶声奶气地说："四边未静，突厥尚强，愿舅抑情抚慰，以苍生为念。如果有突厥的帮助，则江南（陈）、关东（北齐）不能为患矣。"北周武帝采纳了小外甥女的建议，善待阿史那氏皇后。

窦氏的父亲窦毅听说此事，对妻子襄阳长公主说："此女才貌如此，不可妄以许人，当为求贤夫。"

窦氏长大后，窦毅在家中的门屏上画了两只孔雀，让前来求亲的高门子弟射孔雀的眼睛，两箭都能射中孔雀的眼睛的人即为女婿。京城适龄的王孙公子，前后数十人都没人能连续射中两箭。只有李渊两箭正中孔雀眼睛，娶到了窦氏。这就是成语"雀屏中选"的来历。

北周武帝去世时，窦氏追思舅舅，哀痛非常。隋文帝取代北周时，窦氏伤心流泪，扑倒在床上，哭着说："恨我不是男子，不能救舅氏之难。"窦毅和长公主连忙捂住窦氏的嘴，说："不要乱说话，会灭族的。"

窦氏是个极富政治洞察力，又刚毅、有胆识的女子。而且，窦氏非常孝顺。

据史书记载，李渊的母亲独孤氏经常生病，常年卧病在床，独孤氏非常严厉，儿媳妇们都很怕她，不愿前来侍奉，只有窦氏在跟前昼夜服侍。

窦氏具有辅佐李渊的政治能力。

李渊任扶风太守时得到几匹骏马，窦氏具有极高的政治敏感性，她意识到这几匹骏马可能会给丈夫带来灾祸。

窦氏对李渊说："陛下喜爱飞鹰、骏马，你是知道的。应该把这几匹骏马送到宫中，万万不可久留。一旦有人和陛下说起，必定会引起皇帝的猜忌。"李渊非常犹豫，没有及时把骏马送到御前。后来，果然有人和隋炀帝说起此事，李渊被贬了官。不久后，窦氏在涿郡去世，终年四十五岁。

李渊追思起亡妻的话，开始寻找飞鹰、骏马献给隋炀帝，以为自安之计。不久，李渊就被隋炀帝擢升为将军。李渊哭着对孩子们说："如果我能早点听你们母亲的话，早就坐到现在的位置了。"

隋文帝登基后，任命李渊为千牛备身。后李渊历任谯州（今安徽省亳州市）、陇州（今陕西省宝鸡市凤翔区）、岐州（今陕西省陇县）三州刺史。隋炀帝即位后，李渊又历任荥阳（今河南省荥阳市）、楼烦（今山西省静乐县）

两个郡的太守，殿内少监（宫廷供应部副部长）、卫尉少卿（军械供应部副部长）。

隋炀帝征讨高句丽时，派李渊到怀远镇（今辽宁省沈阳市辽中区）督运军需。杨玄感叛乱，隋炀帝把李渊调到弘化郡（今甘肃省庆阳市）任留守、兼知关右诸军事，在潼关以西，协助西京大兴防守，李渊在此广交天下豪杰。

据《旧唐书》记载，李渊"倜傥豁达，任性真率，宽仁容众，无贵贱咸得其欢心""历试中外，素树恩德，及是结纳豪杰，众多款附"。

当时，隋炀帝对大臣非常猜忌，大臣们都非常担忧恐惧。一次，隋炀帝召见李渊，李渊因病没有前去。李渊的外甥女王氏（同安公主之女）在隋炀帝后宫，隋炀帝见李渊没有应召前来，问王氏："你舅舅怎么没来？"王氏回答："生病了。"

隋炀帝冷哼一声，问："能病死吗？"

王氏马上把消息送给了李渊，让他早思应对之策。李渊真是害怕了，皇帝盼着自己死，自己能好吗？李渊不仅韬光养晦，还终日饮酒，沉湎女色，还故意贪污受贿。隋炀帝才放松了对李渊的警惕。

大业十一年（615），隋炀帝任命李渊到山西、河东黜陟讨捕，镇压叛乱。赴任的路上，李渊率十几名骑兵大败贼帅母端儿（一作毋端儿）数千人。

大业十二年（616），隋炀帝擢升李渊为右骁卫将军。

这一年，隋炀帝三下江都。

这一年，瓦岗军的新统领李密大败隋将张须陀。

第二年，隋炀帝又擢升李渊为太原留守，以虎贲郎将王威和虎牙郎将高君雅为副手。

二、谁才是太原起兵的主谋

李唐建国的历史，是被篡改过的。

篡改历史的人是李渊的儿子李世民，证据在《贞观政要》中。书中记载了李世民在贞观十四年（640），要求亲观国史，并下令篡改，"（房）玄龄等遂删略国史为编年体，撰高祖、太宗实录各二十卷，表上之"。李世民看后又命房玄龄"改削浮词"。

李渊被塑造成一个因嫖宿皇帝女人，被迫起兵的人。

据《旧唐书》记载，晋阳宫副监裴寂在晋阳宫宴请李渊，宴会上裴寂故意灌醉李渊，又派了两名宫女侍奉李渊。等李渊酒醒，裴寂才告诉李渊，你睡的可是皇帝的女人，李渊被吓坏了，害怕隋炀帝追究他，只好起兵造反。

李世民则被塑造成了起兵的主谋。

裴寂设计李渊，是被李世民收买的。李世民大出血，不惜拿出数百万私房钱，让龙山令高斌廉和裴寂赌博，故意输钱给裴寂。裴寂阴谋得逞后，还对李渊说："二郎密缵兵马，欲举义旗。"

《旧唐书》中关于李世民推动李渊起兵的记载非常之多。"太宗与晋阳令刘文静首谋，劝举义兵。""太宗潜图义举。""时太宗将举义师而不敢发言。"

如此一改，李渊显得窝窝囊囊，李世民则光芒万丈。

确实有人劝说李渊起事。

也被记载在《旧唐书》中，不过它不在《高祖本纪》中，而在宇文士及的传里。武德二年（619），宇文士及说："回想以前在涿郡、汾阴宫时，经常与陛下密论天下时事。"李渊对此予以肯定，他笑着对裴寂说："此人与我言天下事，至今已六七年矣，公辈皆在其后。"

按这条记载，至少在劝进时间上，裴寂在宇文士及之后。

劝说李渊起兵的不止一两个人。

据《旧唐书·窦威传》记载，杨玄感叛乱时，李渊妻弟窦抗曾对李渊说："杨玄感造反，谶言又说李氏当有天下，可以趁机起兵，顺应天意。"

据《旧唐书·夏侯端传》记载，李渊任河东讨捕时，他的副手夏侯端也曾力劝李渊起兵。

可见，李渊起兵是蓄谋已久。

另一本史书中也有证据。

据《大唐创业起居注》记载，李渊在得知自己被擢升为太原留守时"私窃喜甚"，还对李世民说："我们家是唐国公，太原是古代唐国的封地。今天我到太原，是上天给我的机会，天与不取，会招来灾祸。"

《大唐创业起居注》的作者温大雅，是李渊起兵和大唐建国的亲历者。太原起兵后，温大雅任大将军府记室参军，"专掌文翰"。温大雅去世于贞观三年，所以《大唐创业起居注》成书时，李世民还没有篡改国史。

现代很多学者认为温大雅的记载，更接近历史真相。

玄武门事变前，李渊一直是最高决策者，他老谋深算，蛰伏待机。

《大唐创业起居注》评价李渊："素怀济世之略，有经纶天下之心。"

《剑桥中国隋唐史》评价李渊："一个勇敢的领袖、刚烈的对手和足智多谋的战略家。"

李渊的箭术，非常了得。

大业十一年（615），隋炀帝任命李渊为山西、河东黜陟讨捕。赴任的路上，李渊在龙门遭遇母端儿起义军，两军交战，李渊连发七十箭，敌人皆"应弦而倒"，这不就是神射手吗？

第二年，李渊奉命和马邑郡守王仁恭共同抗击突厥。两个人手中兵马加到一起还不满五千人，王仁恭为此忧惧不已。李渊精选出擅长骑射的两千人，模仿突厥人的习惯，到突厥的势力范围往来奔走，被突厥人误认为是自己人，放松了警惕。李渊率骑兵突然发动攻击，斩首几千人，还缴获了突厥特勤所乘骏马。李渊用这个办法前后多次大败突厥。突厥人对李渊颇为忌惮。

但是，李渊手中的兵马太少，这是个必须解决的问题。

讨伐各地起义军是壮大实力的好办法。李渊大败上党、西河地区的魏刀儿（外号"历山飞"），魏刀儿的士兵和家属有数万人投降。

李渊还把长子李建成、四子李元吉派到河东（今山西省永济市）地区"潜结英俊"，二儿子李世民则在晋阳"密招豪友"，他又召女婿柴绍（平阳公主驸马）到太原共举大事。

李渊虽然是晋阳的老大，但他的两个副手是隋炀帝的眼线。李渊只能暗中积攒兵马，进展非常有限。

　　大业十三年（617）二月，马邑校尉刘武周杀死太守王仁恭，自立为太守，攻打汾阳宫（今山西省宁武县南）。刘武周还投靠了突厥，把汾阳宫的宫女送给了始毕可汗。始毕可汗笑纳后，封刘武周为"定杨可汗"。王威、高君雅非常紧张，生怕隋炀帝降罪，脑袋搬家，两个人请李渊征兵平叛。

　　这为李渊公开招兵买马创造了借口。李渊大张旗鼓地招兵买马，十几天就招募到近万士兵。李渊把他们安置在兴国寺。

　　李渊的目标是长安（大兴城）。

　　长安才是隋朝的首都，是排名第一的京师。夺取长安在政治上就先胜出一筹。在长安留守的是代王杨侑，一个十几岁的孩子，他怎么会是唐国公李渊的对手？在李密围着洛阳苦战、窦建德在河北发展时，李渊选择了几乎被遗忘的西京大兴城，关陇贵族的根基所在。他决定"南下关中、西取长安"。

　　起兵前，李渊需要解决掉隋炀帝放在他身边的眼线。

　　王威、高君雅已经对李渊的异动有所察觉，准备对李渊动手。李渊得到消息，先下手为强，污蔑王威、高君雅和突厥人勾结造反。两个人刚被抓进监狱，突厥数万兵马就对晋阳发动了突然袭击。

　　李渊打开城门，把士兵藏在城中布防。突厥人想进城又怕中埋伏，就此离开又不甘心，围着城打转。众人以为是王威、高君雅召来了突厥人，李渊借机把王威、高君雅斩首。

　　李渊派王康达率一千多兵马出城袭击突厥，不料出城的士兵全部战死，城中人大为惊恐。李渊又派士兵趁着夜色，潜出城去，隐蔽起来。天亮后，张旗鸣鼓换一条路进城。突厥人以为隋军来了大批援军，又观察了两天，在城外大肆掠夺才离开。

　　突厥是一个后顾之忧，必须解决。

　　李渊使者刘文静带着礼物来到突厥，向始毕可汗承诺，攻下长安土地归唐国公，金银财宝、女人皆归突厥。始毕可汗哪有不同意的道理，隋朝的地盘又不能放牧，要来做什么，财宝和女人才是他们感兴趣的。他们还可以趁乱取渔翁之利。在中原培植傀儡，也是他们搅乱隋帝国的重要手段。刘文静还按李渊的要求向始毕可汗借了兵马，并且严格遵守了李渊多要马、少要兵的要求。始毕可汗答应借两千匹战马、五百名突厥兵给李渊。

这个强壮而危险的敌人，暂时被稳住了。

除了突厥，还有李密。

太原当时四面受敌。隋炀帝把李渊放在太原，一是因为太原重要，二是因为太原危险。太原北有突厥、刘武周虎视眈眈，东边是窦建德、刘黑闼，西边是梁师都，南面是李密。李渊帮隋朝镇守太原，四方的起义军把李渊困在太原。好一个如意算盘。

李渊主动给李密写信，李密回信自称"四海英雄共推盟主"，要"执子婴于咸阳，杀商辛于牧野"。李渊表示衷心拥戴，只要李密能封他为唐国公就行了。李密拿着李渊的回信给左右看，说："有唐国公的推崇，天下指日可定。"

于是，李渊去打长安，李密接着打洛阳，看似互不侵犯，实则李密替李渊把东面的其他各路人马全挡住了。

确定起兵口号是一门艺术。

李渊反隋炀帝，不反隋。还说要复兴隋室，立代王杨侑为帝，让隋炀帝退休，当太上皇。

所以他是"起义兵"，不是造反。

旗帜则用的绛白军旗，因为隋朝的旗帜是红色，突厥的旗帜是白色。红白相间，赢得广泛支持。连李渊自己都说此法是掩耳盗铃，但是此法的政治效果非常好，各方面都照顾到了，谁都不得罪。

李建成、李元吉兄弟二人和李渊的女婿柴绍也到了太原。

李渊做好了准备，隋的"大业"即将被改写为唐的"武德"。

李渊，即将开启一个屹立在世界东方、长达二百八十九年的强大帝国。

三、走向长安

正式起兵前，李建成、李世民先打了漂亮的一仗。

大业十三年（617）六月初五，李渊传书下属各郡县，宣布起义。西河郡是唯一一个不听从李渊号令的，李渊派李建成、李世民去武力说服西河。除去往返的路程，李渊只给了他们三天的军粮，所以他们抵达西河后，必须在三天内结束战斗。

兄弟二人身先士卒，士兵气势高涨。六月初十攻克西河郡，活捉郡丞高德儒。出师顺利，首战告捷。李渊说："以此行兵，虽横行天下可也。"

李渊对人员进行了分工。

六月十四日，李渊自立为大将军，建大将军府，以裴寂为长史，刘文静为司马，唐俭、温大雅（《大唐创业起居注》作者）为记室，武士彟（武则天之父）为铠曹，刘政会、崔善为、张道源为户曹，殷开山为府掾，长孙顺德、刘弘基、窦琮、王长楷、姜宝谊和阳屯六人为左右两翼六军统军。以李建成为陇西公、左领军大都督，统率左三军；以李世民为敦煌公、右领军大都督，统率右三军，以柴绍为右领军府长史，辅佐李世民。

七月初五，李渊传檄四方，在晋阳誓师，举三万"勤王之师"南下，李渊遥尊代王杨侑为帝。檄文历数隋炀帝过错，阐明了废昏立明、复兴隋氏的立场。

驻守长安的代王杨侑得到李渊起兵的奏报，急命虎牙郎将宋老生和左武侯大将军屈突通分兵抵抗。宋老生率军据守霍邑城（今山西省霍州市），屈突通镇守河东郡（今山西省永济市），形成掎角之势，互为支援。

李渊南下要先经过霍邑，走到距离邑城五十多里的贾胡堡（今山西省汾县西北），李渊驻扎下来，准备攻打霍邑城。没想到，天公不作美，下起了连绵的秋雨。弓箭被雨水冲刷，开胶开裂，士兵无法作战，只好一直守在营中。

雨下了一个月，带的粮食眼看就要告罄，李渊命人回太原运粮，把羸弱生病的士兵也送回太原休整。

这时又传来突厥和刘武周乘虚攻打晋阳的消息，情况十分危急，太原是根据地，也是退路，好多人的家属都在太原，突厥攻打太原，军心难免动摇。

这时出现了两种意见。

裴寂主张回太原。

理由是：前有宋老生、屈突通连兵据险，不是短时间内能够打下来的；李密的瓦岗军虽然暂时言和，但是李密奸谋难测；突厥贪而无信，唯利是图，刘武周依附突厥，太原是一方都会，且义兵家属都在太原，不如回军，先救根本所在，再图后举。

李建成和李世民兄弟主张继续进军。

理由是：

第一，刘武周位极志满，突厥少信贪利，外虽相附，内实相猜。突厥离太原远，而离马邑近，刘武周虽然贪图攻打太原能获得的利益，也担心他的后方马邑被突厥攻打，所以他虽然依附突厥，却未必与其同谋攻打太原。

第二，朝廷闻唐国公举兵，忧惧猜测，京都留守畏惧义军，所以派出骁将精兵拱卫京师。现在退兵，诸军不知缘故，心生疑惧，必将生变。到时，内外皆为劲敌。突厥、刘武周在前，宋老生、屈突通追兵在后，我们前进无处可去，后退无处可还，才是真的危险。

第三，现在禾菽被野，庄稼遍地，不用担心缺少粮草的问题，进军就会有人来投奔，也不用担心兵源的问题。

第四，李密顾恋洛阳附近的粮仓，未遑远略，不会离开洛阳。

第五，宋老生为人轻躁，打败他非常容易。

第六，定业取威，在此一战。

兄弟二人说："雨罢进军，若不杀老生而取霍邑，儿等敢以死谢！"

李渊采纳了李建成和李世民的建议，决定继续进军。这时太原运的粮也到了，缺粮的问题得到解决，突厥攻打晋阳的谣言也不攻自破。

而且，雨也停了。

李渊命全军将士晾晒装备被服、整理军械。准备停当后，全军开拔，沿山道小路，绕行七十余里，直扑霍邑城下。出发时下着大雾，山间都是雾蒙蒙一片。

不久，大雾散去，山间秋景澄明。

李渊问李建成、李世民："今日之行，主要看你们二人。如此景色，是天公作美。如果宋老生坚守，紧闭城门，该怎么办？"

兄弟二人说："宋老生出自寒微，勇而无智，靠镇压小股盗贼，有了点名气。我们派轻骑挑逗，他一定会出战。即使宋老生固守不出，也可以诬蔑他与我们勾结，霍邑城群小相猜，上表朝廷，皇帝必会将他斩首，把首级送往京都。"

李渊说："我们在贾胡堡屯兵良久，宋老生却不出兵攻打，我已知他是个无能之辈。"

此前，柴绍到霍邑侦查，也认为宋老生只有匹夫之勇。

李渊派出轻骑兵数百，先到霍邑城东距城五六里的地方。安营之前，李渊又命李建成、李世民率数十骑兵，分为十数队，在霍邑城下指指点点。殷开山又急追马步等后军速速赶上。

宋老生看到李渊的将士在霍邑城下，好像在说在这里安营，从这里攻打，如同逛菜市场一般，气恼不已。果然率军三万，从南门、东门分两路出城应战。

李渊派李建成率左军聚集在东门，李世民率右军断宋老生南门之路。另派一小股部队，佯装不敌，诱宋老生远离城门。宋老生果然中计，追赶出一里多地。殷开山率领步兵，在正面列阵，对阵宋老生中军，李渊的后军相续而至。李渊见宋老生已经和城门拉开距离，命李建成、李世民攻打城门，切断宋老生退路。

义兵齐呼向前，烟尘漫天蔽日，战鼓尚未擂响，两军已经交战，杀声震天动地。

李渊命人大喊："已斩宋老生。"

混战中，隋军不知道主将身在何处，信以为真，丢盔弃甲，逃向出城时走的城门。

但是，建成、世民两兄弟在城门前截住了他们。

宋老生无法通过城门进城，城上的隋军垂了一条绳子下来，宋老生攀着绳子往上爬，爬到离地一丈多的地方。军头卢君谔所部士兵，跳跃挥刀砍死了宋老生，军士斩下宋老生的人头，送到李渊所在之处。

义军士气大振，无法停下进攻的步伐，直杀得数里之内，血流蔽地，僵尸相枕。

日暮降临，李渊见战士们的气势锐不可当，决定接着攻打霍邑城。李渊军中没有攻城设备，全凭义军士兵拼死作战，一鼓作气攻下了霍邑城。

战后，李渊看到战场上士兵们的尸体，悲伤不已。

他对左右说："乱兵之下，善恶不分，火烧昆山，哪会管是石头，还是宝玉？这些死去的人力，大有赤心向我者，也都枉死此处。他日成就大业，我当修文德，不复用兵戈。"

随后，李渊下令，按功行赏。

拿下霍邑后，义军一路势如破竹，连克临汾郡（今山西省临汾市）、克绛郡（今山西省新绛县），抵达龙门县（今山西省河津市），招降了关中义军孙华，打到了河东城下。

四、大唐建国

河东不好打。

"宁服三斗葱，不逢屈突通。"河东郡的守将是屈突通，出身鲜卑宇文部，是北周邛州刺史屈突长卿之子，有勇有谋。河东郡城高坚固，不易攻打。而且，李渊没有攻城设备。

李渊兵临城下，屈突通婴城固守。

李渊认为野战不是屈突通所长，守城他的优势非常明显。决定绕过河东，渡过黄河，直取长安。

这时军中又有两派意见。

裴寂主张继续攻打河东，他认为如果绕过河东，再打不下长安，就会腹背受敌。应该先解决掉河东郡，让长安失去屏障，到时长安也就容易攻打了。

李世民则认为兵贵神速。他说了三层意思：

第一，长安易取。

现在义军携累胜之威、归附之众，兵锋正盛，正应鼓行向西，攻下长安；长安城中人，必会望风震骇，他们无勇无谋，攻取长安如同秋风扫落叶一样容易。

第二，河东城难攻。

屈突通整修战备，以逸待劳，坚守城池，河东城坚固，在此坐费日月。到时河东郡如果久攻不下，大军疲敝，士气衰落，众心离散，将会失去战机，大势去矣。

第三，进入关中有利于壮大自身实力。

长安所在的关中地区，农民起义风起云涌，没有归属，大军西进，正好沿路招抚这些起义军。屈突通早晚会被我们俘虏，根本不足为虑。

李渊结合二人意见，留下一部分将领继续围困河东，他自率大军向西进军。

李渊义军西进非常顺利，郡县相继归降，豪杰"归之如流"。仅李世民一路，抵达泾阳时已经壮大到几万多人马。

有一个人，提前帮李渊清理了长安外围。

这个人就是李渊的女儿——平阳公主（李渊第三女，窦氏所生）。平阳公主在丈夫柴绍动身去太原后，也离开了长安。她到长安附近的鄠县（今陕西省户县）庄园，散尽家财，招兵买马，身着戎装，亲下校场，操练士兵。

平阳公主治军有方，军纪严明，令行禁止。指挥作战，进退有节，攻无不克。她收附何潘仁，收编李仲文、向善志、丘师利等多支义军，联合堂叔李神通。

平阳公主率军攻下了鄠县、周至、武功、始平等地。

李渊到长安附近时，平阳公主手中已经有兵马七万，成为威震关中的女将军。

大业十三年（617）九月，李渊率主力渡过黄河。

柴绍率几百骑兵接应平阳公主，平阳公主和李世民部顺利会师。公主单独立营，设置幕府，直系部队立番号为"娘子军"。

李渊的另一个女儿高密公主，嫁给了隋兵部尚书段文振之子段纶。李渊起兵，段纶也在关中东部举兵响应，在蓝田招纳到一万多人马，原地听候调遣。

这就是大本营的好处，这就是所谓根基所在。

这就是隋炀帝抛弃的关中，其他起义军遗忘的长安，李密想来来不了的大兴。

李渊率大军进抵长安。

从太原出发时，李渊只带了三万人马，现在，仅攻城的兵力就已经超过二十万。

为解决没有攻城设备的问题，李渊派士兵进山砍伐竹木，制作攻城器械。

李渊起兵后，留守长安的大臣，刨了李渊家的祖坟。带头刨坟的是京兆内史卫文升（卫玄），他在这个关键时刻病倒了，不省人事。左翊卫将军、西京副留守阴世师，京兆郡丞骨仪辅佐杨侑，据城固守。

李渊约束义军，各依垒壁，不得入村落侵暴。派使者到长安城下，阐明尊奉隋朝、匡扶社稷之意。

杨侑，元德太子杨昭第三子，年仅十三岁。他只是年龄小，又不傻，怎么会信这种鬼话？

长安城里，今年的秋风格外的凉。

大业十三年（617）十月二十七日，李渊开始攻打长安。

义军人人奋勇，新近归附的孙华率先攻城，差点登上城墙，长安城上，箭如雨下，孙华不幸中箭身亡。经过连续十多天的战斗，军头雷永吉等人终于攻上城墙，打开突破口，大军陆续沿着这个缺口攻上城墙，攻入长安城。

入城后，李渊严格约束部下行为，严禁烧杀抢掠，严禁侵犯隋朝宗庙、杀害隋朝宗室，迅速安抚了民心。

在处理隋朝官员的问题上，李渊只处死了下令刨李氏祖坟的官员。百官没有受到株连，从忧惧转为感恩戴德。

城内秩序迅速恢复。

十一月十五日，李渊拥立代王杨侑即皇帝位，遥尊隋炀帝为太上皇，改元义宁。杨侑是为隋恭帝。

隋恭帝封李渊为假黄钺、使持节、大都督内外诸军事、尚书令、大丞相，晋封唐王。以武德殿为丞相府。

河东郡的屈突通，看到李渊进军长安，果然率军出击，被李渊留下的刘文静等将领挡在了路上，双方激战僵持月余。刘文静大败屈突通主力桑显和部，长安失去最后一支外援。

屈突通和部下将领的家属都在长安城中，军心离散。李渊有意收降屈突通为己所用。不料，屈突通已经做好了誓死效忠隋朝的准备。他常摸着自己的脖子说："要当为国家受一刀。"

李渊派屈突通家奴去劝降，屈突通一刀杀了家奴。

屈突通准备率部投奔洛阳，留桑显和在潼关驻守。没想到，屈突通一走，桑显和就投降了刘文静。

刘文静派窦琮、桑显和追击屈突通，窦琮让屈突通之子屈突寿劝降。

屈突通勃然大怒，骂道："此贼何来！昔与汝为父子，今与汝为仇雠！"

随即，命手下射杀逆子屈突寿。

桑显和赶紧策马上前，对着隋军将士喊话："现在京城已经陷落，你们都是关中人，离开了家乡要到哪里去呀？"

将士们闻言，纷纷放下兵器投降。事已至此，屈突通也只好投降。

他下马朝隋炀帝所在的东南方向跪拜，号哭着说："臣力屈至此，非敢负国，天地神祇实知之！"

李渊为屈突通的忠义所感动，封他为兵部尚书，赐爵蒋国公，兼李世民元帅府长史。屈突通后来在唐朝建国战争中功勋卓著，位列"凌烟阁二十四功臣"。

大业十四年（618）正月初一，隋恭帝下诏，李渊剑履上殿，赞拜不名。

三月十一日，隋炀帝在江都被杀。

五月二十日，李渊接受隋恭帝禅让，在太极殿登基称帝，定国号为唐，改元武德。

五、李密：从逃犯到枭雄

李密是条漏网之鱼。

李密对杨玄感失望透顶，所以在他兵败前，就已经悄悄逃走。然而，他还是被俘虏了，还要被押送到高阳斩首示众。路上，李密收买押送的公差，慢慢让他们放松了警惕，找到机会，逃出生天。

此后，李密四处漂泊。

他先去投奔了郝孝德，郝孝德对他那套成就帝王伟业的理论根本不买账，只当他是来混饭吃的，李密受到冷落，有志难酬，离开了郝孝德。

他一路忍饥挨饿，削树皮为食，走到淮阳郡（今河南省周口市）的一个村庄，才找到了一份教书先生的工作，有了落脚之处，也有口饭吃。

几个月后的一天，李密酒后赋诗《淮阳感怀》：

> 金风荡初节，玉露凋晚林。此夕穷途士，郁陶伤寸心。
> 野平葭苇合，村荒藜藿深。眺听良多感，徙倚独沾襟。
> 沾襟何所为？怅然怀古意。秦俗犹未平，汉道将何冀？
> 樊哙市井徒，萧何刀笔吏。一朝时运会，千古传名谥。
> 寄言世上雄，虚生真可愧。

樊哙不过是市井之徒，萧何只是一个刀笔小吏，只因生在秦末乱世，因缘际会，他们都青史留名。他也想成就一番大业，但是自己的机会又在何处呢？

诗成，李密痛哭流涕。李密的行为引起了周围人的警觉，有人向淮阳郡太守举报了李密的反常行为。幸好有人得到消息，通知了李密。

李密又开始逃亡。

这次李密跑到了雍丘（今河南省杞县），投奔妹夫雍丘县令丘君明。丘君明住在县衙，不方便安置李密，就把他托付给自己的一个朋友游侠王秀才。王秀才非常赏识李密，认为他是个人才，不仅收留他，还把自己的女儿嫁给李密为妻。

李密又被举报了。

因丘君明堂侄向朝廷告密，丘君明和王秀才两家全部被杀。李密因外出办事，再次逃过一劫。李密彻底放弃了隐姓埋名、东躲西藏的想法。

李密来到东郡瓦岗（今河南省滑县南），投靠瓦岗军首领翟让。

翟让，原东郡（今河南省滑县）法曹，因犯了死罪被关在牢中，狱吏黄君汉敬翟让是一条骁勇的好汉，冒险把翟让放出死牢。

翟让逃到了瓦岗寨，在此聚集了一群亡命之徒，落草为寇。因翟让武功高强，颇有胆略，为人豪爽，平时广交朋友，颇具影响力。他到瓦岗寨后，很多人前来投奔。

单雄信和徐世勣，在这段时间加入瓦岗寨。

先看单雄信。

在小说中，单雄信手持一杆金顶枣阳槊，是山西潞州八里二贤庄庄主，大隋九省绿林总把头，位列程咬金所封五虎上将首位。后来，单雄信因故到了洛阳王世充手下。李世民攻打洛阳时，罗成设下埋伏锁五龙（因罗成力擒窦建德、王世充、孟海公、朱灿、高谈圣五王而得名），单雄信孤身踹唐营，中计被俘。因李渊误杀了单雄信的哥哥，单雄信誓死不肯投降，终被斩首。

正史记载中，单雄信用的武器是马槊。马槊是骑兵所用的重型武器，杀伤力非常强。李世民在北魏宣武帝景陵（位于洛阳市附近邙山脚下）遭遇王世充时，就差点死在单雄信的马槊之下，幸亏尉迟敬德及时杀出，救了李世民一命。

单雄信骁勇矫健，是隋末唐初的猛将，号称"飞将"。他和翟让是同郡的老乡，他纠集了一群少年，到瓦岗寨投奔翟让。

史书记载中的单雄信，不是宁死不屈的豪杰，他"轻于去就"，名声不好，在武德四年（621）随王世充降唐后，被李世民下令处斩。

再看徐世勣。

在《说唐演义全传》中，徐世勣是瓦岗寨的军师徐茂公。史书记载中，他的名字就更复杂了，徐世勣，姓徐，名世勣，字懋公。随李密归顺唐朝后，被赐国姓李，为李世勣。唐永徽年间，为避李世民的讳，又改叫李勣。徐世勣是初唐名将，他不仅在大唐初建、平定四方的战争中功勋卓著，还大破东突厥、攻灭高句丽，为大唐开疆拓土立下汗马功劳。

徐世勣历事唐高祖、唐太宗、唐高宗三朝，出将入相，历任兵部尚书、同中书门下三品、司空、太子太师等职，爵位英国公，位列"凌烟阁二十四功臣"，死后陪葬昭陵，配享唐高宗庙庭。

徐世勣生于"家多僮仆，积粟数千钟"的富豪之家，"乐善好施，拯济贫乏，不问亲疏"。

单雄信、徐世勣的加入让瓦岗军战斗力飙升，他二人还都是"带资进组"。徐世勣劝说翟让不要打劫附近乡亲，而是以公私船舶为目标。翟让采纳了他的意见，瓦岗军资用丰给，实力迅速壮大，人数增加到了一万多。

大业十二年（616），李密的加入使瓦岗军跃居全国起义军三甲。（另两支是河北窦建德，江淮杜伏威、辅公祏。）

李密入伙后，拜访附近的民变武装力量，凭三寸不烂之舌，帮翟让收编了许多小股起义军，让瓦岗军领导层对他刮目相看。

此前李密在逃亡时，在各起义军间往来奔走，兜售"取天下之策"，诸如外黄王当仁、济阳王伯当、韦城周文举、雍丘李公逸等人都不以为然。

时间久了，这些起义军首领觉得李密是公卿子弟，志存高远。现在人人都说杨氏将灭，李氏将兴。李密多次遭遇大难，都能逃出生天，这就是王者不死。这些起义军首领因此越发敬重李密。

李密投靠瓦岗军后，也向翟让阐述了他的"取天下之策"。

李密说："刘邦、项羽都是从一介布衣成为帝王。现在主昏于上，民怨于下，锐兵尽于辽东，和亲绝于突厥，皇帝却巡游江都，委弃东都洛阳。这正是和刘邦、项羽一样的机会。以足下的雄才大略，瓦岗军的精锐人马，席卷二京，诛灭暴虐，隋氏定会灭亡！"

翟让是个英雄，却没有远大的政治理想，他和梁山上的晁盖非常像。

翟让说："我是个草莽之人，只想在草泽间偷生。你说的这些，不是我能做到的。"

但李密不像宋江，宋江整天想招安，李密却坚持要造反。

一首谶言歌谣成为李密造势的工具。

一个叫李玄英的人，从东都逃出来，到各起义军中寻访李密。

李玄英说："李密就是要取代隋朝的人。"

别人问他缘故。

李玄英说："近来民间流传的歌谣《桃李章》：'桃李子，皇后绕扬州，宛转花园里。勿浪语，谁道许！'桃李子指的是一个逃亡的李姓之人；皇与后，都是指君主；'宛转花园里'是说天子在扬州没有归还之日，将死于沟壑之中；'莫浪语，谁道许'乃是秘密之意。"

所以，《桃李章》是说李密将要夺取天下，取代隋朝，成为皇帝。

几经辗转，李玄英终于在瓦岗寨找到了李密，从此就留在了李密身边。

这是多么成功的舆论造势呀！

虽然不是李密主动为之，但是起到非常好的效果，吸引了很多人到瓦岗军入伙。

李密后来还主动借《桃李章》营造舆论。

他收买了翟让的军师贾雄。翟让虽然没有当皇帝的政治理想，但还是有点动心，他就去询问贾雄。

贾雄说："此计吉不可言。"

接着他又说："但将军自立，恐难成事，如果拥立李密，大事可成。"

翟让听了很不高兴，就问："如卿所言，蒲山公（李密）应当自立，为何要来投奔我？"

贾雄回答："这是有原因的。他之所以来投奔将军，是因为将军姓翟，翟者，泽也。李密的爵位是蒲山公，蒲离开水就无法生存了。"

翟让深以为然。

随后，李密提出攻打荥阳（今河南省荥阳市），扩张地盘的战略，翟让欣然接受。瓦岗军出兵攻下了荥阳的多座县城。

隋炀帝因此紧张起来，荥阳在洛阳的东边，距离洛阳很近。隋炀帝任命张须陀为荥阳通守，围剿瓦岗军。

瓦岗军以前在张须陀手上吃过败仗，因此翟让非常畏惧张须陀，想要率军逃跑。

李密说："张须陀勇而无谋，他之前战胜过你，既骄且狠，可一战将他擒获。将军但列阵以待，李密为将军破敌。"

李密分出一千多人，埋伏在大海寺（今荥阳老城东）北的密林之中。张须陀多次大败翟让，因此非常轻敌，率军和正面的翟让对阵。翟让不敌张须陀，向后败退了十多里，张须陀紧紧追赶，追到了大海寺。李密出动伏兵，与翟让、徐世勣、王伯当合军把张须陀团团包围。

张须陀是员勇将，他奋力杀出重围，回头见自己部下的将士没跟上来，还陷在包围圈中，张须陀又跃马杀进重围，如此往来四次，部下败散。

张须陀仰天长叹："兵败如此，何面见天子乎？"

张须陀下马力战而死，时年五十二岁。张须陀非常受将士爱戴，他死后，其所部将士，昼夜号哭，数日不止。

《资治通鉴》说此战后，"河南郡县为之丧气"。

此战后，李密有了自己的嫡系部队。

大败张须陀后，翟让让李密单独建牙帐，建立"蒲山公营"，统领自己部下的将士。

就在此时，翟让提出要回瓦岗。

翟让对李密说："现在钱粮充足，我打算回瓦岗了。你如果愿意回去就一起走，不愿意回去，就自己发展，我们就此别过。"

李密当然选择自己发展。翟让带着瓦岗主力部队，拉着粮草、辎重往东走。李密率领蒲山公营向西走，连得数座城池，获得大量钱财、物资。

翟让知道后非常后悔，掉头又回来了。

这回变成翟让投奔李密了。

大业十三年（617），李密提出占据兴洛仓，进军洛阳，夺取天下的计划，翟让依计而行。

兴洛仓，位于现在河南省巩义市东部，是隋朝六大官方粮仓之一，也是储存粮食最多的一个，粮食储备量达到二十八亿斤。

粮食就是民心。这个关键的地方，隋军的守备力量却严重不足。李密、翟让率七千精兵长途奔袭，轻松攻破兴洛仓。

瓦岗军开仓放粮，赈济饥民，百姓扶老携幼，前来领粮。瓦岗军的威武、仁义之名远播，附近百姓争相投奔。

瓦岗军激增到几十万人。

失去兴洛仓，洛阳就断了主要粮食来源。兴洛仓距离洛阳仅有百里路程，又有水路与黄河、大运河相连。附近水路还可以通往西京长安和东都洛阳。

所以，越王杨侗急命虎贲郎将刘长恭、河南讨捕使裴仁基等率两万五千人攻打李密，夺回兴洛仓。

东都众人认为李密等人不过是饥贼盗米，都是乌合之众。国子三馆学士、贵胜亲戚，争相应募参军。隋军器械修整，衣饰华丽，旌旗鲜亮。不像是去打仗，倒像是去出席阅兵式。

隋军兵分两路，刘长恭率军从正面进军，攻打李密。裴仁基率部从汜水向西进军，抄瓦岗军后路。约定在十一日，会师于兴洛仓南，围歼瓦岗军。

刘长恭所部先行抵达预定目的地，士兵们尚未吃早饭，刘长恭就驱赶他们渡过洛水，陈兵于石子河西，南北绵延十余里。

李密、翟让看出了隋军的意图，挑选精锐士兵，分为十队。四队埋伏在横岭，准备伏击裴仁基，六队陈兵于石子河以东。刘长恭见李密的兵力很少，甚为轻敌。

翟让率军先行出战，未能取胜，李密又率麾下横冲出来，截断了刘长恭的军阵。

没吃早饭的隋军又饿又累，被李密打得大败，死了十分之五六。刘长恭等人脱了衣服，潜行奔逃，才逃回了东都。

瓦岗军尽收隋军辎重器甲，威声大振。

此战之后，翟让推李密为王，上尊号魏公。

李密即魏公位，大赦天下。设立行军元帅府。魏公府设置三司、六卫；元帅府置长史以下官属。

李密拜翟让为上柱国、司徒、东郡公。以单雄信为左武卫大将军，徐世勣为右武卫大将军，各领所部；房彦藻为元帅左长史，邴元真为右长史，杨德方为左司马，郑德韬为右司马，祖君彦（北齐尚书左仆射祖珽之子）为记室。

裴仁基屡屡遭到监军萧怀静的陷害，这次又因故未能按时抵达约定地点，十分担心被问罪。李密派人劝降，裴仁基杀掉监军萧怀静，献出虎牢关，率部众投降瓦岗军。

裴仁基给瓦岗军带来秦琼、程咬金（后改名程知节）两员猛将。

同时，赵、魏以南，江、淮以北地区的起义军纷纷宣布响应瓦岗军。

孟让、郝孝德、王德仁、济阴房献伯、上谷王君廓、长平李士才、淮阳魏六儿、李德谦、谯郡张迁、魏郡李文相、谯郡黑社和白社、济北张青特、上洛周北洮、胡驴贼等全都宣布尊奉魏公旗号，归附李密。李密宣布遥领各部。

瓦岗军的加盟店越来越多，成为当时中原第一大农民起义军。

李密也成了北方起义军盟主。

李密发布《讨隋檄文》（作者祖君彦），历数隋炀帝十大罪恶，抨击隋炀帝的罪恶"罄南山之竹，书罪无穷；决东海之波，流恶难尽"。率军攻打洛阳。

瓦岗军和隋军展开了争夺洛阳的大战。

六、困龙李密，困在瓦岗，困在洛阳

洛阳，就是李密的噩梦。

李密曾给杨玄感出过三策。

上策，北上攻打涿郡（今北京市），断征辽东隋军后路，与高句丽形成对隋炀帝的夹击之势；中策，向西攻占西京大兴（今西安市），控制潼关，占领关中；下策，攻打东都洛阳，以洛阳为中心，徐图天下。

李密深知攻打洛阳是下策。

他却无法离开洛阳。

大业十三年（617）五月开始，李密就被困在了东都洛阳附近。

现在轮到别人给李密出策略了，而且和他给杨玄感提的建议一样。

一个名叫柴孝和的人说："秦地（关中）被山带河，秦、汉都是凭此成就王业。现在不如让翟司徒（翟让）守洛口，裴柱国（裴仁基）守回洛仓。明公率精锐部队西进，袭取长安。既能控制隋朝的首都，又可强兵固业。以关中为根据地，再向东攻打洛阳，传檄天下，帝业可成。"

柴孝和接着又说："现在隋失其鹿，各方豪杰并起争夺天下，不早为之，必会有人先行下手，到时将追悔莫及！"

后来果然有人出手，那就是李渊，他建立了唐朝。

这就是李密给杨玄感提的中策。

一个名叫徐洪客的道士给李密写了一封信。

信上说："你的部众人数众多，人是要吃粮食的，粮仓里的米总有一天会吃光，没了粮食，人就散了。时间长了，队伍的士气就会衰落，再想成功就难了。应该趁现在队伍士气正旺，率军攻打江都，抓住隋炀帝那个独夫，号令天下。"

这和李密给杨玄感提的上策一样，控制皇帝，号令天下。只不过杨玄感叛乱时，隋炀帝在辽东，所以要北上攻打涿郡。现在隋炀帝在江都，所以要南下江都。

但是，李密有难处。

在柴孝和给他出主意时，他对柴孝和说："你说的确实是上策，我亦思之久矣。我的部下都是山东人，洛阳没打下来，谁肯跟随我去关中呢？一旦我离开洛阳，这些将领都是盗贼出身，他们必然互相争斗、自相残杀，还谈什么成就大业呢？"

瓦岗军收降的各支起义军都是单独建制，原首领带原班人马。所以，瓦岗军是一个松散的联合组织。

这种组织形式，扩张快，却没有核心凝聚力，瓦岗军现在是靠李密的领导能力、个人魅力联合在一起的。

这决定了李密无法离开洛阳太远。

洛阳是座新城，它是隋炀帝登基后兴建的，而且是作为东都建筑的。所以，洛阳城防非常坚固。后来李世民率领唐军，使用投石机、八弓弩两种重型杀伤性武器，连续攻打洛阳城十几天，都没有取得丝毫进展，以致将士们提出了撤军的请求。

可见，洛阳城真的非常难打。

如果说瓦岗军帮助李密成为一条真龙，那李密同时也是一条被瓦岗军困住的真龙。他离开瓦岗军，就会失去龙的身份，在瓦岗军又会被捆住手脚，无法龙飞九天。

所以，李密是条困龙。

人心不足蛇吞象，困龙痴想上天堂，李密的败局是注定的。

在洛阳城外耗了几个月后，李密迎来了他的新对手——王世充。

王世充是隋炀帝的得力干将，平定了多股农民起义军。他生性残忍，在淮南平定叛乱时，用计诱骗起义百姓投降，坑杀了投降的百姓三万多人。他还非常狡诈，隋炀帝被围在雁门时，他率部勤王，昼夜号哭，衣不解带，让隋炀帝大为感动。

隋炀帝把王世充派到洛阳，命令所有讨伐李密的部队都归他节制。一场旷日持久的拉锯战就此展开。

瓦岗军内部松散的情况没有改变，而且引发了内讧。

发动内讧的正是李密。

正如李密所料，在这样的松散组织下，首领之间的利益纷争、矛盾冲突，极易引发武力争斗。没想到，举起屠刀的是他自己，被杀的是对他有再造之恩的翟让。

翟让起义只是为了活命，李密的加入意外使瓦岗军势力壮大，他主动让出第一把交椅，推尊李密为瓦岗军一号领导。跟着他的兄弟，是从一号领导的兄弟变成了二号领导的兄弟，心理落差应该是非常大的。

跟着李密的人心理也有变化，他们原来是被排挤的对象，因为李密的约束，屡次忍让。现在李密成了瓦岗军一号人物，他们有冤报冤，有仇报仇。

这样，两个人的下属之间的矛盾变得很难调和。

翟让是个有大义却贪图小利的人。

李密的部下房彦藻攻克了汝南郡，因为房彦藻没给翟让分赃，被翟让叫去训话，质问他为什么得了财宝全给了魏公，一点没给他。最要命的是，他还说："魏公是我立的，之后的事还很难说呢。"

翟让是真的想废掉李密吗？恐怕不是。

他手下的兄弟早就劝他夺回头把交椅，翟让都不以为然。

翟让的兄长翟弘曾对他说："天子应该自己来当，为何要让给别人？你要是不当，那我来当。"翟让听后大笑，不以为意。这些话被李密知道了，他感到非常危险。

翟让没心机，李密有野心。

李密的部下劝他早做决断。

郑颋对李密说："毒蛇蜇手，壮士断腕，当以大局为重。如果对方抢先下手，后悔就来不及了！"

不能否认，有这种可能。

即使翟让不想杀李密，却无法保证他的部下不动手。

大业十三年（617）十一月十一日，李密宴请翟让，翟让带着兄长翟弘、侄子翟摩侯等人欣然赴宴。

大将单雄信、徐世勣站在翟让身后。李密见无法动手，说："我们兄弟间喝酒聊天，不用这么多人，留几个人添酒添菜就行了。"

李密身边的人都走了，翟让的人都没动。

房彦藻对李密说："今天可挺冷，是不是给翟司徒的左右，也弄桌酒菜？"

李密赶紧说："听翟司徒安排吧。"

皮球被踢到翟让这儿了，翟让也只好说："甚好。"

单雄信、徐世勣等人这才出去。独留李密帐下的壮士蔡建德持刀立在一旁。

这时，李密对翟让说他新得了一把好弓，让翟让过过目。翟让是勇武之人，喜好弓箭，他把弓箭拿在手上，拉满了。这时，蔡建德突然举刀，从背后砍向翟让的脖子，翟让倒地，发出了牛吼般的叫声。

翟弘、翟摩侯等也都被杀死。徐世勣往外逃，被门口的人砍伤了颈部，王伯当连忙制止他们，徐世勣才没被杀。单雄信跪倒在地，叩头请求饶他一命，李密于是饶他不死。

事后，李密让徐世勣、单雄信、王伯当统领翟让的部队。

李密杀翟让，让瓦岗军的核心合二为一，有利于加强瓦岗军的战斗力。

但是，杀掉翟让，让他有了忘恩负义的骂名，在政治上造成了非常不利的影响，这最终影响了他的政治前途。

七、再无大隋

洛阳城的隋军，也了解瓦岗军内部的矛盾，他们一直寄希望于瓦岗军自相残杀，他们好坐山观虎斗，最好是翟让除掉李密，翟让比李密好对付得多。没想到被除掉的是翟让。

王世充感叹："李密天资明决，为龙为蛇，固不可测也！"

接下来他们还要继续苦战。

一次战斗中，王世充十几万大军被打得只剩下几千人。

王世充把自己关进监狱，杨侗却不能治他的罪，只能赦免他，甚至还得哄着他。王世充至少还能牵制李密，其他人连这点都做不到。

隋炀帝被杀的消息很快传到东都洛阳。

大业十四年（618）五月二十四日，留守东都的隋朝官员，拥立越王杨侗为皇帝，改元皇泰。杨侗史称皇泰主。

杨侗的谥号也是"恭"，他和杨侑都是隋恭帝，但人们一般称呼杨侗为皇泰主，称杨侑为隋恭帝。

皇泰主追谥大行皇帝为明皇帝，庙号世祖。"明"是隋朝自己给杨广上的谥号。

皇泰主以段达为纳言、陈国公，王世充为纳言、郑国公，元文都为内史令、鲁国公，皇甫无逸为兵部尚书、杞国公，又以卢楚为内史令，郭文懿为内史侍郎，赵长文为黄门侍郎，共掌朝政，被称为"七贵"。

据《资治通鉴》记载，皇泰主眉目如画，温厚仁爱，风格俨然。

宇文化及北上，给洛阳的隋军带来了转机，因第三方势力的出现，洛阳和瓦岗军都换上了露着八颗大牙的笑脸，皇泰主写了敕书招降，李密称臣平叛。

李密的臣子当得非常合格，他一打胜仗，就立刻向皇泰主汇报，抓到的人也送到东都。

皇泰主给李密加官晋爵，拜李密为太尉、尚书令、东南道大行台行军元帅、魏国公，命他先讨伐宇文化及，然后入朝辅政。封徐世勣为右武卫大将军。

皇泰主还在诏书中说："其用兵机略，一禀魏公节度。"相当于把东都的军事指挥权交给了李密。

围困洛阳的李密投降，还奉命攻打逆贼宇文化及。东都群臣认为从此天下太平，群情振奋，在上东门置酒作乐，从段达以下都跳起了欢快的舞蹈。只有一个人，冷眼看着他们，说："把朝廷官爵给一个盗贼，这是想干什么？"

这个人就是王世充。

李密归顺，王世充就失去了存在的价值。

按隋炀帝的命令，讨伐李密的部队都归王世充节制。现在李密接受招抚，新皇帝还把原属于他的兵权给了李密。

"一禀魏公节度"，就是说王世充也在李密的"节度"范围内。

王世充会不会使用阴谋铲除李密？

他确实动手了，但不是铲除李密，而是要除掉元文都等大臣。没有了外部压力，内部的矛盾就凸显出来了。此前东都君臣，要依靠王世充打李密，现在王世充明显被边缘化了。

李密把宇文化及踢出中原后，东都朝廷比老百姓过年都开心。

只有王世充恨恨地对部下说："元文都这帮刀笔吏，我看他们早晚要为李密所擒。咱们和李密交战，杀死他们的父兄子弟，一旦成为李密的手下，还会有好日子过吗？恐怕我们都会死无葬身之地！"

王世充的情绪，引起了元文都等人的警觉，他说的话也传到了这些文臣的耳朵里。

元文都等决定干掉王世充。

此前在上东门跳舞的段达，胆小怕事，他害怕事情不成，反被王世充做掉。段达派人悄悄给王世充送了消息。

王世充决定发动兵变，杀死这群刀笔吏。

午夜三更，王世充率军攻打含嘉门，元文都等只能簇拥着皇泰主在宫中防守。王世充是武将，元文都是文官，天亮的时候，王世充攻破太阳门，进入皇宫。

皇泰主派人问王世充，说："称兵欲何为？"

王世充下马跪拜，说："元文都、卢楚等要杀我；请杀元文都，以正刑典。"

段达命令将军黄桃树把元文都送到王世充那儿去。

元文都看着皇泰主说："臣今天死，明天就轮到陛下了。"

皇泰主恸哭着送走了元文都，他知道这不过是换自己多活几天罢了。

擅长表演哭戏的王世充把要杀的人杀完后，跪在皇泰主面前，痛哭流涕地诉说委屈，赌咒发誓说自己对皇帝非常忠心。

政变之后，东都朝廷的七贵，就只剩下了王世充和段达。最有可能延续隋朝国祚的皇泰主，从此成了傀儡。

李密见宇文化及已经不成气候，逃往他地。留下徐世勣防备宇文化及，准备回东都拜见皇泰主。按皇泰主之前的诏书，他现在算是东都朝廷的二号人物。

走到温县，李密得到了东都流血冲突的消息，只好返回金墉，再做筹划。

接下来，王世充要去打李密了。

王世充必须出战。

他不接受李密投降，东都就没有粮食供应，因为粮仓都在李密的控制下，东都此时即将断粮。所以他不是去打李密所在的金墉，而是陈兵偃师（今河南省洛阳市偃师区）附近的洛水，进逼洛口仓。

李密闻讯，命王伯当留守金墉，自己率军驰援偃师。李密在邙山南麓扎营，单雄信率领前锋部队在偃师城北扎营。

李密刚刚结束和宇文化及的战斗，精锐损失了大半，人困马乏，乃是疲惫之师。因为大败宇文化及率领的皇帝禁卫军，李密的士兵非常骄傲自满。此时乃是骄兵。

王世充率领的隋军，有断粮的危险，他们唯有拼死一战，才能得到粮食，所以他们是哀兵。

哀兵必胜，骄兵必败，何况还是疲惫的骄兵。

所以大将裴仁基认为不应和王世充正面接战，他出了一个逼死王世充的主意。

裴仁基说："王世充率兵出战，洛阳城内必定空虚，可以分兵守住要路，令其无法东进。再选精兵三万，直扑东都。如果王世充撤军，我们按兵不动；如果他再东进，我们还去进攻东都。如此，我们不用费什么力气，王世充疲于奔命，必会为我军所击破。"

李密深表认同，他说："现在东都隋兵有三不可当：一是武器精良；二是东进的战斗意志坚决；三是食尽求战。我们乘城固守，蓄力以待之；他想打打不成，想走走不了，不用十天，王世充的脑袋就会送到麾下。"

分析得非常好，此处应该给李密鼓掌。

如果按这个计划执行，李密定会取胜，王世充一定会失败。

但是，刚刚归顺的降将陈智略、樊文超等人，还有单雄信都力主出战。

这是立功心切的表现。

主战的将领达到十分之七八。李密开始迷糊了，他觉得这么多将领都主动请缨，王世充带的兵马也不多，如果能一战破敌，岂不是更好？

裴仁基苦苦劝阻，李密都坚持主战。

裴仁基顿足捶地，长叹道："公后必悔之。"

不幸被裴仁基言中，李密被打得大败亏输，仓皇奔逃，投奔了李渊，又降而复叛，最后死在山涧之中。

打跑了李密，洛阳彻底成了王世充的天下。

武德二年（619）四月，王世充在洛阳登基称帝，定国号为郑，改元开明，封皇泰主为潞国公。

不久，王世充就给皇泰主送去了一杯鸩酒。皇泰主饮下毒酒，居然没死，王仁则用绢帛勒死了他。

从此世间再无大隋。